高职高专"十二五"规划教材

新型实用公共关系

杨 俊 主编

经济科学出版社

图书在版编目(CIP)数据

新型实用公共关系/ 杨俊主编. —北京:经济科学出版社,2010.5
高职高专"十二五"规划教材
ISBN 978 – 7 – 5058 – 9318 – 4

Ⅰ.①新… Ⅱ.①杨… Ⅲ.①公共关系学—高等学校:技术学校—教材 Ⅳ.①C912.3

中国版本图书馆 CIP 数据核字(2010)第 076691 号

责任编辑:王东萍
责任校对:徐领柱 刘 昕
技术编辑:李 鹏

新型实用公共关系
杨 俊 主编
经济科学出版社出版、发行 新华书店经销
社址:北京市海淀区阜成路甲 28 号 邮编:100142
教材编辑中心电话:88191344 发行部电话:88191540
网址:www.esp.com.cn
电子邮件:espbj3@ esp.com.cn
北京密兴印刷厂印装
787×1092 16 开 16 印张 389 千字
2010 年 7 月第 1 版 2013 年 2 月第 3 次印刷
ISBN 978 – 7 – 5058 – 9318 – 4 定价:32.80 元

前　言

　　为贯彻落实教育部《关于全面提高高等职业教育教学质量的若干意见》(教高〔2006〕16号)文件精神,进一步深化高等职业院校人才培养模式改革,提高高素质技能型人才培养水平,推进高等职业教育教学发展,我们立足高职高专教学实际,编著了本教材。

　　本教材按照突出应用性、实践性和创新性的原则编写,力求反映高职高专课程和教学内容体系改革方向,反映当前教学的新内容,突出基础理论知识的应用和实践技能的培养;在兼顾理论和实践内容的同时,避免"全"而"深"的面面俱到,基础理论以"应用"为目的,以"必要、够用"为尺度,以利于学生综合素质的形成和科学思维方式与创新能力的培养。

　　在国家"十二五"规划即将启动的时刻,在北京,我们将对于公共关系学教育、教学的最新领悟、感触、期望付诸实施,这是平生最畅快的事了!2010年春天,一个魅力无比的季节,我即将启程从中部地区的安徽前往上海,为了公共关系学专业建设与发展,在高等教育质量工程的建设中,我们从创建精品课程、特色专业、教学成果奖、教研论文等多方努力,终于在精品课程、专业带头人与教研改革等方面取得丰硕成果。《公共关系学》作为2009年省级精品课程,已列入国家精品课程教学资源网,正向国家级精品课程冲刺,本书就是例证之一。

　　为了在公关教育、教学中取得新的进展,本书在国际通行的职业教育领域引入公关教育的模块、任务驱动、工学结合等新型手段,与国家职业资格标准相衔接,试图走出一条公关职业教育的新路径。

　　感谢经济科学出版社,感谢《公关世界》杂志社社长暨总编汪钦先生,感谢为本书付出艰辛努力的各位同仁,作为省级公共关系学专业带头人,我有义务与能力为公共关系学的教育、教学奉献绵薄之力,为推动中国公关教育、教学步入国际化、职业化大舞台励精图治、卧薪尝胆、抛砖引玉,期待各位公关界同仁批评指正!

杨　俊

2010 年 5 月

目　　录

模块一 公关导论

学习目标与任务

了解公关的含义、特征、原则与职能，认知公关结构，掌握现代公关的定位、学科特征及发展趋向。

项目一 公共关系的含义与特征

案例导入

2008 年北京奥运会开幕式

2008 年 8 月 8 日。

这一夜，北京奥运会开幕式把精美的中华文化盛宴呈现给全世界。

这一夜，全世界 40 亿观众在文化、艺术与美的感官震撼中陶醉。

从一开始，人们就被带入激情与惊奇之中，感受古老东方的中国独特的欢迎仪式。

2008 名乐手，2008 面缶，组成宏大而庄严的缶阵。在中国古老的计时器"日晷"影像反射的光芒中，滚滚春雷声霎时席卷缶阵，响彻全场，响彻全世界。整个缶面闪现巨大的倒计时数字，全场观众一起呐喊，2008 年 8 月 8 日晚 8 时，北京奥运会开幕式正式拉开序幕。撼人心魄的缶乐声，"有朋自远方来，不亦乐乎"的豪迈高歌声，撞击着全世界观众的耳膜，透着好客的中国人无比的热情和真诚：今天，此时此刻，欢迎全世界宾朋来到中国！

这是一个富有浓郁民族文化特色的开始，让世人更加期待这一席文化盛宴，将给人以怎样的视觉听觉冲击与精神文化享受。

在鸟巢的中央，在声光电火烘托的艺术氛围中，一幅气势恢弘的中华文化长卷徐徐铺开。五千年中国文化与中华文明，当代中国的时代风貌与勃勃生机，在这巨大的画卷中集中地展现在全世界面前。

在悠扬古朴的《太古遗音》古琴声中，上古至先秦的文化符号在画卷上流淌。在行云流水般的变幻中，"孔子周游列国"的诵读情境、"活字印刷版"的文化意象、"丝绸之路"

的大漠风情、"郑和下西洋"的壮丽景观、中华礼乐的盛大气象、当代中国的时代风貌，依次演绎。造纸、飞天、长城、昆曲、和平鸽、鸟巢、太极拳、瓷器，各种体现中国文化的元素艺术地再现。

中华文化的精华就这样展现给世界。而在诸多文化奇观的视觉冲击中，在绚烂的色彩和声乐震撼中，人们获得了中华文化的艺术与美的享受。更在诸多文化元素营造的中国意境中，领悟了中华文明的价值内核，这便是和平与和谐。开幕式把当代中国对这一文明价值内核的坚持发扬作了进一步的艺术表现，使人们惊异并忘情于中国人民追求的天人合一、人与自然和谐相处的诗的意境。

奥运会开幕式历来是举办国灿烂文化的集中体现。北京奥运会开幕式在短短一小时的文艺表演中，让世界充分感受了中国文化的精华，不仅把中华文明更好地融入了世界，更将有力地推动世界文化与中国文化相互了解与交流。

（根据新华网佚名资料改写）

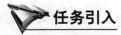 **任务引入**

1. 有人说：开幕式的成功举行是现代奥林匹克与公共关系的完美结合。你认为呢？
2. 有人说：开幕式与现代公关没有联系，仅仅是一种大型体育活动而已。你认为呢？

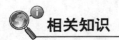 **相关知识**

一、公关含义

"公共关系"源于英文 Public Relations 的译名，缩写为 PR。

自 20 世纪中叶公共关系学在美国诞生以来，人们对其认识一直众说纷纭，随着社会进步，其内涵日益丰富，据悉，目前世界各国对公共关系的定义达"400 多种"①。概括起来，有代表性的权威定义主要有：

（一）咨询说

国际公共关系协会于 1978 年 8 月发表的《墨西哥宣言》：

"公共关系是一门艺术和社会科学。它分析趋势，预测后果，向机构领导人提供意见，履行一系列有计划的行动，以服务于本机构和公众的共同利益。"

（二）管理说

美国《公共关系新闻》杂志的定义是：

"公共关系是一种管理职能，它评估公众的态度，检验个人或组织的政策、活动是否与公众的利益相一致，并负责设计与执行旨在争取公众理解与支持的行动计划。"

（三）传播说

英国著名公关学者弗兰克·杰夫金斯认为：

"公共关系就是一个组织为了达到与它的公众之间相互了解的确定目标，而有计划地采

---

① ［英］萨姆·布莱克. 当代国际公共关系. 上海：复旦大学出版社，1995.

用一切向内和向外的传播沟通方式的总和。"

（四）传播管理说

当代美国公共关系学术权威、马里兰大学的詹姆斯·格鲁尼格认为：

"公共关系是一个组织与其相关公众之间的传播管理。"

（五）社会关系说

美国普林斯顿大学的蔡尔兹认为：

"公共关系是我们所从事的各种活动、所发生的各种关系的通称，这些活动与关系都是公众性的，并且都有社会意义。"

（六）协调说

中山大学的王乐夫认为：

公共关系主要是协调组织与公众之间的社会关系，"维持企业的营利性和社会性之平衡就是公共关系"。

（七）形象说

深圳大学的熊源伟认为：

"公共关系是社会组织为了塑造组织形象，通过传播、沟通手段来影响公众的科学与艺术。"

（八）现象描述说

美国公共关系协会征询了2000多名公关专家的意见，从中归纳出四种公关定义，带有较浓的现象描述色彩。

（1）公共关系是组织经过自我检讨与改进后，将其态度公诸社会，借以获得顾客、员工及社会的好感和了解的经常不断的工作。

（2）公共关系是一个人或一个组织为获取大众之信任与好感，借以迎合大众之兴趣而调整其政策与服务方针的一种经常不断的工作。

（3）公共关系是一种技术，此种技术在于激发大众对于任何一个人或一个组织的了解并产生信任。

（4）公共关系是工商管理机构用以测验大众态度、检查本企业的政策与服务方针是否得到大众的了解与欢迎的一种职能。

这类定义或过于抽象，或过于单调，或过于烦琐，由于所站角度不同，便形成林林总总的新说。从学科角度看，它们只是揭示了公关的部分含义，缺乏科学的整体性、全面性、严谨性与逻辑性。

综上所述，从公共关系学科性质出发，结合中外公关历史发展趋势，适应我国国情和语言表达习惯，我们认为公共关系就是一定的社会组织运用传播、沟通等手段在公众中塑造良好形象，建立双向沟通的一门科学和艺术。在现代社会，从宏观上来衡量，公共关系是充满智慧的谋略论；从微观上来考察，公共关系是任何组织与个人取得成功的法宝。

二、公关特征

公共关系特征是体现其特点的征象和标志。作为组织外求发展、内求团结的一种社会实践活动，其主要特征体现为：

（一）以良好信誉、形象为基本目标

建立良好信誉、塑造美好形象，是社会组织开展公共关系的基本目的，也是其孜孜以求的长期目标。

（二）以真诚、互惠为基本原则

公共关系就是以组织与公众之间真诚、平等、互惠、互利为基础，唯此才能赢得组织和公众的支持，最终实现双赢的目的。

（三）以长远发展为基本方针

建立组织与公众的良好关系，赢得组织的良好声誉，并让公众获益，从而达成公关目标。这绝非一朝一夕就能取得的，必须依赖有计划、有目的、持久不断的艰苦努力，是一项长期的战略性任务。

（四）以双向传播、沟通为基本手段

为了维持组织与公众之间的良好关系，一方面要及时、全面地了解、收集信息，为改善组织的决策和行动提供依据；另一方面又要迅速、有效地将组织的各方面信息传播给相关公众，争取公众的全面认识、了解和拥护、支持。双向传播、沟通是实现公关目标的最佳方式。

（五）以目标公众为基本对象

公共关系是社会组织与构成其生存环境的内外部公众之间的关系，组织是其主体，公众是其客体，它们构成公关的基本矛盾。一切工作均应围绕公众而展开，目标公众便成为公关的基本研究对象。

 课堂讨论

你认为公共关系是什么？请下个新定义。

项目二　公共关系的原则与职能

 **案例导入**

百年奥运会会徽：从复杂的招贴画到简约的艺术徽记

会徽，是每一届奥运会的图腾。会徽的意义超越奖牌、吉祥物、主体育场造型等一切奥运元素，它具有跨越国界的力量，它向全世界展示了主办国家及城市对于奥林匹克精神的理解。伴随着现代奥运一个多世纪的历史，奥运会会徽也经历了 100 多年的发展与进化。从早期复杂的招贴画式会徽到今天简约抽象的艺术性徽记，城市与民族的痕迹都深深地烙印在每一届奥运会会徽上面。

第一届 雅典天神竞技重回人间

19 世纪末期，在法国人顾拜旦的不懈努力下，奥林匹克运动在欧洲开始复兴。1896 年 4 月 6 日，第一届现代奥运会在希腊首都雅典举行。由于条件所限，当时并未进行系统的宣传和推广工作，招贴画和海报样式繁多而混乱，但奥运会总结报告的封面被公认为本届奥运会的官方会徽。

古朴的会徽明显带有古希腊绘画风格，雅典的守护神雅典娜手持橄榄枝，注视着山脚下重新修复的古希腊奥运竞技场，似乎在等待着来领取荣誉花冠的比赛胜利者。雅典娜头部上方"776～1896"的字样，标示出古奥运会停止与现代奥运会兴起的时间。雅典娜、古奥运竞技场、时间的烙印，这三个元素跨越了时空的局限，将神圣而辉煌的古奥运庆典与现代奥林匹克运动连接在一起。神庙、天使及橄榄枝，则表达出人们对和平的渴望。

第二届 巴黎女性登上奥运舞台

1900 年巴黎奥运会从 5 月 20 日开幕到 10 月 28 日闭幕，历时 5 个多月，成为一届"马拉松"型盛会。由于与巴黎世界博览会同时举办，所以本届奥运会在实质上变成了世博会的一部分，成了招揽观众的体育表演，因此本届奥运会的大部分宣传品上都没有出现"奥林匹克"的字样。

虽然被"淹没"在世界博览会中，但女性运动员的首次参与还是开创了奥林匹克运动的历史。本届奥运会的会徽以一个女性击剑运动员为主题，她身着黑色击剑服，手握花剑、佩剑和重剑，画面左下方用红色醒目地标出了 3 项击剑比赛的时间和奖金。与首届奥运会会徽的典雅、平和相比，本届会徽使用了对比强烈的黄色背景与红色文字，击剑运动员形象也显露出积极的竞争意味，这一切都将法兰西民族热情而洒脱的个性表露无遗。

事实上，本届奥运会并未设置女子击剑项目，直到下一届圣路易斯奥运会，女运动员才首次登上奥运会的击剑台。此外，在本届奥运会上，赛会组织者还分别为田径、赛艇、自行车及体操等项目设计了单独的宣传画及海报。但由于缺乏统一规划，即使将这些海报放在一起，人们也难以确认它们都属于同一届奥运会。

第三届 圣路易斯博览会中的"日常节目"

继 1900 年巴黎奥运会被世界博览会"吞并"后，1904 年的圣路易斯奥运会再一次成为世界博览会的牺牲品。比巴黎奥运会更加可悲的是，从圣路易斯奥运会的会徽上根本无法看出一丝世界级体育竞技盛会的影子。主办城市圣路易斯城的大幅图片成为本届会徽的主题，图片下方巨大的"路易斯安那采购博览会"字样使人们无法将这个会徽与奥运会联系起来，图片上方"日常官方节目"的字样是唯一与奥运比赛有关的说明。

在设计上，本届会徽的红黄配色明显借鉴了上一届巴黎会徽的特点，琐碎而华丽的包边也是鲜明的欧洲风格。这表明美国艺术在 20 世纪初期还未摆脱欧洲的影响，本土文化远未形成气候。在内容上，奥运会明显已经成为主办城市扩大影响的工具，拉动经济增长的工具。神圣而悠久的奥运传统遭受着前所未有的冲击与考验。

第四届 伦敦"白城"是英国的骄傲

1906 年，原定举办第四届奥运会的罗马向国际奥委会提出申请，因意大利政府财政困难，无力兴建体育场馆，宣布放弃主办权。国际奥委会不得不临时与英国政府合作，将奥运会易地在伦敦举办。在短短的两年时间里，英国政府表现出了惊人的工作效率。他们在当时简陋的技术条件下，迅速地在伦敦西区一个荒芜的丛林地带上兴建了一座有 6.8 万个座位，可容纳 7 万余观众的"现代"运动场，即"白城"运动场。

这个耗资 4 万余英镑的巨型运动场，拥有全长 536.45 米的煤渣跑道，可进行多项室内比赛。场地中央除设有一个足球场外，还容纳了一个长 100 米、宽 15 米的游泳池！在 20 世纪初期，这个宏伟的运动场是全伦敦市民的骄傲。

因此，本届奥运会的会徽就是以"白城"运动场为主题的。一名跳高运动员正从以"白城"运动场为背景的画面中心跳跃出来，透视绘画手法的运用，使整个画面具有一定的空间感。在近一个世纪前，这是艺术上一次大胆的尝试。

第五届 斯德哥尔摩复古会徽打上"补丁"

1912 年的斯德哥尔摩奥运会无疑是奥运会历史上一个重要的里程碑，官方认可的会徽在本届奥运会上首次亮相。在奥运会筹备期间，瑞典奥委会聘请了进行早期海报艺术尝试的霍泽博格进行奥运会会徽的设计。霍泽博格擅长画风景及人物肖像，并因设计教堂、学校等公共场所的装潢而著名。

在进行本届奥运会会徽的创作时，霍泽博格无疑从古希腊艺术及古奥运会裸体参赛的传统中得到灵感。在他的作品中，几个挥舞所有参赛国家旗帜的裸体运动员成为会徽的主体。但他这种"复古"的做法却极大地震惊了国际奥委会，国际奥委会的高官们认为霍泽博格的设计过于大胆了。因此，当官方的会徽被正式印刷出来时，处于画面正中的裸体运动员身前被"艺术"地加上了两条细长的橙色丝带。但即使这样，许多国家仍拒绝公开展出这个被打了"补丁"的会徽。

除了大胆地采用裸体形象来展示奥林匹克的运动精神外，霍泽博格还打破了历届会徽的沉闷感觉，使用几种极具视觉冲击力的鲜亮对比色来衬托奥运会欢快的庆典气氛。他反传统的做法虽然没有得到国际奥委会完全的认可，但这个天才设计对以后多届奥运会的会徽都产生了明显的影响。

第七届 安特卫普主办城市打上烙印

1912 年斯德哥尔摩奥运会后，1914 年国际奥委会在巴黎举行代表大会，会议确定了国际奥委会五环旗、会徽，并作出了一些对奥林匹克运动发展意义深远的决议。但第一次世界大战的爆发使原定于 1916 年在安特卫普举行的第六届奥运会推迟到了 1920 年。本届奥运会提出了"更高、更快、更强"的奥林匹克格言；开幕式上，奥林匹克的五环旗第一次在奥运会赛场升起，并首次举行了运动员宣誓仪式。

本届奥运会的会徽与上一届的设计如出一辙。一名带有浓重古希腊痕迹半裸体的掷铁饼者占据了画面最主要的位置，参与本届奥运会各个国家的旗帜环绕在他身体的左侧。安特卫普市高耸的哥特式教堂尖顶及流经市内的斯海尔德河淡淡地衬托在运动员右侧，安特卫普标志性的盾徽明显地悬挂在画面上方，将本届奥运会的会徽打上了主办城市的深刻烙印。

（资料来源：中国公关网，佚名）

 任务引入

1. 百年奥运会会徽的演变说明了什么？依据现代公关基本原则，你以为如何？
2. 从现代公关角度进行分析，亮出你的见解，并说出理由。

 相关知识

一、公关的基本原则

公共关系的基本原则是指社会组织在开展公关活动中，必须遵循的指导思想和行为准则，也是公关的性质、目的、职能和工作方法的高度概括。

公共关系作为一门科学与艺术，任何组织在开展公关工作时，务必遵循共同的基本原则。这些原则主要有真实性原则、公众利益优先原则、创新原则、互惠互利原则和全员公关原则。

（一）真实性原则

真实性是公关活动成败的关键，也是公关总原则的核心所在。它要求以事实为基础，以信用为目标，尊重客观现实。

1. 以事实为基础

事实是公关活动的前提和依据，公关人员的一项主要工作就是传播沟通，而了解和掌握信息的真实准确性则是关键。

制订公关计划的第一步就是调查研究，收集各种信息资料，只有在掌握充分、足够事实的基础上，公关人员才能制订切实可行的公关计划。

2. 以信用为目标

公关工作以事实为依据，向公众提供真实性的信息，目的就是赢得公众的信任、理解与支持。

获得信用作为公关工作的目标，要求公关人员向外发布信息时，要确保真实、客观、全面、公正，决不隐瞒和文过饰非。

3. 尊重客观现实

公关是建立信誉、塑造形象的艺术，客观现实是其生命所在。

建立信誉、塑造形象的基础就是客观现实，即提供的材料必须真实可信，实事求是，绝不能有任何虚假。

真实的客观现实是决策的依据，也是取信于民的根本所在，公关人员决不能违背客观现实、报喜不报忧，要说真话、重事实。

（二）公众利益优先原则

公众利益优先既是公关人员的一项职业道德准则，也是公关工作的一项基本原则。

组织的公关工作首先要从满足公众利益出发，时时处处为公众利益着想，坚持公众利益至上，有时甚至要牺牲暂时、局部的利益以换取长期、整体的利益。

公众利益优先，要求组织及公关人员必须做到：

1. 勇于承担社会责任

公关组织及人员要将公众利益作为工作的前提，必须勇于承担社会责任，敢于冒风险，即使面临灾难，也决不退缩而明哲保身。

2. 不断提供优质产品与服务

组织只有源源不断地向公众提供优质产品和服务，才能赢得社会的承认和公众的认同，这是公众利益得到优先保障的关键所在。

3. 关注社会问题

公关组织及人员要肩负社会历史使命，关心社会、大众，关切并尽力解决由自身或非由自身行为所引发的社会问题，心系社会，魂牵公众，把公众利益优先地落到实处。

（三）创新原则

公共关系是一门富有超前意识的经营管理艺术，创新性是永葆青春魅力之所在。

从现代公关诞生的那一天起，公关人无不以无穷无尽的创新精神来丰富和发展其自身的思想、理论，并与时俱进，不断适应社会历史发展的新趋势。创新性体现在：

1. 别出心裁，与众不同

面对世俗的冷眼，公关人以火热的心、智慧的脑、辛勤的手建立起一座座"公关"大厦，打破常规，面向市场，不断地向思想禁地迈进，敢于独树一帜、标新立异，创造出诸多政治、经济、文化领域里的"新神话"。

2. 善于综合，会聚成章

在公关活动中，要善于学习各家之长，汲取精华，对于相关情况，要认真观察，勤于思考，取长补短，集腋成裘，于综合中求新。

3. 变换角度，识人未见

在具体工作中，要针对相关情况、相关要素，变换角度，从新的角度、按新的思路进行新思考，探索前人未见、今人难见的新思路、新结构和新功能。按照客观规律，创新工作方法，从而促进工作迈上新台阶。

众所周知，公关的生命在于创新，促销策划、传播策划、公共广告、处理危机，无不显示出人人创新、代代相传的光荣历史传统。没有创新的公关是蹩脚的，也是无生命力的。

（四）互惠互利原则

互惠互利原则是指组织在公关活动中，应当正确认识和处理主客体关系，摆正组织与公众之间的利益关系，切实取得双方获利、共同发展的预期效果，从而实现双赢共进的目的。

1. 树立互惠互利的观念

在当今竞争激烈的社会，组织开展公关活动，务必摒弃传统的将自身利益置于首位的利己主义观念，正确摆正组织与公众之间的利益关系，树立互惠互利的"双赢"观念，创造互惠互利的生存环境，在满足公众利益的同时，实现自身利益的价值最大化。

2. "利己"与"利他"的均衡统一

在公关活动中，由于双方利益的差异，常常导致僵局、冲突，只有站在长远发展的立场上，认真审视双方利益，通过双方的真诚合作、平等互利，在双方的利益都获得满足的条件下，寻求"利己"与"利他"的均衡统一的途径，才能取得双方互利共进的良好效果。

"互惠"只有以"利他"为出发点，才能达到"互利"的结果。组织务必对社会负责，高度关注自身行为对公众的影响，取得公众的理解、信任与合作。满足公众的正当利益要求，在"利他"基础上谋求自身合理的利益。韩国三星公司在国际化经营中提出，将企业国际化经营利润一部分留给消费者，一部分留给销售与协作伙伴，一部分留给自己，以互利的经营策略和高品质、全方位的服务培养出源源不断的消费者群体。只有互惠互利，才能建立最稳定、最可靠的关系；只有以"利他"为基础，才能建立起正常、平等、互利、互惠的社会关系。

（五）全员公关原则

全员公关原则是指全体人员都具有公关意识，按照公关工作的要求，提高公关行为的自觉性，加强整体的公关配合与协调，努力将日常工作与塑造组织良好形象相联系，形成浓厚的公关氛围与公关文化。

1. 良好的公关氛围必须依靠全员努力

公关是组织的全方位、立体化的工作，不能仅仅依赖于某些职能部门或个别领导人，需要上下齐心协力、团结一致、同甘共苦，这样才能建立和维持良好的组织形象，在组织内部形成一种公关氛围，营造一种融洽、和谐的公关环境。

2. 全员公关需要全体员工精诚合作、开拓进取

全员公关是现代公关的最佳范式，打破了传统的"文人相轻"、"同行冤冤相报"的旧观念，代之以友好、协作的新型合作关系与观念，拓宽了经营理念，改变了传统思维方式，使全体员工将本职工作与组织的公关目标相联系，形成人人为公关出力、个个对公关负责的可喜局面，努力开拓新的发展空间，扩大组织的影响力，提高组织的竞争力。

二、公关职能

（一）收集信息、监测环境

1. 信息构成

（1）组织形象信息。公共关系就是塑造形象的艺术，以维护组织良好形象作为根本目的。而组织形象就是指社会公众对组织机构的全部认识和总体评价。

公共关系首先要注意与本组织形象评价相关的各种信息。这些信息主要包括：公众对组织机构及其效率的评价和看法、公众对组织管理水平的评价和看法、公众对组织人员素质的评价和看法或公众对服务质量的评价和看法。

（2）产品形象信息。产品形象信息是公众对产品和服务的质量、价格、性能、款式、包装和用途等主要指标的反映和建议。产品不仅有实用价值，而且具有形象价值。主要包括：①产品知名度信息。即公众对品牌商标的认知率、公众对产品功能和外观特征的了解程度、公众对产品包装的印象、公众对产品广告的记忆等。②产品美誉度信息。即公众对产品质量、性能、用途、包装、款式、售后服务等的认同程度。

（3）社会环境信息。社会环境信息包括政策指导信息、社会政治信息、经济金融信息、市场动态信息、文化科技情报、新闻舆论热点、时尚潮流变化等。注意分析各种社会动态对组织的直接或间接影响，充分把握环境中的有利因素和时机，及时避免和处理各种不利因素的影响，确保组织与社会环境的变化保持良性状态和动态平衡。

（4）组织运行状态及其发展趋势信息。这主要包括两方面：①组织自身运行情况及其与组织预定总目标的要求之间的距离及可能发展的趋势。②所有对社会组织运行及其发展趋势发生或将要发生影响的情况。

2．采集信息的方法

（1）文献法。文献法是指从文献、档案、报刊、报表、报告、总结、计划等已有的文字、书面材料中去收集所需要的相关信息资料的一种方法。优点是全面、系统。

（2）观察法。观察法是指从相关商店、市场去倾听顾客的评价与反映，或直接深入用户家中观察和了解产品的使用与消费情况。优点是省时、省钱、省事，资料真实可靠。

（3）调查法。调查法是指公关人员运用科学手段和方法，对相关社会现象进行有目的、系统化的考察，在收集大量资料的前提下，对其所进行的定性和定量分析。具体有普查、抽样、典型、个案调查等。

（4）专家法。专家作为某一行业的权威，掌握大量专业化权威信息，与政府各相关部门有着密切联系，甚至直接参与拟订相关政策法规。公关人员通过聘请专家，掌握他们对经济趋势的分析、市场动态的预测、组织形象的评估等重要资讯，为组织发展提供科学、合理的思路与对策。

（5）会议法。利用各种会议，如新闻发布会、学术交流会、展览会、纪念会、庆典会、演讲会、座谈会、宴会等，收集各种相关信息资料。优点是面广、量大，成本低。

3．采集信息的原则

（1）全面性原则。组织与社会环境之间联系广泛，公关活动的目的就是为组织创设最佳的生存环境。公关人员首先要发挥主观能动性，全面采集组织所处环境的各种有价值的信息，确保面广、量大，为决策提供有价值的信息参考。

（2）科学性原则。为保证信息有价值，必须首先确保信息来源的真实可靠、准确无误，以便对其进行科学的加工、整理和分析。

（3）连续性原则。不间断地收集和积累有关信息，才能揭示事物发展的规律性。这要求公关人员所收集的信息能连续地反映事物发展的全过程及其规律性，确保获取的信息科学性强、价值高。

（4）时效性原则。要求收集的信息及时、准确，快速接收，迅速处理，特别是同行业与竞争者的最新信息，以便尽快采取相应举措。

（二）咨询建议、参与决策

1．咨询建议的内容

（1）关于组织形象的咨询。组织形象的优劣是组织生存的一个重要因素，其硬性指标便是知名度和美誉度。公关人员以组织形象为核心，全面收集公众对组织形象的信息，诊断组织存在的问题，有针对性地提出合理化建议，为正确决策奠定坚实基础。尤其是当组织形象受损时，应当及时反映现状，提出有效的整改措施，不断改善组织形象。

（2）关于产品形象的咨询。产品质量是组织的生命，只有把优质的产品提供给公众，才能获得公众的认可、接受、赞赏，其价值也才能被社会所承认。公关人员务必利用各种渠道、方式收集关于产品的评价，施行综合分析，提供给决策者借鉴、参考。

（3）关于市场动态和公众意向的咨询。在市场日益成熟的信息社会，是否能迅速预测和掌握市场发展变化的趋势，将对一个企业起决定性作用。公关人员要能够凭借自己丰富的经验和娴熟的技能，从获取的大量信息中捕捉市场变化迹象、公众心理态势，向决策者提出科学、合理化的建议，确保企业在动荡变化的市场中站稳脚跟。

（4）关于不同状态下的咨询。在信息时代，激烈竞争使企业处于波澜壮阔的海潮中，潮涨潮落，向公关人员提出了严峻的挑战。为了使企业永续发展，必须应对不同状态的考验。

当组织与公众关系紧张，并有冲突意向时，公关人员务必积极调整经营方针、政策和策略，适应公众的需求与愿望，协调组织机构各方面与公众之间的关系，预防失误，确保良好形象不遭损害。

当组织与外部环境，即与左邻右舍、消费者、政府等有关部门发生冲突时，公关人员务必抓住有利时机主动积极地向决策层建言献策，主动出击，协调关系，化解纠纷。

2. 咨询建议的特征与作用

（1）咨询建议的特征主要包括：①信息性。咨询建议本身是一种信息工作，公关部门和人员向决策层提供的有价值信息服务，通过平时积累与定向获取，进而灵活运用，发挥其高效率。②层次性。公关人员的咨询建议既要从全局出发，又要考虑事情本身的轻重缓急，优先安排重大事件和紧急事件的处理，体现管理辅助的层次性，有利于提高工作效率。③变通性。公关部不像其他职能部门有着十分明显的分工，工作的综合性、复杂性使得公关人员必须是通才，能适应各种因素的变化。一旦面临紧急大事，公关人员必须暂停手边工作，全力以赴协助领导采取应急措施，完成主要工作。④主动性。咨询建议是一种主动性行为，尽管公关人员是领导的辅助人员，但在为决策层提供的咨询建议中却时时处处都要体现出主动、积极性。如积极收集情报，主动甄别、筛选、整理，为制定决策方案提供有价值的参考。

（2）咨询建议的作用主要有：①有利于决策的民主化。公关部门和人员通过调研掌握大量市场信息，经过科学合理的加工处理，并利用舆论导向，吸纳正确合理的意见和建议，及时反馈给决策层，使决策趋于民主化。②有利于决策的科学化。公关部门和人员利用收集来的各种信息资料，广泛征询内外公众的不同意见，同时监控环境的变化，预测社会变化趋势，促进领导决策的科学化。③有利于不断完善组织形象。公关咨询建议的最终目标就是在公众中树立良好的组织形象，而决策的民主化、科学化有利于这一目标的最终实现。咨询建议就是不断随着客观环境的变化而变化的过程，一次次的合理化建议，一次次的科学决策，使组织的良好形象不断臻于完善。

（三）平衡利益、协调关系

1. 沟通协调的内容

（1）组织内部沟通协调。组织内部关系是组织生存和发展的根基，"内求团结"是一切工作的基础。

组织内部沟通协调包括：①上下级之间的沟通协调。这是在根本利益一致的前提下，非同一等级状态条件下的领导与被领导的沟通协调关系。只有相互信任，才能上情下达，下情上传，恰如俗语所云"上下同心，其利断金"。②平级之间的沟通协调。这是处于同一等级状态下的各管理部门之间的关系。只有相互谅解、相互支持，才能协调一致、化解矛盾、发挥整体优势。

（2）组织外部沟通协调。组织外部关系是组织发展与壮大的必要条件与趋向，"外求发展"是公关工作的出发点与目标。

组织外部沟通协调包括：①组织与顾客之间沟通协调。顾客是上帝，组织的存在正是依靠顾客的信赖与支持，这关系到组织对市场的占有与控制，只有树立"顾客至上"的观念，正视顾客的要求，妥善处理其投诉和建议，才能赢得事业的永续发展。②组织与政府之间沟通协调。政府是组织的权力公众，争取政府的支持、理解是组织生存的关键，只有与政府保持和谐的沟通，才能取得社会各界的广泛认同，为发展奠定良好的基础和条件。③组织与社区之间沟通协调。社区是组织的"邻里"，也是其生存与发展的根据地。良好的"邻里"关系是获得社会公众信任、支持、合作的基础与起点。④组织与新闻媒介之间沟通协调。新闻媒介是控制社会舆论的权威机构，也是组织与社会公众之间信息沟通交流的加速器。良好的新闻媒介关系是组织巨大的无形财富，随时为媒介提供最新最有价值的组织信息，引起关注，见诸报端，从而扩大影响，赢得知名度和美誉度。

2. 沟通协调的原则

（1）适时性原则。时间是沟通协调中最关键的因素，适时性就是恰到好处地把握时机、选择时间、抓住最适当的契机开展沟通协调工作。当组织之间、部门之间、人员之间发生危机矛盾时，为防止事态恶化，组织就应当适时调解、及时处理，将事态控制住，以缓和矛盾、化解危机。

（2）可信性原则。"信，国家之宝也，民之所凭也。"诚信是沟通协调的前提，也是对传播信息内容的最基本要求。当组织传播沟通建立在可信性基础之上，就会提高传播效果，加强沟通的吸引力与感染力，从而尽快达到目标。

（3）平等性原则。平等是建立良好沟通协调关系的最近法则，不平等是一切矛盾、纠纷、隔阂的根源所在，只有在平等的前提下交流，才能减轻压力、缓和抵触情绪，真正做到公平、公正、合理、客观地处理组织之间、部门之间、人员之间的矛盾、纠纷、冲突，建构起和谐的关系网络。

（4）互利性原则。互利互惠是沟通协调的最佳手段，利益的冲突是一切矛盾纠纷之源，在公关冲突中绝大多数是利益纠纷，解决问题的前提就是协调利益关系，使利益共享，实现双赢。

（5）全局性原则。全局性原则是协调组织与公众关系的基本点和出发点。一方面，在处理协调时，要以国家根本利益为前提，凡涉及国家方针、政策等原则性大局问题，应当毫不动摇地坚持以大局为重，局部服从国家；另一方面，要在确保国家利益的前提下，正确处理组织内外的各方利益关系，求同存异，但决不化公为私，迁就某一方而损害另一方或大多数。

3. 沟通协调的方法

（1）针对法。在公关工作中，若要做好沟通协调工作，首先，必须有针对性地面对客观实际状况，依据对象（客体）的年龄、职业、文化水准等采取有的放矢的形式，"投其所需"；其次，要针对公众的阅历、个性、心理等特征，"投其所好"。

（2）协同法。公关活动离不开主体（社会组织）与客体（公众）之间相互支持、理解与配合，缺少任何一方的合作，沟通协调工作便无从做起。两者必须紧密配合、相互协调、共同沟通，才有利于调动传播者的主导作用，调动公众参与的积极性和主动性，从而使主客体相互融洽，共创佳绩。

（3）座谈法。对于较为重要、涉及许多部门、单位的事项需要沟通协调时，最好采取会议座谈方式。公关人员在做好充分准备的基础上，联络相关部门、单位一起开会协商，提出存在的问题，交换意见，沟通思想，研究协商以求大同存小异，达到步调一致、行动一致、目标一致。

（4）情感法。在处理协调相关事务的过程中，公关人员总要与各种人打交道，特别是具体主管和办事人员。如果公关人员与他们之间关系融洽，事情处理就顺利，相反则会造成矛盾从而阻碍工作顺利进行。因此，公关人员必须善于运用心理情感的效应，缩短与公众（或组织）的心理距离，以情动人，以情感人，以情"笼"人，建立起良好的合作关系。

（5）自律法。当组织与公众之间因关系处理不妥、行为不当而引起种种纠纷时，公关人员就应当率先自我检查、自我监督，严于律己，宽以待人，将矛盾、纠纷解决于萌芽状态。这样，组织内部干群之间、部门之间、社区之间的矛盾就会得到缓解，便于及时采取对策，处理危机，化解冲突。

（四）传播沟通、塑造形象

1. 组织形象的构成要素

组织形象是由丰富的内容和多样的形式所构成的一个完整的综合形象。它主要包括产品形象、员工形象、管理形象、文化形象和标志形象等。

（1）产品形象。指社会公众对组织所生产的产品和所提供的劳务的总体评价。它包括产品或服务的质量、性能、包装、商标等方面的形象。实用、优质、新颖、简捷、全面及合理的价格，热情、主动、耐心、周到、规范和公正的服务正是其丰富的内涵和附加值。

（2）员工形象。指员工的技术水准、精神风貌、服务态度、职业道德和仪表装束等给公众的整体印象。主要包括四方面：①领导者形象。领导是组织的代表，其才能、资历、胸襟、作风和政策水平将引领组织总体水平。②公关员形象。他们是组织的特定代表，其品质、仪表、才能将决定其形象价值。③典型人员形象。包括先进典型和落后典型。先进典型形象是组织蓬勃发展的标志和动力，落后典型形象则是组织危机征兆的显露。④群体形象。包括组织成员的群体形象和某些群体的形象。良好的群体形象与良好的组织形象往往是等同的。

（3）管理形象。指通过组织的经营管理活动所展现的形象，包括经营作风、管理效率、信誉、责任、技术开发、营销谋略、人事制度、福利待遇、售后服务等。

（4）文化形象。指通过组织文化要素所展现出来的形象。包括组织的价值观念、管理哲学、组织历史、职业道德等。

（5）标志形象。指通过标志和其他可视系统所展现的组织形象。包括组织名称、品牌、商标。

2. 塑造组织形象的方法

（1）扩大组织的知名度。知名度是指一个组织被公众知道和了解的程度以及组织社会影响的广度和深度，是评价组织名气大小的客观尺度。公关人员应当利用各种媒介和手段将组织的性质、现状推向公众，赢得社会的广泛认知与了解。

（2）提高组织的美誉度。美誉度是一个组织获得公众欢迎、接纳和信任的程度，是评价组织声誉好坏的社会指标。如果说知名度主要侧重于"量"的评价，即组织对公众影响的广度和深度，那么，美誉度则侧重于"质"的评价，即组织对社会影响的好坏。组织美誉度是社会组织最珍贵的无形财富，纵观世界第一流企业，如可口可乐、IBM、沃尔玛、通用、奔驰、百事可乐、富士通、惠普、柯达、富士、三菱公司等，无不以美誉度享誉世界。

美誉度体现于组织经营的各个层次、多个方面，但一般凭借积极参与社会公益活动方式来取得。

 课堂讨论

如何提高知名度与美誉度？当两者不能兼顾时，应当如何处理？

项目三　公关员与国家职业标准

 **案例导入**

中国公关缺乏很多

你可曾知道，2012 年奥运会的 5 个竞争城市都选择一家公关公司为其提供服务，并且最后入围的伦敦也选择了她提供服务，她就是伟达。对于刚刚发展了 20 年的中国公关业来说，这似乎是一个不可思议的案例，而对于百年世界公关业来说，只是成熟的一个标志而已。因为，这个她，在这一领域是大拿。

我们可以看到，奥美擅长品牌管理、罗德擅长医疗保健，等等。对于拥有几十家分公司和几千名员工的跨国公关集团来说，在每个领域都做到很棒似乎是可能的。至少，这是中国公关公司的共识，遗憾的是，这并不是真的。

翻开很多国内公关公司的简介，我们可以看到密密麻麻的一堆服务，在给客户提案时会美其名曰——公关全案。似乎企业的所有公关问题这个公关公司全部能搞定。而实际上，很多企业并没有把一些核心的、棘手的问题交给公关公司，如上市、并购、高层震动与股权变更、品牌管理等，重要的原因是公关公司在这些领域并不是特别擅长。

当然我们可以看到，许多公关公司已经走出了一条专家式的道路。

早先是财经公关公司，后来又出现了专门做房地产、汽车、奢侈品、家电行业的公司。网络营销公司基于其较低的门槛也如雨后春笋般涌现。很快，一些财经公关公司和网络营销公司进入奥美法眼，并收入囊中一二。实际上，这体现了专家型思维公关公司的价值：品牌、专业能力、客户资源案例、口碑等，并不能在短期内建立起来。而通过并购得到专家型公关公司，正是国际公司的妙处。奥美做广告是内行，但做公关并不比同行高明多少，所以就用 Money 说话。

2007 年年底，公共关系专家高鹏发表了一篇名为《多元化还是专业化》的文章，首先提出了蓝标和智扬成功的原因是公关专业化。然后又提到在公司内部多元化是指核心能力的拓展，就是要把在原来业务方向上积累的知识、方法、经验、团队等移植到新的业务方向上来。这一拓展固然难，而更重要的是，中国的公关公司是否已经建立起了核心能力？建立的标准包括：不容易复制、有自己独特的理论和大量的高水平实践检验、得到业内及客户认可、拥有一个完整而稳定的团队支持、能够与时俱进，等等。如果拿这个标准去衡量，显然蓝标和智扬都无法全面满足。而 2007 年"宣亚与宏盟建立了四个合资公司并提出全传播理念"这一事件，正是公关行业探讨"多元化还是专业化"的导火索。至今，宣亚也没有证明自己在多元化道路上有多精彩。

如果非要作出选择，高鹏给了一个标准：第一，如果你把客户锁定在垄断性行业，或者是高度竞争行业中的第二阵营，通过多元化战略，为客户提供整合营销解决方案，可能是一个不错的选择；第二，如果你立志于服务高度竞争行业中数一数二的客户，专业化可能是明智的选择。

实际上，多元化与专业化并不矛盾，先举一个非智业的例子，海尔原来专注冰箱 10 年，然后才进入洗衣机、空调等领域，但是在进入之前并不是只等待客户的需求或市场时机，而是早就着手进行了市场调研和相关研发。这就是说，经过长期磨砺，我们如果已经具备了核心优势，必须把主要精力放在这一优势上，哪怕仅仅是所有公关工具里面的一种，并且还要记得另外拿出一部分精力、资金等投入到其他可能产生未来价值的领域，这就具备了一定的战略意义。

如果没有建立一个"就要这一个"的差异化核心优势，是无法在中国公关市场长期立足的。而对于处于生存期的公关公司来说，这显然在要他们的"老命"。

新势整合专注于汽车，1024 专注于网络营销，数字华夏专注于家电，上海麦田专注于医药，这些不是庞然大物，但是在各自的领域都是隐形冠军，是那个领域的专家。

我们没有理由，不为这些专家鼓掌。或许，他们也是公关的未来。

（资料来源：中国公关门户网，2009 年 11 月 16 日，作者：王先亮）

▽ 任务引入

1. 你认为上述的看法有道理吗？请说出理由。
2. 中国公关的发展需要规范化、科学化，结合国家《公关员职业资格标准》，谈谈你的看法与建议，请说出理由。

相关知识

一、公关员

公关员，指在一定组织中从事公共关系工作的专职人员。我国在改革开放初期，一般把从事公关工作的年轻女性称为"公关小姐"，把从事公关工作的男性称为"公关先生"。1999年5月，国家劳动和社会保障部正式出版《国家职业分类大典》（以下简称《大典》），首次将公共关系人员列入《大典》第3条，这标志着国家已经正式承认"公关员"这一职业。

我国从2000年开始，由国家劳动和社会保障部组织进行公关员资格全国统一考试，分初、中、高三个级别，初级属于国家职业资格五级，中级属于国家职业资格四级，高级属于国家职业资格三级。鉴定方式，采用理论知识考试和技能操作两种方式，两门考试（考核）均采用百分制，皆达60分以上者为合格。2003年6月，国家职业资格工作委员会公关专业委员会在劳动和社会保障部职业技能鉴定中心的指导下，组织相关专家对《公关员国家职业标准》进行了修订，在原有初、中、高级公关员基础上，增设"公关师"（国家职业资格二级）、"高级公关师"（国家职业资格一级），对五个等级的申报资格提出了明确要求，同时，对"公关师"和"高级公关师"的考核办法作了新规定，除技能知识闭卷考试外，还增加了专业技术报告和答辩的专家评审考核。

二、《公关员国家职业标准》（新版）

1. 职业概况

1.1　职业名称：公关员

1.2　职业定义：从事组织机构信息传播、关系协调与形象管理事务的调研、策划、实施和评估以及咨询服务的从业人员。

1.3　职业等级：本职业共设五个等级，分别为初级公关员（国家职业资格五级）、中级公关员（国家职业资格四级）、高级公关员（国家职业资格三级）、公关师（国家职业资格二级）和高级公关师（国家职业资格一级）。

1.4　职业环境：室内。

1.5　职业能力特征：

具有一定的分析、推理、判断、表达、交流和运算能力，学习能力强，形体知觉好。

1.6　基本文化程度：高中毕业（或同等学力）。

1.7　培训要求：

1.7.1　培训期限：

全日制职业学校教育，根据其培养目标和教学计划确定。

晋级培训期限：初级公关员不少于120标准学时；中级公关员不少于100标准学时；高级公关员不少于80标准学时；公关师不少于60标准学时；高级公关师不少于40标准学时。

1.7.2　培训教师：

培训公关员的教师应具有本职业公关师职业资格证书3年以上或相关专业中级及以上专

业技术职务任职资格；培训公关师的教师应具有本职业高级公关师职业资格证书或相关专业高级专业技术职务任职资格；培训高级公关师的教师应具有本职业高级公关师职业资格证书3年以上或相关专业高级专业技术职务任职资格。

1.7.3　培训场地设备：标准教室和会议室。

1.8　鉴定要求：

1.8.1　适用对象：准备从事本职业工作的人员，以及正在从事本职业工作的专业人员。

1.8.2　申报条件：

——初级公关员（具备下列条件之一者）：

（1）经本职业初级公关员正规培训达规定标准学时数，并取得合格证书。

（2）连续从事本职业或相关职业（新闻、广告、营销、管理、秘书）2年以上。

（3）取得经劳动保障行政部门审核认定的，中等以上职业学校公共关系或相关专业（新闻、广告、营销、管理、秘书）毕业证书。

——中级公关员（具备下列条件之一者）：

（1）取得本职业初级公关员职业资格证书后，连续从事本职业或相关工作（新闻、广告、营销、管理、秘书）2年以上，经本职业中级公关员正规培训达规定标准学时数，并取得合格证书。

（2）取得本职业初级公关员职业资格证书后，连续从事本职业或相关工作（新闻、广告、营销、管理、秘书）3年以上。

（3）具有公共关系专业或相关专业（新闻、广告、营销、管理、秘书）大学专科以上学历，并从事本职业工作1年以上。

——高级公关员（具备下列条件之一者）：

（1）取得本职业中级公关员职业资格证书后，连续从事本职业或相关工作（新闻、广告、营销、管理、秘书）2年以上，经本职业高级公关员正规培训达规定标准学时数，并取得合格证书。

（2）取得本职业中级公关员职业资格证书后，连续从事本职业工作3年以上。

（3）具有大学本科学历，并连续从事本职业或相关工作（新闻、广告、营销、管理、秘书）2年以上。

（4）具有公共关系本科学历，并从事本职业工作1年以上。

——公关师（具备下列条件之一者）：

（1）取得本职业高级公关员职业资格证书后，连续从事本职业工作4年以上，经本职业公关师正规培训达规定标准学时数，并取得合格证书。

（2）取得本职业高级公关员职业资格证书后，连续从事本职业工作5年以上。

（3）具有公共关系本科学历并连续从事本职业工作5年以上，或具有大学本科学历并连续从事相关工作（新闻、广告、营销、管理）6年以上。

（4）具有公共关系（方向）硕士以及MBA、MPA学位并从事本职业或相关工作（新闻、广告、营销、管理）1年以上。

——高级公关师（具备下列条件之一者）：

（1）取得本职业公关师职业资格证书后，连续从事本职业工作 5 年以上，经本职业高级公关师正规培训达规定标准学时数，并取得合格证书。

（2）取得本职业公关师职业资格证书后，连续从事本职业工作 6 年以上。

（3）具有公共关系本科学历并连续从事本职业工作 10 年以上，或具有相关专业（新闻、广告、营销、管理）本科学历并连续从事本职业工作 12 年以上。

（4）具有公共关系硕士（方向）及以上学历或 MBA、MPA 学位并连续从事本职业工作 5 年以上。

（5）具有大学本科学历，职业表现突出者或担任本职业高级管理职务（总经理或总监以上职务），为职业发展和行业建设作出重大贡献的资深专业人士，须由国家职业资格工作委员会公关专业委员会两名委员推荐。

1.8.3　鉴定方式：

分为理论知识（含职业道德）和技能操作考核两种方式。理论知识考试采用闭卷笔试方式。技能操作考核：公关员采用闭卷技能笔试方式；公关师、高级公关师采用现场实际操作方式。理论知识考试和技能操作考核均采用百分制，皆达 60 分以上者为合格。

公关师和高级公关师还须进行专业评审，具体如下：

——公关师：

（1）需提交一份专业技术报告（涉及本职业的、能反映专业能力的项目建议书、研究/开发成果或论文等，并需附上由两位公共关系或相关专业副高级专业技术职务任职资格及以上职称或已获得高级公关师资格 2 年以上的专家意见书）；

（2）由评审委员会对其所提交的专业技术报告和现场答辩进行审核和评判。

——高级公关师：

（1）需提交一份专业技术报告（涉及本职业的、能反映专业能力的项目建议书、研究/开发成果或论文等，并需附上由两位公共关系或相关专业正高级专业技术职务任职资格或已获得高级公关师资格 3 年以上的专家意见书）；

（2）由评审委员会对所提交的专业技术报告和现场答辩进行审核和评判。

1.8.4　考评人员与考生配比：

公关员考试（考核）均按每 20 名考生配一名考评员。公关师和高级公关师考评人员与考生配比：理论知识考试考评人员与考生人员配比为 1:10；技能考核为 1:5；专业评审需同时不少于 3 名评审委员会委员。

1.8.5　鉴定时间：

公关员各等级的理论知识考试（包括职业道德考试）时间为 90 分钟。公关员各等级技能考核时间为 120 分钟。

公关师理论知识考核（包括职业道德考试）时间为 90 分钟，技能操作考试时间为 90 分钟，专业评审时间为 30 分钟。

高级公关师理论考试（包括职业道德考试）时间为 90 分钟，技能操作考试时间为 60 分钟，专业评审时间为 60 分钟。

1.8.6　鉴定场地设备：标准教室和会议室。

2. 基本要求

2.1 职业道德

2.1.1 职业道德基本知识

2.1.2 职业守则

（1）奉公守法，遵守公德；

（2）敬业爱岗，忠于职责；

（3）坚持原则，处事公正；

（4）求真务实，高效勤奋；

（5）顾全大局，严守机密；

（6）维护信誉，诚实有信；

（7）服务公众，贡献社会；

（8）精研业务，锐意创新。

2.2 基础知识

2.2.1 公共关系基础理论

（1）公共关系的含义

（2）公共关系的要素

（3）公共关系的职能

（4）公共关系的工作程序及其原则

2.2.2 公共关系的发展简史

（1）中国公共关系的发展简史和现状

（2）国际公共关系发展史

2.2.3 公共关系职业道德规范

（1）公共关系职业道德规范的形成过程

（2）公共关系职业道德规范的内容和基本要求

2.2.4 相关法律、法规知识

（1）合同法的相关知识。

（2）反不正当竞争法的相关知识。

（3）消费者权益保护法的相关知识。

（4）涉外经济法的相关知识。

（5）广告法的相关知识。

（6）知识产权法的相关知识。

（7）著作权法的相关知识。

（8）劳动法的相关知识。

（9）国家有关新闻出版、信息传播等方面的法规。

3．公关员工作要求

本标准对初、中、高级公关员和公关师、高级公关师的技能要求依次递进，高级别涵盖低级别的要求。

公关员国家职业标准（新版）

3.1 初级公关员职业

职业功能	工作内容	能力要求	相关知识
一、沟通协调	（一）接待联络	1. 能按礼仪规范进行接待活动 2. 能答复电话问询 3. 能起草贺信、贺电、请柬	1. 日常礼仪的基本内容和要求 2. 接待来访的程序和基本要求 3. 社交礼仪文书的类型和文体
	（二）演讲介绍	1. 能准备组织演讲材料 2. 能简述组织基本内容	1. 演讲的类型和功能 2. 演讲的基本要求
	（三）公众关系处理	1. 能处理简单问询 2. 能进行事务性联系	1. 公众关系协调原则 2. 公众关系协调的一般方法
二、信息传播	（一）媒介联络	1. 能准备媒介联络资料 2. 能收集、整理、制作新闻简报	1. 与媒介交往的原则和方法 2. 新闻简报的基本要求
	（二）新闻发布	1. 能准备有关新闻资料 2. 能联络新闻发布会场事宜	1. 新闻发布的程序 2. 与新闻发布有关的礼仪要求
三、调查评估	（一）方案准备	1. 能准备调查和评估所需资料 2. 能承担调查的联络工作	1. 调查的目的和意义 2. 调查的基本程序
	（二）方案实施	1. 能进行一般性文献调查 2. 能进行问卷的发放与收集	文献调查法的步骤与技巧
	（三）数据统计	能对调查数据进行简单的统计和整理	数据统计的简单方法
四、活动管理	（一）策划准备	1. 能准备策划所需资料 2. 能安排策划会议	1. 专题活动的类型、特点 2. 专题活动策划的一般程序
	（二）活动实施	1. 能联络活动现场 2. 能绘制活动场地布置图 3. 能使用投影仪、幻灯机、照相机和摄像机	1. 会场布置的基本知识 2. 印刷品的一般制作过程 3. 投影仪、幻灯机等设备知识

3.2　中级公关员职业

职业功能	工作内容	能力要求	相关知识
一、沟通协调	（一）接待联络	1. 能按礼仪规范进行中外接待 2. 能撰写社交公关文书	1. 中外礼仪的基本内容和要求 2. 社交文书的类型和写作要求
	（二）演讲介绍	1. 能介绍组织的历史和现状 2. 能组织小型演讲活动	1. 演讲的基本技巧 2. 演讲活动的程序
	（三）公众关系处理	1. 能处理日常公众问询 2. 能与主要公众进行信息沟通 3. 能安排领导与公众进行沟通	公众关系协调的主要方法和基本要求
二、信息传播	（一）媒介联络	1. 能进行媒体联络 2. 能安排记者采访 3. 能追踪监测采访结果	1. 记者职业特点 2. 新闻传播的基本程序 3. 新闻追踪和监测的基本要求
	（二）新闻发布	1. 能检查发布资料的准备情况 2. 能接待现场媒体采访活动	新闻发布的性质、特点
	（三）宣传稿编写	1. 能撰写新闻通讯稿 2. 能编写组织内部刊物 3. 能编写组织对外宣传册	1. 新闻稿的类型和撰写要求 2. 新闻编写的基本要求 3. 公众的特点和心理需求
三、调查评估	（一）方案准备	1. 能提供与调查相关的背景资料 2. 能起草小型调查方案	1. 小型调查的基本程序 2. 调查方案的写作要求
	（二）方案设计	1. 能设计小型观察调查提纲 2. 能设计小型访谈提纲 3. 能设计媒介文献调查方案	1. 调查方法的类型与特点 2. 调查方法的运用及其原则 3. 调查问卷文案写作知识
	（三）方案实施	1. 能用观察法进行调查 2. 能用访谈法进行调查 3. 能进行各种媒介的文献调查	1. 观察调查法的步骤与技巧 2. 访谈调查法的步骤与技巧
	（四）统计分析	1. 能对调查数据进行统计分析 2. 能编制调查评估图表	1. 常用的数据统计的方法 2. 调查评估分析的原则和方法
四、专题活动	（一）活动策划	1. 能制定简单策划方案 2. 能编制行动方案和时间表	1. 专题活动目标和主题的确定 2. 策划构思的方法
	（二）活动实施	1. 能按要求执行活动方案 2. 能收集活动物品市场信息	1. 音像宣传品制作的有关知识 2. 活动物品的市场信息
五、危机处理	（一）舆论监测	1. 能监测媒体负面报道 2. 能监测公众关系中的消极信息	1. 危机管理的基本概念 2. 危机处理的程序和技巧
	（二）危机传播	1. 能应对日常公众投诉 2. 能准备危机传播材料	1. 危机传播管理的原则 2. 危机处理中的新闻发布要点

3.3　高级公关员职业

职业功能	工作内容	能力要求	相关知识
一、沟通协调	（一）接待联络	1. 能制定接待计划 2. 能负责业务谈判接待工作	1. 接待程序、特点和基本要求 2. 谈判知识和技巧
	（二）演讲介绍	1. 能介绍组织政策和远景情况 2. 能组织演讲活动，充当主持人	1. 演讲类型、功能和基本要求 2. 主持人的功能和基本要求
	（三）公众关系处理	1. 能制定外部公众沟通计划 2. 能制定内部公众沟通计划	1. 公众关系沟通的原则和策略 2. 公众关系沟通的主要方法和基本技巧
二、信息传播	（一）媒介联络	1. 能规划媒介数据库的建设 2. 能安排记者采访组织或代表组织接受记者采访 3. 能制定简单媒介传播计划	1. 信息传播的基本原则 2. 中国媒介特点 3. 媒介传播组合及传播技巧
	（二）新闻发布	1. 能制定新闻发布计划 2. 能组织新闻发布活动	新闻发言人制度的内容和要求
	（三）宣传稿编写	1. 能编写各种新闻稿件 2. 能起草组织内部刊物及音像资料的编写方案	1. 内部沟通的原理和方法 2. 内部通讯的设计原则
三、调查评估	（一）方案准备	1. 能洽谈和承接调查项目 2. 能撰写调查项目方案 3. 能撰写评估项目方案	1. 调查项目的要求和技巧 2. 各种调查的基本程序 3. 评估的原理及其应用
	（二）方案设计	1. 能设计观察调查方案 2. 能设计各种调查问卷 3. 能设计实验调查方案	1. 各种调查方法的取舍原则 2. 各种调查方法的原则及技巧
	（三）方案实施	1. 能执行调查方案的实施工作 2. 能执行评估方案的实施工作	1. 实施调查的知识与技巧 2. 实施评估的知识与技巧
	（四）报告编写	1. 能对调查数据进行分析 2. 能撰写小型调查报告 3. 能撰写小型评估报告	1. 数据统计类型、方法与技巧 2. 调查报告的类型和写作技巧 3. 评估报告的类型、写作技巧
四、活动管理	（一）活动策划	1. 能组织小型活动的策划工作 2. 能起草简单的策划建议书 3. 能对活动效果进行基本预测	1. 主题构思的技巧 2. 策划创意的技巧 3. 大型活动相关的政策法规
	（二）活动实施	1. 能对中型活动进行管理 2. 能制定具体的行动方案 3. 能编制活动预算 4. 能对中型活动进行现场监控	1. 可行性研究的方法 2. 专题活动的流程管理 3. 预算的基本常识和技巧

续表

职业功能	工作内容	能力要求	相关知识
五、危机处理	（一）舆论监测	1. 能对媒介负面报道进行分析 2. 能提出危机处理意见	1. 危机的处理程序 2. 危机预警的基本原则
	（二）危机处理	1. 能根据危机管理计划进行危机处理工作 2. 能根据危机管理计划进行危机传播管理	1. 危机管理工作要点 2. 危机期间媒介关系的协调与沟通
六、公关咨询	（一）一般性咨询	能处理日常工作中的咨询工作	1. 公关咨询的工作原理 2. 咨询业务的一般工作流程
	（二）咨询建议	能起草日常服务公关建议书	公关建议书的写作技巧

 课堂讨论

如何成为一名中级公关员？将来怎样走上正规的公关员岗位？

 综合测试

一、单项选择题

1. 公关定义中的"咨询法"是（　　　）提出的。

A. 熊源伟　　　　　　　　　　　　　　　B. 蔡尔兹

C. 弗兰克·杰夫金斯　　　　　　　　　　D. 国际公关协会

2. 公关定义中的"传播学"是（　　　）提出的。

A. 王乐夫　　　　　　　　　　　　　　　B. 弗兰克·杰夫金斯

C. 詹姆斯·格鲁尼格　　　　　　　　　　D. 蔡尔兹

3. 公关定义中的"协调说"是（　　　）提出的。

A. 雷克斯·哈罗　　　　　　　　　　　　B. 弗兰克·杰夫金斯

C. 国际公关协会　　　　　　　　　　　　D. 王乐夫

4. 美国文化体系的三大特性是（　　　）。

A. 个人主义、集体主义、英雄主义　　　　B. 个人主义、理性主义、英雄主义

C. 集体主义、官僚主义、英雄主义　　　　D. 个人主义、理性主义、资本主义

5. 公关体系中的"四步工作法"是（　　　）提出的。

A. 詹姆斯·格鲁尼格　　　　　　　　　　B. 蔡尔兹

C. 雷克斯·哈罗　　　　　　　　　　　　D. 卡特利普和森特

6. 公关体系学的创始人是（　　　）。

A. 艾维·李　　　　　B. 詹姆斯·格鲁尼格　C. 爱德华·伯尼斯　　D. 蔡尔兹

7. 公关体系的创始人是（　　　）。

A. 艾维·李　　　　　B. 詹姆斯·格鲁尼格　C. 爱德华·伯尼斯　　D. 蔡尔兹

8. "公众的声音就是上帝的声音"是（　　　）提出的。

A. 保罗　　　　　　　B. 彼得　　　　　　　C. 爱德华·伯尼斯　　D. 蔡尔兹

二、多项选择题

1. 公共关系的特征体现其特点的（　　　）。

A. 征象　　　　　　　B. 特殊性　　　　　　C. 标志　　　　　　　D. 象征

E. 核心性

2. "愚弄公众的时期"又被称作（　　　）。

A. 反公共关系的时期　　　　　　　　　　B. 副公共关系时期

C. 公共关系的黑暗时期　　　　　　　　　D. 公共关系的阴谋时期

E. 公共关系的光明时期

3. 爱德华·伯尼斯被国际公关界誉为（　　　）。

A. 公关之父　　　　　　　　　　　　　　B. 现代公共关系学之父

C. 国际公共关系的泰斗　　　　　　　　　D. 现代公共关系学的创始人

4. 公关要素包括（　　　）。

A. 组织　　　　　　　B. 群众　　　　　　　C. 公众　　　　　　　D. 大众

E. 传播

5. 公关四步法是（　　　）。

A. 公关调查　　　　　　　　　　　　　　B. 公关策划

C. 公关实施　　　　　　　　　　　　　　D. 公关评估

E. 公关总结

6. 公共关系学的研究方法是（　　　）。

A. 哲学方法　　　　　　　　　　　　　　B. 实践法

C. 社会调查法　　　　　　　　　　　　　D. 情景模拟法

E. 案例分析法

三、判断题

1. 公共关系源于英文 Public Relations 的译名，缩写为 PR。　　　　　　（　　）

2. 自 20 世纪初叶公共关系在英国诞生。　　　　　　　　　　　　　　（　　）

3. "传播管理说"是英国著名的公关学者弗兰克·杰夫金斯提出的。　　　（　　）

4. 经济发展是现代公关产生的主要条件。　　　　　　　　　　　　　　（　　）

5. 危机是任何组织都必须面对的，不容回避的重要课题，在国外亦称问题管理。（　　）

6. 公关学科的特征是应用性、边缘性、多维性和综合性。　　　　　　　（　　）

7. 公共关系学的研究方法有哲学方法、实践法、社会调查法、情景模拟法、案例分析法和比较法。　　　　　　　　　　　　　　　　　　　　　　　　（　　）

8. 现代公共关系学是一门多学科综合的理论性学科。 　　　　　(　)

四、名词解释

1. 传播学
2. 传播管理说
3. 协调说
4. 公关之父
5. 公共关系学之父
6. 情景模拟法

五、简答题

1. 何谓公关?
2. 公关有何特征?
3. 现代公关产生的基本条件是什么?
4. 简述公关学的研究办法。
5. 学习研究公关有何意义?

六、案例分析题

1. 阅读下面案例,回答问题。

针对印度尼西亚苏门答腊海域一场突如其来的大海啸,国际社会高度关注,中国政府和人民也以史无前例的高涨热情,向全世界展示了一个慷慨、负责任的大国形象和一种成熟宽容的国民心态,这非凡之举赢得了受灾地区和国际舆论的一致赞誉。2005 年 1 月 6 日,温家宝总理出席在印度尼西亚首都雅加达举行的由 22 国政府和国际组织共 100 多人参加的救灾峰会上,发表了《同舟共济共建美好家园》的重要讲话,并积极响应联合国呼吁,决定在已有捐助基础上再增加 2000 万美元。国际社会好评如潮,法新社报道:"中国的这笔救灾款似乎明确地显出,世界上的人口第一大国正在世界舞台上扮演着越来越重要的角色。"路透社称:"外交力量滞后于经济发展的中国,已经承诺为亚洲海啸灾民提供创纪录的人道主义援助,这可能会扩大它在这个地区的影响力。"埃菲社说:"中国启动了为其他国家募集援助的机制,这种机制在中国前所未有。作为经常遭受自然灾害的发展中国家,中国以往更习惯于接受援助,而不是提供援助。"

(1) 有人认为,中国政府此举代价太大,请从公共关系学角度提出自己的见解。
(2) 从此举可以看出现代公关的基本原则,请指出。

2. 阅读下面案例,回答问题。

2005 年 1 月 18 日,卡塔尔半岛电视台报道努曼旅绑架 8 名中国人质,中国政府当即指示中国外交部和驻伊大使馆迅速采取有力措施,全力解救。经多方努力,中国政府成功化解人质危机,8 名中国公民获救,既维护了国家的尊严,又提高了中国政府的声誉。

(1) 这体现了现代公关的力量与价值,请结合公关原理进行评述。
(2) 人质危机的成功化解预示着中国政府的公关能力,请予以评点。

 实训项目

实训一：如何赢得别人的认同

[情景设计]

你来到一个陌生的环境，此时，该单位矛盾重重，各部门各自为政、本位主义，需要你以公关员的身份进行调解、协商。

[角色扮演]

各人分组进行角色扮演，部门有公关部、生产部、销售部、人力资源部、财务部等，宜以 5 ~ 8 人为一部门。

[实训要求]

1. 按照个性特点，选择角色，确定主持人与助手。

2. 分组讨论如何模拟和各部门之间需要协调、沟通的基本内容。

3. 写出详细的计划书。

[效果评价]

教师教学点评、打分。见表 1 – 1。

表 1 – 1　　　　　　　　　　自我展示计划评分表

专业		班级		学号		姓名	
考评场所							
考评内容	如何赢得别人的认同						
考评标准	项目内容			分值		评分	
	准备环节			30			
	计划实施步骤			20			
	协调技巧			20			
	应变能力			30			
总计				100			

实训二：大学生暑期求职应聘

[情景设计]

杨阳是 2010 级大学生，为了减轻家庭经济负担，在暑期来临时就要去当地的某公司应聘，马上就要写求职信，为应聘的面试等做好准备，请我们共同来为他设计一套方案。

[应聘程序]

1. 应聘前：

（1）要给杨阳做好正确的定位，列出职业的可选目标。

（2）写好简历，力求简洁、清晰、重点突出，列出自己的优势与专长。

（3）了解该公司的某职位的基本要求，与杨阳专业、专长的关联性。

2．应聘中：

（1）恰当地展示自己过去及现今的成绩，既不哗众取宠，也不妄自菲薄。

（2）说话要注意逻辑性，有条理、目的性。

（3）态度坦诚，主动灵活。

（4）把握语速，尽量放缓。

（5）注重细节，要表现出良好的修养。

3．应聘后：

（1）保持良好的心态，胜不骄、败不馁。

（2）树立正确的择业观。

（3）一颗红心，多手准备。

[实训要求]

撰写一封应聘（求职）书。

[效果评价]

教师教学点评、打分。见表1－2。

表1－2　　　　　　　　　　　　　　　应聘求职评价评分表

专业		班级		学号		姓名	
考评场所							
考评内容	大学生暑期求职应聘						
考评标准	项目内容			分值		评分	
	应聘准备			30			
	应聘文书格式			20			
	应聘技巧			20			
	应变能力			30			
总计				100			

 课外阅读

1．熊源伟．公共关系学．第3版．合肥：安徽人民出版社，2003．

2．廖为建．公共关系学．第2版．北京：高等教育出版社，2005．

3．杨俊．公共关系．第1版．合肥：合肥工业大学出版社，2005．

4．居延安．公共关系学．第4版．上海：复旦大学出版社，2008．

5．《公关世界》杂志．1993～2009．

6．《国际公关》杂志．2005～2009．

7．中国公关网

8．中国公共关系协会网

9．中国国际公关协会网

模块二　公关历程

学习目标与任务

了解公关的发展历史，认知公关史的规律，掌握现代公关发展方向。

项目一　古代公共关系

案例导入

孔子的公关思想与实践

在中国古代史上，先秦的孔子以理论与实践证明了自己对于国家、社会、家庭的价值。其代表作《论语》与其一生的从政、教育实践相伴随。提出"仁""礼"的主张，对于执政、为学具有积极的意义与价值。

孔子说："为政以德，譬如北辰，居其所而众星共之。""道之以政，齐之以刑，民免而无耻；道之以德，齐之以礼，有耻且格。"对于执政、治理国家具有一定的借鉴意义与价值。

孔子说："谨权量，审法度，修废官，四方之政行焉；兴灭国，继绝世，举逸民，天下之民归心焉。""夫子温、良、恭、俭、让，以得之。"对于修身、齐家、治国、平天下，具有积极的意义。

孔子是杰出的思想家，也是伟大的实践家，当在鲁国无法实现其理想时，就带领学生们周游列国，历经艰险，备受磨难，差一点搭上性命。在实践中，他念念不忘克己复礼、为仁，自觉践行"仁""义""礼""智""信"的理想，困境中不忘"仁德"与宣传自己的理想、信念，为后代知识分子树立了永恒的楷模。

孔子的思想与实践为中国古代公共关系思想与实践提供了弥足珍贵的经验与借鉴。

任务引入

1. 有人说：孔子的思想与言论只是只言片语，与现代公共关系没有直接的联系。谈谈你的意见。

2. 有人说：孔子的"仁""礼"思想是普世的价值观，对于当代公关实践具有积极的影响与价值。谈谈你的意见。

 **相关知识**

一、世界公共关系史前史

纵观人类文明史，早在远古时期，统治者就懂得用宣传舆论手段来控制社会，处理与被统治者——民众的关系。统治者用大量的人力、物力去营造彰显自身伟业、功绩的神道器具，寺庙、陵墓、塑神像、刻石碑、写赞美诗等，以期望使自己的伟绩、美名万世流芳，这就相当于今天公共关系学中所倡导的"公关意识"、知名度、美誉度。

考古学家在伊拉克发现了一份 3790 年前的农业公告，告诉人们如何播种、灌溉、收获、应付田鼠等，相当于今日政府组织开展公关活动所发布的农业公告——政府的"公益广告"。

早在 2300 年前，古希腊著名学者亚里士多德在《修辞学》中指出政治家与公众之间的桥梁是靠修辞艺术来奠定的，详尽地概括了运用语言来影响民众的思想与艺术，被西方公共关系界誉为最早的公共关系理论著作。

古罗马时代，人们普遍认为："公众的声音就是上帝的声音。"独裁者儒略·恺撒是一位精通沟通技术的专家，在被派往高卢统率军队作战过程中，经常派人把他和军队的情况写成报告送往罗马，由于使用了公众容易接受的语言，生动传神，经常在罗马广场被人们竞相传诵。为标榜和宣传自己，赢得罗马人民的爱戴拥护，将作战的实绩、功劳整理撰写成《高卢战记》，为当代西方著名公关专家所赞赏，誉为"第一流公共关系著作"。

公元 1 世纪，保罗和彼得通过布道演讲、策划事件、寄送各类函件等类似的公关活动，宣扬基督教教义。在耶稣死后 40 年写的《新约》四部福音书也可视作公共关系资料，其主旨在于宣传对基督教的信仰。

二、中国公共关系史前史

中国作为四大文明古国之一，类似现代公关的思想与活动可上溯到有文字记载的远古时代。

在《尚书》中，就有诸多用口头传播去影响和争取将士、臣民的"公关"故事：公元前 2100 年夏启在甘与有扈氏决战，曾有 78 个字的战前动员讲话，因富于鼓动性而激励将士同仇敌忾，取得辉煌胜利。盘庚迁都，曾三次公开发表演说，说服臣民与其合作，终于如愿以偿。

《诗经》"颂"篇多是对统治者的赞美与颂扬，相当于现代公关中的"塑造形象"。

周朝时，朝廷已有"采诗"制度，目的就是以此来体察民情民意。

战国时的两位纵横家苏秦、张仪是富有代表性的"公关专家"，苏秦游说燕、赵、韩、齐、魏、楚六国以合纵抗秦；张仪则游说六国与秦连横，拆散合纵关系，使秦得以"远交近攻"，各个击破，并吞六国，统一天下。

秦国商鞅用"徙木赏金"的事实来取信于民，表达变法革新的决心，在民众中树立了可信赖的形象。

战国时代四大公子之一孟尝君礼贤下士，食客冯谖为其"焚券市义"，后来孟尝君因政治失意逃亡时受到薛地人民的热烈欢迎，得以休养生息、重整旗鼓，最终东山再起。冯谖的行为恰似今日的"公关投资"。

三国时代，诸葛亮舌战群儒，说服了孙权联合抗曹；"七擒七纵"孟获，化干戈为玉帛，终于感化孟获归顺汉室，成为盟友，为蜀国提供了可靠的大后方。

历代农民起义领袖们也都十分注重利用各种传播手段来制造舆论，从陈胜、吴广到李自成、朱元璋、洪秀全各有"绝招"。

在思想领域，孔子、孟子为代表的儒家文化通过"仁""义""礼""信"，强调"天时不如地利，地利不如人和"，协调人与人之间的关系，调和社会矛盾，蕴涵着丰厚精湛的公关思想。

在经济活动中，公关意识不胜枚举。诸如酒店、茶肆门前，挑出"酒""茶"旗帜以招徕顾客，恰似今日的广告宣传。许多老字号打着"百年老店""童叟无欺""以诚待客"的招牌，无不流露出现代公关沟通的手段与技巧，闪烁着现代公关思想的光彩。至于汉代张骞出使西域，展开经济文化交流；明代郑和七下西洋，历时28年，途经30余国，用瓷器、丝绸等物品与当地交换产品，并与亚非各国加强了经济和文化联系，就是古代国际公关活动的突出体现。

综上所述，无论东西方均有诸多类似现代公关的思想和意识的活动，但是，从严格意义上来衡量，古代的这些公关活动，均非真正的现代意义上的公共关系，只能是现代公关的思想库和精神栖息地。

 课堂讨论

中国古代的公关思想与活动，与现代公关有何联系与区别？

项目二　现代公共关系发展

 **案例导入**

"公共关系之父"——艾维·李

社会生产方式的变革必然导致新的社会关系的产生，公共关系作为一种新的社会关系，在历史的长河里孕育而生。

在历史的发展中，总会必然或偶然地出现某些能为历史所记载的人物，无法肯定艾维·李的出现到底是一种必然还是偶然，无法肯定他不出现是否会有同样类似的人物出现。但无论如何，他作为一个时代的人物为历史所记载必然有其意义所在。他适应了那个时代发展的需要，在艾维·李时期属于公关关系萌芽或兴起的时期。

在艾维·李所处的时代社会生产结构由"生产为中心"向"市场为中心"过渡，同时由于传播媒介的介入，迫使社会组织从"象牙之塔"改变为"玻璃之屋"，亦即完成了从门户关闭到门户开放的过程。此外，现代管理理论也实现了"以物为中心"和"以人为中心"的转变。这一切都为艾维·李的大展身手提供了良好的社会背景。

艾维·李刚开始工作时曾在《纽约日报》、《纽约时报》以及《纽约世界报》担任记者工作，但是，他很快发现，记者这份工作并不能为他带来他所想要的东西，不安于现状的心让他渴望改变。

艾维·李1903年开始投身于公共关系方面的工作。1904年，他与资深记者乔治·帕克一起，创立了美国第三家宣传事务顾问所，为一些企业家和政治家进行形象方面的宣传，成为公共关系历史上第一位向顾客提供公共关系咨询服务而收取报酬的职业公共关系人员，首创了公共关系这一专门职业。

艾维·李认为，解决企业的形象危机最好的办法是把事实的真相告诉新闻界，采取信息公开的政策，这样不仅可以消除误会，还可以促进企业完善自己。艾维·李坚持自己的信念开展公众工作，使他的公司成为公共关系公司的前身，公共关系从此进入了职业化时期。

1906年，在处理美国无烟煤矿业劳资冲突时，艾维·李公布了《原则宣言》，提出了处理企业与公众关系的"公开管理原则"。他说："这不是一个秘密的新闻处。我们的全部工作都是开诚布公的。我们的目标是提供新闻。这不是一个广告公司，如果你认为我们送到你们企业办公室的文件资料有任何不准确的话，请不要用它。我们文件资料务求准确。我们将尽快地提供有关任何受到处理的主题的进一步细节，而且，任何主编在直接核对任何事实的陈述方面都将愉快地得到我们的帮助等，简而言之，我们的计划是代表企业公司和公共机构坦率并且公开地向美利坚合众国的新闻界和公众提供迅速和准确的信息，这些信息涉及到公众感到值得和有兴趣知晓的有关主题。"这一原则的提出，彻底改变了过去企业宣传愚弄公众，欺骗新闻界的传统，为日后公共关系的进一步发展奠定了良好的基础。他一改过去企业界蔑视公众、回避记者的工作方法，积极地向报界提供各种有关的资料，以便公众能够获得和他们利益有关的情报，通过沟通来改变企业在公众心目中的形象。

艾维·李在处理许多劳资冲突时运用了这一新的做法，缓和了劳资关系，缓和了当事人与媒介的关系。《原则宣言》的精神得到了肯定。《原则宣言》既明确论述了公共关系的职业目标，又倡导公关工作进入企业的高级管理层，以实现企业人性化的管理。标志着公共关系进入了一个新的阶段，是现代公共关系真正的开端。

《原则宣言》的精神被概括为"公众必须迅速被告知"和"向公众说真话"这两个公共关系工作的基本原则。艾维·李的公关实践，为日后公共关系的发展奠定了基础，他从事公关工作的原则使公共关系走上了一条正确的道路。

艾维·李的公关思想不仅在当时为企业解脱了困境，在社会上引起了巨大的反响，而且成为公共关系的基本原则，指导着现代企业家们的行动。

艾维·李的重要功绩，表现为他对公关所作的四大贡献：第一，提出了关于工商业应把自己的利益同公众利益联系起来，而不是对立起来的观念；第二，与最高决策者和管理人员打交道，并且只有在管理人员积极支持和亲自处理的情况下才实施计划；第三，与新闻媒介保持公开的畅通的信息交流；第四，强调使工商业具有人情味的重要性，并把公关工作做到雇员、顾客和邻居中去。

艾维·李为公共关系的发展作出了杰出贡献，被誉为"公共关系之父"。

（根据网易博客资料改编）

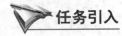 **任务引入**

有人说：艾维·李是真正意义上的公关先驱，纠正了前人的错误导向，是现代公关行业的鼻祖。你的意见如何？

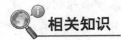 **相关知识**

一、现代公共关系的前奏曲

现代公共关系的诞生，一般以 19 世纪中叶在美国风靡的制造新闻式的报刊宣传活动为标志。所谓报刊宣传活动就是指一个组织为了自身的目的和利益，雇用报刊宣传员在报刊上进行制造舆论、扩大影响等宣传活动。这被认为是现代公共关系诞生的前奏。其中杰出代表人物是巴拉姆。

19 世纪 30 年代，由《纽约太阳报》牵头，美国报界掀起了一场史无前例的"便士报运动"，这场运动完成了报纸向大众化、通俗化的过渡，也推动了报刊宣传活动的兴起，是现代公共关系的先导。

巴拉姆（T. Barnum）是美国最善于创新和最受人赞赏的游艺节目演出经纪人，因制造舆论宣传、推动马戏演出而闻名于世。他以"全球最伟大的献技"为口号，利用报纸制造过汤姆将军、海斯"乔治·华盛顿奶妈"的神话、新闻，引起美国社会的轰动，又匿名向报纸寄出多封"读者来信"，引起一场大讨论。他每周可从那些一睹海斯风采的美国人那里获得 1500 美元的门票收入。他奉行"凡宣传皆好事"的信条，为获利可以置公众利益于不顾，无中生有，任意编造谎言和神话，利用新闻媒介愚弄公众。所以，这一时期被人们称作"愚弄公众的时期""反公共关系的时期"或"公共关系的黑暗时期"。

1882 年，美国律师、文官制度倡导者多尔曼·伊顿在耶鲁大学法学院发表题为《公共关系与法律职业的责任》的演讲，首次使用"公共关系"一词。1877 年，美国铁路协会主办的《铁路文献年鉴》第一次正式使用"公共关系"这一概念。

在"愚弄公众"的前提下，诸多正直之士利用报纸杂志率先揭露实业界那些"强盗大王"的恶劣丑闻。据统计，1903～1912 年的 10 年，有 2000 多篇揭丑文章发表，同时还配有社论和漫画，形成美国历史上著名的"清垃圾运动"（又称"扒粪运动"、"揭丑运动"）。

二、艾维·李时期（又称单向传播的公共关系、"讲真话"时期）

艾维·李，1877 年 7 月出生于美国佐治亚州一个牧师的家庭，毕业于普林斯顿大学，曾就学于哈佛大学法学院，早年曾在《纽约日报》、《纽约时报》和《纽约世界报》当过记者。1903 年，他在纽约开办了第一家宣传顾问事务所，成为向顾客提供劳务而收取费用的第一个职业公共关系人，这是现代意义上的公共关系诞生的标志。

1906 年，他向新闻界发表了著名的具有里程碑性质的《原则宣言》，全面系统化地阐明了他的宗旨："我们的计划，是代表企业单位及公众组织，就对公众有影响且为公众乐闻的课题，向报界和公众提供迅速而准确的消息。"这就是他所崇尚的"门户开放政策"。他倡导"说真话"，并将"公众必须被告知"作为信条和宣传的基本原则。

他开展了一系列公关咨询活动，为洛克菲勒集团、宾州铁路公司、美国电报电话公司（AT&T）等提供专门的咨询服务。帮助美国烟草公司制定分红制度，劝说电影业停止夸张的广告，倡导与苏联进行贸易往来，等等。正因此，他被誉为"公共关系之父"。

三、公共关系学科化阶段

爱德华·伯尼斯（Edward Bernays），1891 年出生于奥地利，次年随父母移居美国。1912 年毕业于康奈尔大学，随即从事新闻工作。1913 年受聘担任福特汽车公司公关部经理。第一次世界大战期间，他在威尔逊总统成立的官方公共关系机构"克里尔委员会"即"公共信息委员会"专门负责向新闻界提供有关美国参战的背景及解释性材料。1919 年，他和夫人在纽约开办了一家正式的公共关系公司。1923 年，他出版了公共关系理论的第一部经典著作《舆论》。同年，他在纽约大学讲授公共关系，成为讲授该课的第一人。1925 年，他又出版教科书《公共关系学》。1928 年，他又出版了《舆论明鉴》一书并发表多篇论文，从而使公共关系学成为一门独立的新兴学科，使理论与方法相统一成为一个较为完整的体系。

他在《舆论明鉴》一书中首次提出"公共关系咨询"的概念及其作用。"公共关系咨询有两种作用：一是向工商企业组织推荐他们应采纳的政策，这种政策的实施可以保证工商企业组织行为符合社会利益；二是把工商企业组织执行的合理政策、采取的有益社会行为向社会广为宣传，帮助工商企业组织赢得公众的好感、信任和支持。"在此基础上，他又提出了公共关系活动的基本程序，即公共关系的全过程应该包括从计划到反馈到最后重新评估等八个方面。他的公关理论的核心是："投公众所好"的公关原则，即强调在公关活动中首先应了解公众的要求，在确定公众价值观念和态度的基础上，再进行有计划、有组织的宣传。

他又是一位出色的公关实践家，为提高美国的全民素质所倡导的"读书运动"；为美国 P&G 公司的"象牙"牌香皂策划的赞助广播轻喜剧的活动（被人称之为"肥皂剧"），为"象牙"牌子在美国市场上百年不倒立下汗马功劳；为向公众宣传镭这种放射性元素的安全性，他专门乘火车把 1 克镭带在身上送到医院，消除了公众的顾虑，确保了美国镭业公司对镭的日常运输，也为现代放射性疗法在医学界的广泛运用开辟了道路。

他对公共关系的原理和方法进行了较系统化的研究，使之从新闻传播领域内分离出来，成为一门系统化、完整性的独立的新立学科。

他因此被世界公认为现代公共关系学的创始人，国际公共关系的泰斗。

四、世界视野中的公共关系

（一）美国公共关系的鼎盛

美国是现代公共关系的诞生地。"二战"期间，公关呈现旺盛势头，率先成立了战时政府公关机构——战时新闻局，培育了 7.5 万多名公关人员，将他们派到美国及盟国军队中，在海外还设立了该局的分部。据1937年美国《商业周刊》的统计，当时美国已有5000余名公关从业人员，有250家公关公司，最大公司中有20%设有公关部。

1939年《公共关系季刊》出版，1944年《公共关系新闻》（周刊）出版，1945年《公共关系杂志》（月刊）出版。

1947年，波士顿大学成立第一所公共关系学院，培养公关学士及硕士。1952年，卡特利普和森特出版了权威性的公关专著——《有效的公共关系》，论述了"双向对称"的公关模式，首次完整地概括和描述了公关的"四步工作法"，该书第六版从系统论的角度提出了"调整和适应"这一面向开放系统的公关理论模式，从而促使人们更深刻地理解组织与其公众在开放的社会环境中的动态关系，以及公关在协调这种关系时的积极作用，提示了未来公关研究的新方向。该书于1994年已出第七版，不断更新、完善，保持着永久的生命力，有"公关圣经"之美誉。

另一位美国公关界大师级人物是马里兰大学新闻学院教授——詹姆斯·格鲁尼格。代表作《公共关系管理》，发现并论证公关实践的四种模式：新闻代理模式、公共信息模式、双向非对称模式和双向对称模式。其中"双向对称模式"的提出，提示了公共关系实践发展的方向，真正体现了公共关系的本质。

目前，美国公关从业人员已高达20余万人，其中1/3在工商企业界，其余分布于政界、军界、宗教等各种社会组织。美国政府每年要雇用1.2万人处理公共关系事务。

（二）欧洲公共关系的发展

早在20世纪20年代，公共关系就传入英国。

1926年，英国"公共关系之父"斯蒂芬·特伦茨在担任英国政府的公关机构——"帝国市场委员会"秘书长期间，通过传播手段支持英国首相"买英国货"等倡议，使政府赢得公众的广泛认同。

1926年，英国成立第一个正式的官方公关机构——"皇家营销部"。

1948年，英国公关协会宣告成立。

1946年，荷兰出现首批公共关系事务所。

1955年，法国公共关系协会成立，挪威、意大利、比利时、瑞典、芬兰、德国等也纷纷成立了公关组织。

（三）美洲公共关系的发展

加拿大公共关系是在美国文化的直接影响下于1940年前后涌现的。1947年成立了公共关系协会，目前有7个分会，会员达数千人。协会与大学联合举办短期的公关讲习班，推广公关知识，培养公关专门人才。

1959年，墨西哥在首都主持召开泛美公关大会，美国和大多数拉美国家派代表出席会议。

1966年，南美洲国家各公关职业组织成立了泛美公关协会，近年，巴西公关事业蓬勃发展，成立了全国性公关协会，制定一系列服务标准，其服务水准已接近西方发达国家水平。

（四）亚洲公共关系的发展

日本是亚洲最早运用公共关系的国家。1931年，日本占领中国东北三省，受世界各国的谴责而退出国际联盟。为争取国际舆论的支持，找到高尔德公关公司为其制订公关计划，于是"PR"（公共关系）一词在日本流行起来。

1947 年，美国盟军将公共关系引入日本，强行设立公共关系机构并举办多种演习会、培训班，在日本掀起公关热潮。

1957 年，日本成立首家公关公司。

1964 年，日本公关协会成立。

日本在公关活动中，注重与广告宣传相联系，日本电通广告公司首任公关部长田中宽次郎，开创"公共关系广告"新形式，在广告业务中积极研究和推广公共关系，电通广告公司被誉为日本的"PR 王国"。

1959 年，日本公共关系研究所在东京主持召开大规模亚、非、拉公共关系大会。

亚洲其他国家和地区如印度、新加坡和我国香港、台湾地区也于 20 世纪 50 年代引进公共关系的新理念与组织形式。

1967 年，亚洲的一些国家和我国香港、台湾地区建立了泛亚公共关系协会。

（五）世界公共关系的发展促进了国际公共关系协会的产生

公共关系在世界范围内迅速传播与发展，促进了各国之间理论与实践的国际交流与合作。1955 年 5 月，国际公共关系协会（IPRA）在英国伦敦成立，总部设在瑞士日内瓦，当时拥有来自 60 多个国家的 760 多名会员，颁发"金纸奖"和"总统奖"，出版《国际公共关系协会通讯》（不定期）和《国际公共关系协会评论》（季刊）。

1959 年，英、法、德、比利时、芬兰、希腊等国联合发起在比利时成立欧洲公共关系同盟，旨在协调各国公关协会的活动，目前已拥有 142 个集体会员和数百名个人会员。同年法国公关协会在奥尔良主持召开欧美公关会议。

1960 年，美国公关学会通过《公共关系实务职业规范准则》；1961 年，国际公关协会第二届世界大会在维也纳召开，制定并通过《国际公共关系行为规则》；1965 年，国际公关协会在希腊雅典召开第三届世界大会并通过《国际公共关系协会大会行为规则》。另外，欧洲、亚洲、非洲和拉丁美洲也相继成立了公共关系联盟。公关从美国走向了世界，以其迅雷不及掩耳之势席卷全球，真正实现了国际化、规范化。

公共关系国际化发展趋势证明，公共关系已成为一门世界范围内发展最快、日益系统化与科学化的继往开来、与时俱进的学科与产业。

五、中国现代公关发展概况

现代意义上的公共关系作为一种全新的思想理论与社会化职业，是伴随着中国改革开放的春风吹遍神州大地的。中国公共关系发展经历了以下几个时期：

（一）初步模仿时期（20 世纪 70 年代末~1984 年）

1980 年，广东设立了深圳、珠海、汕头三个经济特区。这些特区的一些外资和中外合资宾馆、饭店学习海外的一些管理模式，率先设立公共关系部，开展公关业务，并随即扩展到广州、北京、上海等地，演绎了一个个精彩纷呈的富有中国特色的公关经典案例。广州白天鹅宾馆、中国大酒店、北京长城饭店成为当时中国公关的典范。尤其是 1984 年 4 月 28 日北京长城饭店所策划的美国总统里根答谢宴会堪称中国早期的公关杰作。

1984 年，广州白云山制药厂率先在国营企业中设立公关部，投资 120 万元开展公关活动，先后举办了广州"白云杯"城市国际足球邀请赛，广州歌舞团也被纳入麾下。1984 年 12 月 26 日《经济日报》以《如虎添翼》为题报道了白云山制药厂的公关工作，并编发了《认真研究社会主义公共关系》的社论，国内共有 35 家报刊先后载文报道、评论公共关系，较系统地阐述了公共关系在中国兴起发展的必然性与必要性。一时间，大江南北，公共关系如雨后春笋般蓬勃生长。

1984 年 10 月底，世界第二大公共关系公司——"希尔—诺顿"公司在北京设立办事处。11 月底，第一个公关课题组——中国社会科学院新闻研究所，开始了中国公关的前瞻性研究。

这一时期以模仿和照搬为主流，显示了全面开放引进的大趋势。

（二）兴盛发展时期（1985～1991 年）

经过 5 年多的效仿摸索，公共关系已在中华大地生根；随着改革开放的纵深发展，公关事业蒸蒸日上、如火如荼。1985 年 1 月，深圳市总工会举办国内第一个公共关系培训班。1986 年 1 月，中国内地第一个公共关系民间团体——广东地区公共关系俱乐部成立。同年 6 月，第一家由官方组织的公关机构——上海市公关协会成立。同年 9 月，深圳大学开设公共关系必修课和选修课。同年 11 月，中国社会科学院新闻研究所公关课题组编著的《公共关系学概论——塑造形象的艺术》出版，这是国内最早出版的公共关系理论与实践的专著。

1986 年，中国环球公共关系公司成立，独家代理世界上最大的公关公司博雅公司在中国国内的公关业务。

1987 年 6 月 22 日，中国公共关系协会在北京成立，标志着公共关系已被政府组织所接受和正式确认。紧随其后，多个省、市成立了省市级公关协会、学会、研究会和俱乐部等社团组织，开展公关活动，为普及知识、培训人才、完善学科、规范职业奠定了良好基础。

1987 年，原国家教委正式把公共关系列入行政管理、工业经济、企业管理、旅游经济、市场营销、广告学、新闻学等专业的必修课。全国有 300 多所大学开设了公共关系课程。

1988 年，由浙江省公共关系协会主办的国内第一张公关专业报纸《公共关系报》在杭州正式面世。1989 年，国内第一份公关杂志《公共关系》在西安问世。同年，《公共关系导报》在山东青岛创刊。

1989 年 3 月，中央电视台第一套节目《文化生活》专栏播出《公共关系浅说》专题片。1989 年 10 月，广东电视台开播 24 集电视连续剧《公关小姐》。1989 年 11 月，北京公关学会、《北京公关报》接受北京市政府协调办公室委托，开展亚运会公众心理调查活动，这是我国公关界首次承担政府部门交办的大型公关调查。

1990 年 7 月，中国公关协会召开全国首届公关理论研讨会，围绕"公共关系与社会发展"进行广泛热烈的讨论，鲜明地提出要研究中国的公共关系。

1991 年 4 月，中国国际公关协会在北京成立。1991 年 11 月，第二届全国公关理论研讨会在上海举行，主题是"公共关系与改革开放"。

这一时期，公共关系在中国蓬勃发展，虽然难免鱼龙混杂、泥沙俱下，但公关事业的健康、有序迈进已势不可当。

（三）走向成熟时期（1992年至今）

从1992年开始，中国社会发展进入新时期，市场经济发展推动了公关业进入全面整合、深入发展时期。

1992年12月，第三届全国公关理论研讨会在福州举行，主题是"公共关系与经济建设"。

1993年8月，中国最大的公关巨著——《中国公共关系大辞典》出版。同年，《公关世界》在河北省石家庄创刊。据统计，到1992年年底，全国专业性公关报刊已有29种，推动了公关的普及和良性发展。

1994年，原国家教委正式批准中山大学创办我国第一个公共关系本科专业，同时在行政管理专业硕士点招收公共关系研究方向的硕士研究生，从而使我国公共关系的学科化建设迈上一个新台阶。

1995年，中国高等教育公关专业委员会成立，为全国高等院校公共关系学教学、科研和实践提供了一个交流的平台。

1999年，国家劳动和社会保障部正式出版《国家职业分类大典》，首次将公共关系人员列入《大典》第3条，它标志着国家已正式承认"公关员"这一职业。

2000年12月，全国首届公关员职业资格统考在全国24个省、自治区、直辖市顺利举行，近7000人参加了初、中、高三个级别的职业资格统考，标志着中国公关业已进入职业化、专业化和规范化的新阶段。

2001年8月，"中国公关网"和"中国国际公关协会网站"相继投入使用，标志着中国公关界首次有了自己的门户和宣传平台。

2002年3月，按中国国际公关协会统计，全球排名前20位的国际公关公司已有一半进入中国，成为入世后中国公关业与国际接轨的标志和良好开端。

2003年6月，国家职业资格工作委员会公关专业委员会在劳动和社会保障部职业技能鉴定中心的指导下，组织相关专家对《公关员国家职业标准》进行了修订，在原有的初级、中级和高级公关员基础上，增设"公关师"（国家职业资格二级）和"高级公关师"（国家职业资格一级），对五个等级的申报资格提出了明确要求。同时，对"公关师"和"高级公关师"的考核办法作了新规定，除技能知识闭卷考试外，还增加了专业技术报告和答辩的专家评审考核。新版《标准》的实施，将使我国公关职业的专业认证和教育培训工作迈上新台阶，对于加强公关人才队伍建设和促进公关行业的发展必将意义深远。

2004年，中国公关界发生的重大事件层出不穷，影响力稳步提高。党的十六届四中全会首次提出"构建社会主义和谐社会"，这不仅是我国社会主义现代化建设总体布局的一个重大突破和补充，也为中国公关业指明了更高的发展目标和境界。我国各级政府普设新闻发言人，有些省市经贸、银行、税务甚至公安机关都设立了公共关系部门，说明公共关系已被引进到国家许多重要职能部门。

2006年，中国政治、经济、文化等领域发生了许许多多重大的公关事件，从"中非合作论坛北京峰会"到"北京奥运会35个体育项目图标发布"，从"联想启动奥运联想千县行"到"东风日产的巅峰营销"，从"海选红楼梦中人"到"《疯狂的石头》口碑传播"，无处不在地体现着公共关系的价值。

2007年，中国公关实践与专业积累显示出质的飞跃。从联想奥运火炬手选拔、"倡导文

0

明、传递爱心"公益短信大赛到《快乐男声》闪亮选秀等热点新闻事件来看，公共关系在社会各层面发挥着越来越重要的作用，公关行业正在稳步发展中逐渐走向成熟。

随着 2008 年北京奥运会的推动，中国市场已经成为国际公司和本土企业竞相角逐的世界级舞台，越来越多的本土企业也开始重视公共关系，关注企业的声誉。中国的公共关系实践以其高度的专业性日益为社会所认可和尊重，面临着前所未有的发展机遇。

据最新数字显示，目前，中国公关人员已突破 80 万人，整个行业营业额达 80 亿元人民币，增长率达 33.3%，仅公关公司就已超过 2000 家。

事实证明，中国公关已步入市场化、规范化、科学化的轨道，成为世界公关发展的一个亮点。

 课堂讨论

中国公关如何走向辉煌的明天？

 **综合测试**

一、单项选择题

1. 公关史上的"扒粪运动"发生的时间是（　　）。
A. 1910～1920 年　　　　　　　　B. 1903～1913 年
C. 1903～1912 年　　　　　　　　D. 1900～1911 年

2. 现代公关的创始人是（　　）。
A. 亚里士多德　　　　　　　　　　B. 艾维·李
C. 巴拉姆　　　　　　　　　　　　D. 爱德华·伯尼斯

3. 首次使用"公共关系"一词的是（　　）。
A. 艾维·李　　　　　　　　　　　B. 爱德华·伯尼斯
C. 巴拉姆　　　　　　　　　　　　D. 多尔曼·伊顿

二、多项选择题

1. "清垃圾运动"又称（　　）。
A. 揭丑运动　　　　　　　　　　　B. 泼脏运动
C. 露丑运动　　　　　　　　　　　D. 扒粪运动
E. 卖丑运动

2. 爱德华·伯尼斯被国际公关界誉为（　　）。
A. 公关之父　　　　　　　　　　　B. 现代公共关系学之父
C. 国际关系泰斗　　　　　　　　　D. 现代公关创始人
E. 现代公关鼻祖

3. 艾维·李公关思想的核心是（　　）。
A. 讲真话　　　　　　　　　　　　B. 门户开放

C. 《原则宣言》 　　　　　　　　　　D. 尊重他人

E. 友善至爱

三、判断题

1. 现代公共关系之父是艾维·李。　　　　　　　　　　　　　　　（　　）
2. 将公共关系第一次带上大学讲堂的是艾维·李。　　　　　　　　（　　）
3. 中国公关协会成立于 1988 年 5 月。　　　　　　　　　　　　　（　　）

四、名词解释

1. 公关之父
2. 现代公关学之父
3. 扒粪运动

五、简答题

1. 简述中国古代公关的特征。
2. 简述西方公关诞生的基本情况。
3. 简述中国现代公关发展的轨迹。

六、案例分析题

1. 阅读下面案例，回答问题。

虽然西方的一些公共关系学者曾自豪地宣称亚里士多德的《修辞学》是人类历史上最古老的公共关系经典，但他们也不能回避这样的事实：早在 2500 多年前的我国春秋战国时期就已经存在着公共关系思想萌芽。如郑相子产的"不毁乡校"，让公众在合法场所发表意见，议国政、听民声；孔子的"己所不欲，勿施于人""仁""和为贵"思想，表现出对和谐关系的重视与期盼；墨子的"兼相爱，交相利"主张，体现出对良好公众关系的追求；冯谖客孟尝君，为替孟尝君树立爱民如子的新形象，实施"狡兔三窟"计划，则是一次古代成功的公关策划活动；孟子的"仁政""民本"思想则是当时罕见的富有超前意味的公共关系新思想，与现代意义上的公关思想和意识具有某种相通相融之处。

有人就指出，中国古代公关思想要远胜于西方，即使放到当今社会也丝毫不逊色。

（1）请结合公共关系发展史进行评析。

（2）尝试课外阅读中西方公关历史，比较其差异。

2. 阅读下面案例，回答问题。

2000 年 8 月，江西第一家肯德基餐厅落户南昌，开张数周，一直人如蜂拥，非常火暴。不想一月未到，即有顾客因争座被殴打而向报社投诉肯德基，引起一场不小的风波。

事件经过大致如下：一位女顾客用所携带物品占座位后去排队购买套餐时，座位被一位男顾客坐住而发生争执。先是两位顾客因争座发生口角，尽管已引起其他顾客的注意，但都未太在意，此时餐厅的员工未能及时平息两人的争端。接着两人争吵上升到大声争吵，店内所有顾客都开始关注事态，邻座的顾客则停止用餐，离座回避，带小孩的家长担心事态危险和小孩受到粗话影响，开始领着小孩离店。最后二人争吵上升到斗殴，男顾客大打出手，殴伤女顾客后离店，别的顾客也纷纷离座外逃和远远地看热闹。女顾客非常气愤，当即要求肯德基餐厅对此事负责，并加以赔偿。到此时，其影响面还局限于人际范围，如果餐厅经理能满足顾客的要求，女顾客就不至于向报社投诉。但餐厅经理表示"这是顾客之间的事情，肯德基不应该负责"，拒绝了女顾客的要求。女顾客马上打电话向《南昌晚报》和《江西都市报》两报投诉。两报立即派出记者到场采访。女顾客陈述了事件的经过并坚持自己的要求，而餐厅经理在接受采访时对女顾客被殴表示同情和遗憾，但是认为餐厅没有责任，不能作出道歉和赔偿。两报很快对此事作了报道，结果引起众多市民的议论和有关法律专家的关注。事后，根据《消费者权益保护法》，肯德基被认为对此事负有部分责任，向女顾客公开道歉，并赔偿了部分医药费，两报对此也都作了后续报道。

（1）从公共关系角度来看，顾客争座，肯德基到底该不该管？

（2）通过这一事件，我们应该吸取哪些教训？

实训一：如何加深对于公共关系历史的记忆与理解

[情景设计]

为了加深对于公共关系历史的记忆与理解，通过讲故事、做游戏等方式，加强对公共关系感性与理性的认知。

[角色扮演]

按照6人为单位组成小组，安排一名组长，负责小组讨论的记录、总结。

[实训要求]

每人讲一则故事，围绕教学内容，把公关历史上的事件用故事与人物的方式讲出来，要求生动、具体、感人。

[效果评价]

教师教学点评、打分。见表2-1。

表2-1　　　　　　　　　　讲故事能力评分表

专业		班级		学号		姓名	
考评场所							
考评内容	加深对于公共关系历史的记忆与理解						
考评标准	项目内容				分值		评分
	准备环节				30		
	实施步骤				20		
	语言技巧				20		
	应变能力				30		
	总计				100		

实训二：撰写一篇研究性学习总结

[情景设计]

以 6 人为一小组，整理公关发展线索，尝试理清头绪。

[应试程序]

以组为单位，上网查找公关历史资料，各人分工，最后汇总，每人提交一篇公关学习总结，在小组里交流，取长补短，形成书面文字。

[实训要求]

1. 学会收集资料的方法，快捷掌握，确保资料全面、准确。

2. 学会合作交流，与他人合作，培养团队的合作精神。

3. 把握书面语言与口头语言的差异。

[效果评价]

1. 要求每人在合作的基础上，完成一篇公关历史的研究性学习总结。

2. 每组完成一篇总结报告。见表 2-2。

表 2-2　　　　　　　　　　公关文书评价评分表

专业		班级		学号		姓名	
考评场所							
考评内容	研究性学习总结						
考评标准	项目内容			分值		评分	
	内容			30			
	书面			20			
	格式			20			
	合作能力			30			
总计				100			

 课外阅读

1. 杨俊. 新型实用公共关系教程. 北京：高等教育出版社，2008.

2. 余明阳. 中国公共关系史. 上海：上海交通大学出版社，2007.

3. 吴友富. 中国公共关系 20 年发展报告. 上海：上海外国语大学出版社，2007.

模块三　公关程序

学习目标与任务

　　掌握公关工作的四大步骤及其相互关系，掌握公关调查的原则及其内容，把握公关实施步骤，掌握公关效果评估的标准；能够独立开展公关调查，能够排除公关实施中的障碍，能够熟练地进行公关策划与评估。

项目一　公关调查

芭比娃娃 50 年畅销的秘密

　　2009 年 3 月 9 日是芭比娃娃品牌创建 50 周年的日子，据美泰公司统计，芭比娃娃的销售在全球 150 多个国家占据着统治地位，总销售额超过 10 亿美元，仅在美国一隅，芭比娃娃的数量比美国人口还要多。有调查显示，72% 的波多黎各女孩和 49% 的智利女孩人手一个芭比娃娃；在欧洲国家，芭比娃娃仍然是销售第一的女孩玩具。一个玩具为什么成为几十年的流行符号呢？从芭比娃娃的 50 年品牌历史中或许可以找到对于品牌、时尚、文化营销的元素。

　　芭比娃娃卖的不是玩具，而是玩具象征的文化附加值。

　　芭比娃娃的 50 年历史，也是一个时尚的"千面女郎"的历史，芭比娃娃不断结合时代的变迁设计相应的造型，例如，20 世纪 70 年代有戴着反战头巾的嬉皮芭比，80 年代摇身变为一名白领，此外还有女航天员、有氧舞蹈教练、飞行员、饶舌歌手、总统候选人等芭比角色，甚至出现女子保镖芭比。而每年美泰公司要生产约 150 款芭比娃娃，其中有 120 款是新造型，芭比娃娃通过这些造型不仅延长了产品的生命周期，同时也让芭比娃娃成为美国女性社会变迁的一个记录者，让品牌始终与女性融合在一起。在美国多所大学，"芭比学"甚至已成为一堂专业课，透过芭比现象探讨女性心理、角色、男女关系，以及女性与社会的互动等问题。在 2008 年，美国政府在一个为纪念妇女保健工作而埋设的时间囊中放入了芭比，将她作为女性的代表。这说明，品牌必须打造成目标群体的阶层符号，才能保证有持续发展的动力。

锐意创新，并在争议中保持消费者注意力。芭比娃娃从出生起就备受争议，特别是很多不同的造型设计常常会遭到不同的评论和意见，正如《永远的芭比：一个玩偶的非官方传记》一书中所说："有一个热情向女儿推荐芭比的母亲，就有一个试图禁止芭比进门的母亲，芭比自诞生之日起，就集宠爱、嫉妒、鄙夷和仇视于一身，备受争议。"正由于这种来自消费者的意见，才让这个品牌拥有了更多的注意力，因为拥护的消费者与反对的消费者都会为芭比娃娃的品牌知名度作贡献。

（根据中国营销网佚名资料改写）

 任务引入

1. 芭比娃娃50年畅销的秘密何在？请做一次市场调查。
2. 你认为芭比娃娃50年畅销的秘密在于文化附加值吗？
3. "品牌必须打造成目标群体的阶层符号，才能保证有持续发展的动力。"这句话对吗？你是怎样理解的？

 **相关知识**

一、公共关系调查概述

（一）公关调查的意义和作用

现任香港丽新集团董事局主席林百欣曾说："善于发现市场，要通过调查研究，运用谋略，见缝插针，使自己在市场上占有一席之地，才能在商场中获得一个又一个的胜利。"可见，获得成功的关键就是调查研究。

1. 公关调查是组织开展公关活动的基础

任何一项公关活动都离不开调查，这是社会组织开展公关活动的先导。正如著名公关专家R.西蒙所说，不论人们如何表达公关活动的流程，调查研究都是举足轻重的。如果把整个公关活动视为一个"车轮"，调查研究便是这个"车轮"的"轴"。

2. 公关调查有助于社会组织制定科学合理的决策

通过公关调查，社会组织能及时、准确地收集到公众对组织的意见、态度和评价，确定本组织所存在的薄弱环节，为领导者制定合理的应对措施奠定基础，这就能避免领导者决策的失误，减少决策过程中的不确定因素。

3. 公关调查有助于社会组织考察公关现状，监测社会环境的变化

任何组织在开展公关活动前都必须掌握组织与公众关系的状况，即社会舆论和公众对组织的认知和评价。

公关调查是对组织环境进行分析和监测，认知环境变化的过程。它为公关人员发现问题、寻找目标、确定工作对象、施行创意策划提供宝贵的第一手资料，为实施公关工作的针对性、科学性和规律性提供良好的便利条件，便于决策者当机立断，监测社会环境的变化。

4．公关调查有利于社会组织及时加强与公众的联系、沟通，塑造良好形象

公关调查本身就是一项沟通公众关系、协调相关利益、塑造良好形象的重要的公关工作，同时也是公关人员向公众传播组织自身形象的过程，能够缩短与公众之间的距离，赢得公众的好感和赞许。

（二）公关调查的基本原则

1．客观性原则

公关调查务必以实事求是的精神，掌握第一手确凿无误的事实材料，包括准确的统计数据、具体的事例和概括的事实等。

一方面，公关调查要按事物的实际情况办事，既不夸大，也不缩小；另一方面，要从实际出发，准确判断周围事物的内部联系，努力找出其发展的规律性。

2．时效性原则

公关调查就是了解公众在某一特定时间对公关组织形象的评价，其结果具有强烈的时效性。

快速、便捷地获取相关信息，是公关组织务必牢记的至理名言。遵循快捷的时效性，就有利于组织及时收集有益的信息，作出正确的决策。

3．全面性原则

公关调查从"量"的前提出发，选择对象务必确实代表公众的整体态度，点面结合，整体推进，以显示调查样本的公正性、权威性；调查所选择的材料必须全面、完整。既有正面又有反面，甚至还有中间方面的；既有定性又有定量分析资料，既有问卷调查又有抽查资料，以确保能提供全面比照。

4．效益性原则

公关调查中要尊重调查对象的人格、宗教信仰、民族习惯、生活方式和志趣爱好，力争做到谦虚礼貌、举止文明、热情主动，从而提高组织的信誉度，使公众能够积极配合，提供真实、准确、客观和全面的资料，最大限度地满足公众的需求，顺利完成相互协作、共同谋划的调研任务，从而获得最大的收益。

（三）公关调查的内容

公关调查内容十分广泛，涉及社会组织公共状态的种种因素。无论从何种角度来衡量，均包含以下几个方面：

1．组织基本情况调查

（1）组织公关活动的历史和现状。

（2）组织知名度和信誉度的高低。

（3）组织经营管理的状况。

（4）组织领导者和员工的情况。

2．相关公众调查

（1）公众构成情况调查：①内部公众构成情况：人员数量、专业、年龄、性别、文化程度、能力和职务职称等。②外部公众构成情况：人员数量、构成、特征、需求、与组织的联系状态、重要性和依赖性等。

（2）公众需求调查：①公众的物质需求，即对改善物质生活环境、产品和服务的需求。

②公众的精神需求，即对组织接纳、合法权益的需求等。

（3）公众评价调查：①对组织产品的评价。②对组织服务质量的评价。③对组织管理水平的评价。

3．社会环境调查

（1）政治经济形势。

（2）社会风尚和消费心理。

（3）其他相关组织的公共关系。

二、公关调查的开展

（一）公关调查的基本程序

1．调查准备阶段

（1）确定调查具体任务。

（2）进行调查设计。

（3）准备调查条件。

2．调查实施阶段

（1）成立调查小组。

（2）收集资料。

3．调查分析阶段

（1）核实相关资料并分类。核实材料要遵循真实性、准确性、完整性和标准性的要求。分类材料要按照科学性、实用性、渐进性和排斥性的原则。

（2）分析调查资料。主要采用定量、定性分析的方法，解决关键问题。

4．调查报告写作阶段

（1）报告的内容要真实、准确和客观地反映实际情况。

（2）报告的书写格式力求规范，应包括题目、目录、概要、正文、结论、建议和附件等相关要件。

（3）语言文字务必准确、精练、规范。

5．总结评估阶段

（1）调查成果评估。主要有两项指标：一是学术价值，即调查资料是否可为公关理论研究提供真实、完整和可靠的数据资料，可否作为某一理论观点和研究结论的印证和依据；二是应用价值，即依据公关调查结果被采用情况和对公关运作所起的实际作用，来对公关调查施行客观的评价。

（2）调查工作总结。包括：①工作完成情况总结，即是否按时完成了调查任务，是否达到了调查的目的，是否需要补充或重新调查等。②公关调查所取得的经验和教训。

（二）公关调查的方法

1．文献法

文献法是公关人员主要通过查寻各种文献，对媒介所传播的有关组织形象或相关信息进行调查统计分析的一种间接的调查方法。

文献资料一般包括：

（1）书面文献，包括各种公开或非公开出版发行的文献，如书籍报刊、档案、报告、会议文献、统计报表等。

（2）声像文献，即运用录音、录像和摄影等技术直接记录声音与图像的文献形式，如电影、电视、录像、录音、照片等媒介形式。

（3）电子文献，即用计算机阅读和查寻的文献，如磁盘、光盘、U盘和网络文献等。

2．访谈法

访谈法是调查者依据调查提纲与调查对象直接交谈，收集语言资料的一种口头的调查方式。主要有集体访谈法和个别访谈法。

（1）集体访谈法。由一名或数名调查者亲自召集一些人来进行座谈。优点是工作效率高、速度快、人数多、信息广，便于相互启发、补充、核对和修正。

（2）个别访谈法。由调查者分别访问调查对象，通过个别谈话的方式收集资料。优点是双方是个别接触，能建立起相互信任的关系，有利于排除干扰，减少从众心理的压力，便于被调查者说真话，所收集的材料真实、可靠。

3．问卷法

问卷法是调查者统一运用精心设计的问卷，利用书面回答的方式，了解信息的一种方法，又称民意测验法。有两种方式：自填问卷和访问问卷。

自填问卷即由被调查者自己填答的问卷。访问问卷是由访问员根据被调查者的口头回答来填写的问卷。

4．观察法

观察法是调查者直接进入现场，用自身感官及辅助工具，观察和记录被调查者的表现，所获取的第一手资料的方法。其优点是真实、生动、具体和直接，可靠性强。具体有参与观察和非参与观察两种。

（1）参与观察。这是指观察者直接介入被观察事物，与被观察者发生联系。以内部成员的角色参与他们的活动，在共同的活动中观察所收集的相关资料。如去酒店作为顾客，了解其他消费者对其产品、服务和组织行为的评价。

（2）非参与观察。这是指观察者不直接参与被观察的活动，而是以第三者的角色对被观察者施行观察，不介入（干预）事件的发展过程，只记录事件发展的自然情况。如某服装公司的公关人员在商场周围观察记录公众服装消费的相关情况。

 课堂讨论

如何开展公关调查？

项目二　公关策划

 案例导入

张家界·哈利路亚·一场难得的策划

继《泰坦尼克号》之后，大人物詹姆斯·卡梅隆（James Cameron）重出江湖，这次携新作《阿凡达》给观众带来的不仅仅是视觉的震撼，更有对寂寞的唤醒。经历了将近1个月的热映，"外星人"《阿凡达》终于向"中国传统文化教父"《孔子》让路，但其在中国产生的影响远没随着"被下线"而终结。

2010年1月19日，一场题为"借助《阿凡达》营销张家界"的座谈会由湖南省张家界市旅游协会主办，包括县老爷、师爷在内的营销大师无一缺席。继麦当劳大叔出山大秀"3D舞技"之后，具有官方身份的湖南省张家界市旅游局终于耐不住寂寞，于是一个叫做"哈利路亚山"的"青涩少年"横空出世，给意犹未尽的寂寞网民送上了一块劲道十足的嚼头。

然而，"哈利路亚山"的推出，只是张家界旅游营销的冰山一角，张家界旅游局已经制定了"系统"的"阿凡达营销"规划。然而，迫于梅大爷此前在北京"哈利路亚山原型为中国黄山"的口误，张家界旅游局便不得不将自己的营销规划提前启动。

按照张家界专项会议精神，张家界旅游局的相关营销专家已经规划好为张家界"南天一柱（乾坤柱）更名为哈利路亚山"在京召开新闻发布会，并将在此后启动"营销三部曲"。

第一阶段，调查取证，唤醒记忆。参照《阿凡达》中哈利路亚山造型，通过截图比对、精华帖、技术比对帖等"技术手段"制造张家界"南天一柱"就是《阿凡达》中"哈利路亚山"原型的"铁证"，然后以此唤醒梅大爷的记忆："原来是我记错了，哈利路亚山原型在一个叫做张家界的地方，而不是黄山。"

用县官毛坚坚的话说，借势大片热映宣传景区并不无先例，之前的《魔戒三部曲》对新西兰、《古墓丽影》对吴哥窟、《卧虎藏龙》对安徽宏村、《非诚勿扰》对日本北海道和杭州西溪湿地都发挥了很好的宣传作用。为此，毛坚坚认为张家界借势《阿凡达》成功的关键在于让梅大爷"签字画押"——"当前的工作之重是让全球观众尽快知道悬浮山哈利路亚就是张家界，此项工作最后落脚点就是由《阿凡达》片方甚至卡梅隆本人公开承认剧组曾来张家界取景。"

第二阶段，邀请代言，制造关联。为实现张家界借势《阿凡达》宣传，张家界旅游局准备向梅大爷和他的跟班赠送张家界旅游画册、银币纪念品，并试图委托他们向梅大爷传个县官的口谕："我是您梅大爷的Fans，希望您得空儿能来张家界捧场，往返盘缠全部由我承担，其他条件好商量。"

第三阶段，杜撰故事，推出梦想成真之旅。梅大爷若肯捧场，就给"张家界等同哈利

路亚"创造了条件；依此，师爷们便可以按照既定的计划杜撰故事，把奇山的概念、世外桃源的概念、生态家园的概念和张家界联系起来：

梅大爷选中张家界的 N 个理由……

张家界的外星奇缘……

不要疯狂地迷恋哥，哥现在在张家界……

梅大爷，你妈妈喊你回家吃饭了……

有事来张家界，没事找事也来张家界……

为了让这些策划能够深入人心，衙役们准备走上街头，张贴告示、派发传单，下拨专款用于"张家界《阿凡达》梦想成真之旅"的宣传。在张家界，留守的衙役们早已经为寂寞的游览者准备好了新的门牌：真实的哈利路亚山——中国张家界欢迎您！

用毛坚坚的话说："潘多拉很远，张家界很近。欢迎海内外朋友来张家界走进《阿凡达》中的哈利路亚山，寻找真实的潘多拉世界。"

至此，由张家界旅游局导演的梅式营销闹剧算是告一个段落。且不论张家界县衙们的举动是否有"崇洋媚外"之嫌，也不究"哈利路亚"传说中关于"痛苦精灵"的描述，单单从公关效果角度评估，我们还不得不给出一个客观评价：很科幻很有想法，至少已经达到了哗众取宠的效果。

（资料来源：中国公关网，作者：王成）

 任务引入

1. 你认为上述的公关策划成功吗？为什么？

2. 如果让你来策划，应当如何做？

3. 公关策划的关键点在何处？

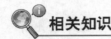 **相关知识**

一、公关策划概述

（一）公关策划的要素

1. 策划者

策划者指公关组织中的专业人员，这是公关策划的关键要素。其能力、素质的高低将决定策划水准的层次。

2. 策划目标

策划目标指策划主体预期要实现的一种良好的未来状态。英国公关专家杰弗金斯说："有形的公关活动是在公关计划方案已取得既定目标基础上产生的，它不仅能使公关从业人员清楚地知道自己活动的目的，而且能使公关从业人员准确地评估自己活动的实际效果。"可见，公关策划目标一般是为了解决策划主体形象战略目标中的问题而提出来的，在策划各要素中，它是一个方向性的要素，具有指向作用。

3．策划内容

策划内容是多层次的统一体，具体可分为高层次、亚层次和表层次。

（1）高层次。指对组织的宏观战略规划的总体设计构思，也称总体公共关系战略策划。

（2）亚层次。指公关实务专题活动策划，如新闻发布会、记者招待会、庆典活动、开放参观、宴请宾朋和危机管理等。

（3）表层次。指具体的操作性的公关活动，如宴请宾朋过程中的接待礼仪，某项活动的主持，通常指为完成某项公关活动而选择的公关技巧、谋略、技能和招数等。

4．策划对象

策划对象指与公关组织相关联的特定目标公众，这是任何一项公关策划中务必关注的目标。确定目标公众，并对其进行调查、分析是一项十分重要而艰巨的工作，对其进行科学合理的分类是确保策划目标顺利达成的关键。

5．策划环境

策划环境指策划的机遇、场合、社会环境和群体心态等。因为任何公关策划都会受社会政治、经济、文化和心理等因素的制约，这些因素均会直接、间接地对策划过程产生影响。

6．策划结果

策划结果指公关策划方案，是策划者在深入细致的调查研究基础上，为实现策划目标而精心设计制定的公关实施细则和设计方案。

（二）公关策划的特征

1．谋略性

公关策划的本质即谋略，是策划者创造性思维的最集中体现，最能充分展现其创造能力、预见能力和对传统思路的突破与升华。

案例：瑞士劳力士公司创品牌

"劳力士"是瑞士劳力士公司的企业名称和用于制造的钟表产品的主要品牌，它始终奉行"人无我有，人有我好"的创新理念。1905年，它研制出戴在手腕上的表，在怀表盛行的环境下，鹤立鸡群，颇为抢眼，引起轰动。1926年，它又推出一种新型的防水手表，即著名的"蚝"式表（Oyster），在英国举办的一次横渡多巴海峡的游泳比赛上，挑选一名年轻貌美的女选手做广告模特，将她横渡海峡佩戴劳力士"蚝"式表上岸时拍下的照片作为广告来宣传，打开了防水表市场。1931年，它又首创了发条装置的手表。1945年，它又在手表上附加了记日期的小孔。1956年，它又在日期的基础上增加了星期的标志。20世纪70年代，面对日本"精工"表的挑战及电子表的兴起，它又开发了石英表，真正达到了顺应时代潮流，永远与时俱进、勇立潮头的创新精神境界。这一案例充分体现了公关策划的谋略性特征。

2．整体性

公关策划的最佳境界就是努力追求工作的整体效益，目标选择的整体优化，活动安排的互相关联性，使分散、孤立的因素合成起来，有机地产生出环环相扣、相互连锁的总体效果。因为，整体大于部分之和。

案例："阿迪达斯"（ADIDAS）全面挺进体育用品市场显神威

"阿迪达斯"是德国阿迪达斯公司用于运动鞋产品的品牌，其创始人是 Adi Dassler，是一位技术高超的制鞋家，同时也是一位喜爱运动的运动家。他的梦想就是"为运动家们设计制作出最合适的运动鞋"，以产品创新为发展动力，共获得700项专利，在足球、篮球、网球、田径、棒球、拳击、游泳以及最新潮的极限运动等运动项目中均占有一席之地，全面出击，令许多知名的顶尖运动员为其品质所折服。它不仅在设计上、功能上有所突破，代表性的三道杠设计概念在流行趋势中掀起另一股风潮，席卷新一代青年，形成流行新风格，带动全球运动商品更多元化的发展趋势。这是整体性公关策划的最突出显现，取得了令人瞩目的效果，它占据了体育运动鞋80%的市场份额。

3．主动性

公关策划应主动寻找时机，主动出击搜寻传播组织形象的最佳契机。策划者还必须掌握计划超前性的基本要求，"未雨绸缪"、"居安思危"是策划的着眼点与着力点。

（三）公关策划的原则

1．创新性原则

公关策划的灵魂就是创新，创意新颖，内容新鲜，手法翻新，时机把握恰到好处，规模恰如其分。如何创新呢？

（1）创新观念先行。在策划中，策划者首先要树立创新观念，决不在前人老路上重复，而是以超前创新精神开辟崭新路径。创新理念，换脑筋是关键。

（2）创新思维永恒。在策划过程中，策划者必须在全过程树立创新思想，将创造性思维方法贯穿于公关行为的每一个步骤、每一个细节之中。

（3）创新方案有度。策划方案不能太死板，因为客观世界环境是动态的、变化的，在实施过程中总会遇到诸多突如其来、意想不到的新变化，保持适度的弹性，就是蕴涵着随机应变的因素，以可变的态势迎接万变的环境因素的挑战。

2．整体性原则

策划者在策划中，注意研究全局的指导规律，局部服从全局，以全局带动局部。立足眼前，放眼未来是关键，将任何系统当做一个全局，注意区分层次，大系统、中系统和小系统，母系统与子系统；针对不同层次，采取不同的策略，最根本的是要有整体性、全局性观念。

3．时效性原则

所谓时效，指的是时机和效果及两者间的关系。策划方案的价值将随着时间的变化而变化，这要求策划者把握好时机，正确处理好时机与效果之间的关系，尽可能缩短策划到实施的周期，力争让决策发挥效用的寿命更长、效果更好。

案例：亚都加湿器抓住时机取效率

北京市亚都加湿器厂在策划产品——加湿器投放市场时，紧紧抓住有利时机。当时，按北京市规定，每年11月15日开始供暖气，亚都加湿器就将产品选定在这一天前后投放市场。由于供暖气的原因，北京市居民室内空气格外干燥，大多数人对此不适应。此时，北京电视台上出现大量的亚都加湿器的宣传广告，于是，许多居民纷纷购买，促使该产品一度脱销。这就是运用时效性原则开展公关策划的典型案例。

4．真实性原则

所谓真实，就是指策划者在策划中真诚求实，尊重客观事实，尊重科学，尊重实践；在传播交流相关信息时，特别要审核信息的准确性、真实性，绝不容许传递任何涉假不实信息，不虚美，不隐恶，实事求是。

案例："美国梦"的破灭

美国人摩根曾在我国策划过一个"拥有一块美国土地，出售一个美国梦"的案例，曾经轰动一时。当时，他把美国中部的荒芜土地用极其低廉的价格买下，用地契将其切割成每份1平方英寸，再以每份地契5000元左右人民币的价格卖给中国人，许多购买者以为拥有了一份地契，就能够踏上美国土地了，实现成为美国人的梦想了！结果，纯属不真实的虚伪作秀，所谓圆美国梦，纯属白日做梦，反而圆了摩根的发财梦。摩根的这项策划是建立在非准确、传递虚构信息——"美国梦"的基础之上，违背了现代公关策划真实性的基本原则，应当作为反面教材警示每个策划人。

二、公关策划的程序

（一）确定目标

确定策划目标是公关策划的第一步，因为明确的目标是成功的重要保证。公关策划目标可分为公关战略目标策划和公关专题目标策划。

1. 公关战略目标策划

公关战略目标策划是指一个组织以最终目标"赢利"为核心，以未来为主导，为争取公众的理解和支持而作出的整体性和长期性的谋划与对策。具有决策性、长期性的特点，对整个公关工作有着决定性的指导作用。

2. 公关专题目标策划

公关专题目标策划是为实现组织的宏观战略意图而从事某些公关活动方案的策划，把战略目标策划具体化、行动化，属于中短期公关工作目标策划。

确立专题目标策划务必做到：①目标必须具体；②目标必须是能够实现的；③目标必须是能够测量的；④目标必须有规定的期限。

（二）落实人员

目标确定后，关键是人员要落实。正确、恰当地选择合适的人员尤为重要。

1. 选聘策划人员的基本原则

（1）限定人员数额。中、小型策划，5~12人为宜；大型策划，20人左右为宜。

（2）确定人员质量。每人均应是某一方面的专家、能手，既能在策划中承担相关部分的策划内容，又能较好地配合某个方面问题的策划者。

2. 策划机构人员的组合

（1）学者、专家。与公关密切相关的专家应包括公关学、营销学、管理学、广告学、心理学、传播学、人际关系学和决策学专家等。

（2）专业传媒人员。指专门从事媒介传播工作的专业技术人员，他们能够真正起到组织策划与社会公众信息交流的桥梁作用。

（3）组织机构的代表。作为委托方，一般以1~2人为宜，他们主要发挥参谋和沟通作用，如向专家们及时提供本组织的相关信息，对专家们的意见作出准确的判断、鉴别和取舍等。

（三）设计主题

公关主题是对公关活动内容的高度概括，是连接所有公关活动项目的核心，也是将整个活动的各个项目、步骤连为一体的中心纽带。主题设计得是否精彩、恰当，对整个公关活动效果的影响十分重大。

主题表现形式可以是一个口号、一句标语或一个真诚表白，林林总总、形形色色，但要达到下列要求：

（1）主题应当与公关总目标相一致，一句话、一个字就能揭示活动的目的。

（2）主题传达的信息应当独特、新颖，具有鲜明的个性，能表现活动的特色。

（3）主题设计要形象、鲜明，适应公众的心理需求，既富于激情，又妥帖恰当。

（4）主题设计要富于审美情趣，语言要生动、形象、简练、精辟、朗朗上口，便于记忆和传播。

（四）分析目标公众

目标公众是组织决定作为自己公关活动主要对象的那一部分公众。目标公众的确立要建立在对公众细分的基础上。

目标公众的确立既有利于选定具体公关方案的实施，又有利于确定工作的重点，科学、合理地分配力量，更便于选择合适的传播媒介和技巧。

（五）选择传播媒介

传媒的选择是公关策划关键的一环，因为恰当、合适的传媒，将直接影响到公关工作的效果。

1. 可供选择的传媒类型

目前，可供选择的传媒非常多，不同的媒介各有长短、优劣，只有选择恰当，才能事半功倍，收到绝佳的传播效果。

（1）按传播形式可分为：①印刷媒体（报纸、杂志、印刷品）；②电子媒体（电视、广播、网络）；③展示媒体（广告牌、宣传窗、柜台、橱窗）；④户外媒体（户外灯箱、标语牌、空中广告等）；⑤其他特定媒体（包、袋、伞、盒等）。

（2）按受众数量可分为：①个体传媒，即个体间的直接对话，如谈话、商议、通信、电话等；②群体传媒，即面对特定群体的传播，如会议（包括电话会议）、演讲、文件、邮递宣传品等；③大众传媒，一般指报纸、杂志、广播、电视、网络五大传媒及近年迅速发展起来的手机短信。

2. 选择传媒的原则

由于各种传媒在受众范围、接受效果、时间和支出成本等方面存在较大差异，公关策划在选择传媒时，应遵循下列原则：

（1）依据公关工作目标选择传媒。

（2）依照不同对象选择传媒。

（3）根据传媒内容选择传媒。

（4）依照经济条件选择传媒。

课堂讨论

1. 如何把握公关策划中的创新性原则？
2. 如何选择媒体？

项目三 公 关 实 施

 **案例导入**

6 亿元收入囊中 奥运新媒体最大赢家央视网

无与伦比的北京 2008 年奥运会已经闭幕，但是围绕着北京奥运的新媒体大战似乎依然余波荡漾。尘埃落定后，业界方意识到，这次奥运媒体大战最后的赢家就是掌握了独家资源的央视。

消息人士 2008 年 9 月 1 日告诉记者，经过初步统计，在奥运前后短短的一个月时间内，央视的广告收入已突破 50 亿元，全年广告收入有望达到创纪录的 200 亿元。而被央视看做新利润增长点的新媒体业务也有重大突破，通过向搜狐、新浪等几家门户网站和主流视频网站分销奥运节目的网络视频转播权，央视网的收益就超过 4 亿元。

与此同时，打着"上央视网看奥运会"口号的央视网成为奥运期间流量增长最快的网站，据央视网高层称，奥运期间央视网的流量增长了 8 倍以上。而来自第三方统计监测服务商万瑞公司的监测数据，开幕式开始后仅 10 分钟，央视网流量就创出历史峰值，在瞬间最高峰时，流量甚至超过其他门户网站流量的总和。

最 大 赢 家

2008 年度过 50 周岁生日的央视，在北京奥运会迎来了历史性的轻松一跃，除了销售收入有望突破 200 亿元，新媒体业务也迎来了重要转折点。

在总结北京奥运会的网络视频转播大战时，广电总局科技司副司长王联告诉记者："这次最大的赢家是央视，其次是几家广告收入有了快速增长的门户网站，但对于今年希望借助奥运实现业务腾飞的视频网站来说，这次的结果可能是入不敷出。"

2007 年 12 月，央视网以 2000 万元从国际奥委会处获得北京奥运会超过 3800 小时的视频节目大陆和澳门地区独家视频转播权。虽然在最初的竞标中，因为歌华有线的参与使央视的竞标代价从 500 万元提高到 2000 万元，但是之后通过分销和分享的方式，央视网获得的收益则数以十倍计。

虽然获得视频网络转播权的门户网站和视频网站对转播权费用讳莫如深，但据消息人士透露，搜狐的代价高达 6000 万元（从其第二季度财报可直接反映出 600 万美元），而新浪、腾讯和网易每家的代价是 5000 万元，其他几家视频网站的代价则在 2000 万 ~3500 万元，央视网的总收益超过 4 亿元。

此外，包括广州珠江移动在内的全球 50 多家移动电视运营商、广电总局的 CMMB 手机电视，以及地方卫视播放的部分奥运视频节目都需要从央视购买，虽然移动电视运营商支付的费用不如门户及视频网站高，但粗略计算，央视网此项收益也将近 1 亿元。

显然，拥有独家内容资源的央视网成为奥运新媒体大战的最大赢家。此前，广电总局发放的第一张网络电视牌照被上海文广拿到，2006 年才拿到牌照的央视网在前期的 IPTV、手机电视运营方面稍显落后，但是由于这次的独家资源，上海文广 2008 年 7 月初也不得不与央视网合作在上海的 IPTV 用户中推广奥运视频节目。

而除了向主流网站分销奥运节目的转播权外，央视网自身流量也得到了迅速的扩张。央视网总经理汪文斌表示，汶川地震信息传播中 46% 的观众通过网络，奥运期间这一数字更高，央视网的用户有望呈现几何级的增长。

据央视网内部人士称，流量剧增令央视网的广告收入比奥运前增加了两倍。加上巨额的授权费，央视网在奥运会前后三个月时间的总收入突破了 6 亿元。而在奥运之前两年，央视网由于业务整合，其新媒体的业务收入每年只有几千万元。

来自调查公司 AC 尼尔森的调查数据显示，央视网超过 8 倍的流量增长一举奠定了其在国内视频网站的领先优势。而对于花费大价钱购买了网络视频转播权的几家视频网站来说，奥运营销的效果并不明显。Alexa 相关数据还显示，三大视频直播网站（优视、PPS、PPLive）虽然都拿到了奥运转播权，但除优视在奥运开幕之后出现明显流量增加外，PPS 和 PPLive 在流量方面却没体现出明显的增加。

万瑞数据有关分析师表示，视频网站希望借助高投入的模式换取流量爆发性增长的目的并没有达到，有的网站此前几千万的投入可能要到 2009 年年底才能收回，整个奥运营销可能入不敷出。

台 网 共 赢

与网站运营商的喜忧参半相比，央视无论是传统的电视媒体还是新兴的媒体业务都可以说是盆满钵满，这与其内部资源的共享和对视频转播侵权严厉打击有关。

2007 年广告收入超过 110 亿元的央视，在奥运期间其广告收入实现了翻番的增长。央视内部人士告诉记者，央视的广告快速增长其实从 2007 年下半年开始体现，广告单价进入 2008 年后提高了 30% 以上，到奥运期间虽然限制了非赞助的广告数量，但是来自奥运赞助商的广告增量和单价提高已经足够实现其广告收入的翻番。

据悉，仅仅在奥运的 16 天内，央视的 7 个开路频道广告收入就超过 30 亿元，而在央视广告收入快速增长的同时，包括湖南卫视、东方卫视等在内的地方卫视的广告则出现了下降。

根据一份广电内部数据显示，奥运期间，央视一套、央视二套、奥运频道、新闻频道等收视率有了快速增长，而同期地方卫视的收视率则下降了 50% ~ 80%，最高的湖南、安徽等卫视的收视份额也不到 5%。

根据央视市场研究公司（CTR）对全国 128 个城市调查数据显示，奥运会期间全国有 11.25 亿人通过中央电视台收看奥运赛事转播，占观众总数的 91.92%；期间，中央电视台总观众规模达 124 亿人次，平均收视份额达 52.19%，创历史新高。

来自央视网的公开数据显示，奥运期间全国每天近 1.42 亿网民通过央视网和 9 家商业网站收看奥运转播，占全部网民的 56.13%；央视网日均访问量达 3.01 亿页次，其中视频直播日均访问人数达 1596 万，手机电视日均访问量为 2153 万，收视份额占手机电视全网业务的 79.4%。

显然，无论是网络电视还是手机电视，央视网都取得了重大突破。记者了解到，央视与央视网、中数传媒、中国国际电视总公司等兄弟单位都实现了内部资源共享，这使央视网等的内容成本很低，但是对于外部的网站和手机电视运营商，则收取高昂的转播费用。

如果有网站通过盗版侵权的方式获得收益，则面临着有史以来最严厉的法律风险。央视网有关人士表示，奥运会期间，央视网严格推进新媒体版权保护工作：一是组织成立"反盗版行动小组"，与合作伙伴共同承诺建立处理非法转播奥运赛事案件快速反应机制；二是及时发现并处理个别门户网站问题，敦促合作伙伴严格遵守协议，加强对播客上传类平台地域的封锁措施；三是联合总局监管中心全天监控，先后发送 100 多封告知函和律师函，举报投诉上百家侵权盗播网站。

8 月 13 日，央视国际网络有限公司（简称央视国际）状告迅雷网络技术有限公司网站（简称迅雷）和世纪龙信息网络有限责任公司（简称世纪龙）两家网站奥运视频转播侵权案获得立案，并分别提出了赔偿 410 万元和 200 余万元的诉讼请求。

到 8 月 14 日，央视网盗版监控记录第一次出现"零报告"，表明版权保护取得实效。

昙花一现还是茁壮成长

奥运期间的快速增长虽然让新媒体收入上升至央视总收入的 5%，但奥运过后，其新媒体业务能否持续快速增长的态势值得关注。

对此，央视网总经理汪文斌表示，由于央视独特的地位和资源优势，央视网在今后一些重大事件的网络和手机视频转播权的竞争中将一直处于很主动的地位，这是其他竞争对手不具备的。

即将开始的北京 2008 年残奥会、宁夏回族自治区 50 周年庆典、神舟七号发射、十七届二中全会等重大历史事件的新媒体转播权已经落入央视网手中。其他的竞争对手如上海文广、门户网站等都需要从央视网手中购买视频转播权，这将保证央视网今年获得持续的收入。

而对于 2010 年上海世博会、广州亚运会等新媒体的转播权，央视网同样志在必得。虽然它们的影响力可能无法与北京奥运会相比，但是在广电总局看来，由央视网来对重大事件的新媒体传播进行操控是最好的方式。

对于央视来说，除了网络电视、手机电视的突破外，在各地的地面数字电视中，随着央视开路高清频道的开播，其控制力也在增强。奥运期间，其两套付费频道网球和风云频道的收视率都有 50% 以上的提高，显然对于将付费节目作为新增长点的央视来说，这也是重大突破。

来自中数传媒的消息显示，2008 年央视付费频道的总收益有望超过 3 亿元，到 2010 年则有望超过 10 亿元。

显然，在新媒体领域迟到的央视已经全面开花，而且后来居上，包括其与巴士在线合资的移动电视运营公司的开播。来自央视CTR的数据显示，奥运期间有96.8%的观众通过电视收看奥运赛事，其他媒体分别为：广播17.7%、网络14.8%、公交移动电视6.8%、手机电视1.9%。

不过来自万瑞数据的调查结果显示，在网民中有90%的调查者开始将网络作为其获得奥运资讯的第一媒体，这显然在局部区域互联网的影响力已经超过了电视，作为传统媒体老大的央视显然也意识到了这一点，让新媒体业务三年内占其收入比例提高到30%是央视的目标，显然这次奥运会期间已经开了个好头。

据8月8日的万瑞数据奥运晴雨表显示，CCTV在网民搜索关键词排行榜上已经排到了第四位，仅次于奥运直播、奥运会开幕式、奥运，是前7位排名中唯一没有奥运字眼的关键词。

看来，众多网民已经将央视与奥运画上了等号，而借助奥运契机，央视新媒体战略取得了成功。

（根据中国公关门户网佚名资料改写）

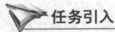 **任务引入**

1. 如何看待央视的成功？
2. 倘若没有奥运，央视能获得如此巨大的成功吗？
3. 公关实施的关键点是什么？

 **相关知识**

公关实施是公关人员将公关策划方案变成现实的过程，是公关工作中最复杂、多变和关键的环节。它是解决公关问题和实现公关目标的关键一环，具有艺术性、文化性、形象性、关系性、人情性和传播性的特点。

一、公关实施的原则

公关实施应把握以下原则：

（一）目标导向原则

公关实施的过程中，公关策划者务必保证所有行为和活动不能偏离公关策划的目标。在具体工作中，实施者运用目标对整个实施活动施行积极引导、制约和促进，并控制整个活动的进程和方向。

（二）整体协调原则

在公关实施过程中，公关策划务必使各项工作内容之间达到和谐、合理、配合、互补和统一的状态。公关实施作为一项系统工程，最常见的协调有上下级之间的纵向协调、同级部门或实施人员之间的横向协调。

（三）选择时机原则

在公关实施过程中，时机选择正确与否将直接决定公关目标的实现。一般正确选择时机，要考虑下列三个因素：

（1）注意回避或利用国内外重大事件。凡是需要广为人知的公关活动应尽量回避国内外重大事件，以免相互冲突，影响传播效果；凡是需要广为告知而又希望减少震动的活动就可选择利用重大事件。

（2）注意避开或利用重大节日。凡是和重大节日无直接联系的活动都应避开节日，以免被节日活动冲淡公关策划活动的色彩。凡是和重大节日有直接或间接联系的公关活动要考虑利用重大节日来烘托活动的影响范围。

（3）注意在同一时间内不宜同时举行两项以上不同的公关活动，以免相互干扰。

（四）反馈调整原则

在公关策划中，策划人通过监督控制系统及时发现实施过程中方法的偏差和失误，并及时调整和纠正。建立灵敏快捷的监督反馈机制，随时捕捉不利因素，并立即快速反应，及时采取有效措施调整实施方案和方法。

二、公关活动方式的选择

公关实施，从宏观上看是一种战略行为，旨在树立组织的整体良好形象，建立双向沟通和良性互动，保持组织与环境之间的动态平衡；从微观上衡量，它又是一种战术性行动，旨在帮助组织宣传理念、推广产品、扩大知名度、提高美誉度、建立信誉度。公关实施在组织发展的不同时期应选择不同的公关活动方式。

（一）主导型公关活动方式

主导型公关活动方式是社会组织通过各种传播活动，主动实现组织与公众的信息交流与沟通，以此来获得社会公众的理解、支持和合作的公关活动方式。适合于促进组织长期目标实现或解决突发性事件等工作，具有可控性强、易于操作、影响巨大等特点。主要有下列几种具体形式：

1. 交际型公关

以人际交往为主，不借助媒介，目的是通过人与人的交往为组织广结良缘，联络公众的感情，从而达到塑造良好形象，建立友好协作关系的目的。具有直接性、人情味和灵活性的特点，能使人际间的交流进入"情感"层次，建立广泛的社会关系网络，形成有利于组织发展的人际环境。交际型公关的方式包括社团和个人交际，如宴会、餐会、招待会、座谈会、谈判、专访、慰问、接待参观、电话沟通、亲笔信函等。

案例：日本式人情管理

日本麦当劳老板藤田田十分注重良好的人情交往，并灵活地运用于管理中，每年必做五件事：第一，每当员工及其太太、孩子生日时，他都会献上鲜花和红包；第二，每年必发三次奖金，全发给员工的太太，同时在信封里写上感激员工太太的话；第三，每年年底都举行庆祝会，邀请员工太太出席，并专门对每位太太说诸如"我保证帮助你们把你们的先生们培养成一流的人才，他们的身体健康就拜托各位太太了"之类的话；第四，每年选派员工去麦当劳学校进修，让太太陪读；第五，实行员工加盟制度，工作一定时间后可以由员工去加盟连锁。藤田田的人情管理模式充分体现了东方式的人性化的企业文化，也是交际型公关模式的绝妙体现。

2. 宣传型公关

这是以各种传媒和内部沟通等手段，向社会宣传自己，形成对自身有利的社会舆论，提高知名度和美誉度。特点是主导性强、目的明确、传播面广、时效性强和效果显著。

宣传型公关根据不同的对象，可分为对内宣传和对外宣传两种方式。

（1）对内宣传。其宣传对象为组织内部公众，具体形式有：组织内部刊物、业绩报告、工作总结、职工手册、黑板报、宣传栏、闭路电视、演讲会和座谈讨论会等。

（2）对外宣传。其宣传对象为与组织有关的一切外部公众。具体形式有两种：一种是以同样适用于组织内部的各种宣传形式进行宣传，如编印宣传资料、员工手册，通过举办展览会、经验或技术交流会达到宣传的目的；另一种是借助于大众传媒的宣传，这是主要的对外宣传形式。一般有两种方法：一是以广告的形式出现，把组织的形象塑造作为广告的中心内容；二是以不必支付费用的方式出现，如新闻报道、专题报道、专题通讯、经验介绍、记者专访等。这是一种最经济、最合算的公关活动形式，有利于扩大知名度、提升美誉度。但需要组织不断努力地去把握机会，制造"新闻"，争取媒体的关注。

案例：宝洁的宣传攻势

宝洁公司推广洗发用品的宣传攻势是先把洗发的理念传给消费者。海飞丝：洗发不是洗去灰尘而是去除头皮屑。飘柔：洗发后必须梳理，确保头发理顺。潘婷：头发洗好后应当充满光泽，只有饱含维生素原B$_5$的"潘婷"才会让头发充满光泽。沙宣：头发必须与人的脸形和身材相适应，因此，要保证一定的发型就选择"沙宣"。宝洁的宣传公关做得可谓淋漓尽致。

3. 服务型公关

服务型公关是一种以提供优质服务为主要手段的公关活动模式，目的是以实际行动来扩大社会影响，提高社会声誉，获取公众的了解和好评，建立自身良好的形象，具有行动性、会员性和直接的效益性等特点。

（1）服务形式主要有三种：一是以组织机构本身的重要活动为中心而开展的公关活动；二是以赞助社会福利事业为中心而开展的公关活动；三是以资助大众传媒而举办的各种活动。

（2）开展服务型公关应注意：一要提高服务的自觉性，自觉地开展服务工作；二要提倡特色，倡导"人无我有，人有我优"；三要注重实在性，以实际的行为来证明自己的诚意；四要做重于说，行动永远胜于口头标榜。

案例：IBM 的"24 小时服务"

IBM 公司是号称世界最佳服务的公司。有一次，一位女工作人员答应客户 2 小时之内一定赶到，没料到路上堵车，这位女代表立即跳下车，在附近商店里买了一双旱冰鞋，从马路上迅速地滑到客户的住处。这就是 IBM 所遵守的"24 小时服务"承诺。

4. 社会活动型公关

社会活动型公关是指组织通过举办各种社会性、公益性和赞助性活动塑造组织形象的活动方式。主要有参与面广、影响力强、公益性强、文明性强和形象标签费用高等特点。

（1）主要形式：一是以组织本身的重要活动为中心展开，如利用开业剪彩、周年纪念的机会，邀请各界来宾，渲染气氛，扩大影响。二是以赞助社会福利事业为中心展开，如赞助教育、残疾人组织、公共服务设施等，树立注重社会责任的形象，并借此提高组织美誉度。三是以参与各种活动为中心展开，如参加各种体育比赛、文艺演出，借此扩大社会影响。四是以资助大众传媒为中心展开，如资助电台、报社、电视台、杂志社举办各种大奖赛、智力竞赛、专题节目等。

（2）注意事项：一要注意公益性；二要体现文化性；三要强调宣传性；四要量力而行；五要防止两种倾向：其一是贪多求大，其二是只顾眼前利益，功利性太强。

案例：全聚德135周年店庆

全聚德作为百年老店，已成为国家领导人宴请国际友人的重要场所，为抢抓机遇，迎接入世的新挑战，公司决定以1999年建店135周年为契机，推出一系列多层次的塑造企业形象的公关活动。

首先制定了明确的公关目标：发扬"全而无缺，聚而不散，仁德至上"的企业精神，对外弘扬全聚德民族品牌，树立全聚德老字号的崭新形象。为此，公司决定准备举办三项大型活动：有奖征集对联、烤鸭美食文化节、全聚德品牌战略研讨。在媒体选择上以报纸为主，兼有电视台、广播电台，并辅以本公司的宣传内刊。

截至当年年底，全聚德集团企业形象公关活动收到了预期的效果。"全聚德杯"新春有奖征联，历时两个月，共收到来自北京、河北、辽宁、内蒙古等12个省、市、自治区应征楹联约3954副，使全聚德形象品牌传遍大江南北。首届全聚德烤鸭文化节，使国庆节期间集团公司10家直营店共完成营业收入703.5万元，接待宾客76325人次，日平均营业额100.5万元。到当年11月底，集团公司营业收入、利润指标均已提前完成全年的计划任务。全聚德品牌发展战略研讨会明确了全聚德品牌目标——创造具有中国文化底蕴、实力雄厚、品质超凡、市场表现卓越、享誉全球的餐饮业世界级品牌。专家们认为"发展老字号品牌食品是历史重任""老字号要发扬品牌优势，紧跟时代步伐""立足传统，创新发展"。众多媒体对这一周年店庆投入极大热情，仅"烤鸭美食文化节开幕式"一项活动就有24家媒体参与报道，报道量达56次之多。报道形式有新闻、照片、侧记、专访，还吸引了一些海外媒体作相关报道，形成一股全聚德企业形象的冲击力，进一步提升了其知名度和美誉度，强化了作为民族品牌的"全聚德"勇于冲向新世纪的崭新品质与形象。

（根据相关佚名资料整理）

5. 征询型公关

征询型公关是指组织利用收集信息、社会调查、民意测验、舆论分析等信息反馈手段，了解舆情民意、监测组织环境、把握环境发展动态，为决策提供咨询的公关活动模式。其特点是长期、复杂、艰巨，有明晰具体的实施过程，适用性广泛。

运用征询型公关，务必要做到：一要广泛收集信息，视野要开阔；二要态度客观、公正；三要有敏锐的眼光和洞察力。

案例：亚都的"有偿请教"

亚都牌超声加湿器是北京亚都环境科技公司的产品，1991年占北京小家电市场零售总额的38%，在同类产品中市场占有率为93%。然而，在天津市场却遭受冷遇。

亚都公司通过对天津市场的调查，根据天津消费者的特点，经反复策划、比较，最终形成"亚都加湿器向天津人民有偿请教"的公关宣传方案。

1. 在 1991 年 11 月 15～16 日，连续两天在《天津日报》《今晚报》《广播节目报》等报纸的最显著广告位置刊登"亚都有偿请教"广告。

2. 11 月 17 日，星期天，40 多名经过专项培训的亚都公关人员，在天津商场、百货大楼、国际商场、劝业场等大商场内，向过往顾客散发"有偿请教"的各类宣传品。内容是回答消费者关于"人工环境""湿度与健康"等方面问题的提问；向天津老人宣传亚都加湿器保持空气湿度对益寿延年的重要性；向天津的女士介绍亚都加湿器保持空气湿度对美容驻颜的关键作用。11 月 17 日～12 月 8 日，持续 4 个星期日公关人员共散发宣传品 14 万件，直接接触 360 万次天津市场的顾客。

3. 亚都对参与活动消费者的酬谢。12 月 3 日，向 1200 多名来信者回复"感谢函"，随函寄出"感恩卡"，凭卡可特价购买亚都加湿器一台。

4. 12 月 6 日，在天津《今晚报》上刊出半版广告，将 1200 多名来信的天津市民的名字，以姓氏笔画为序，逐一排列，引起天津市民极大的震动，形成强烈轰动效应，有力地提升了亚都品牌的知名度。

5. 12 月 8 日，亚都全体研发人员抵达天津，在国际商场举行公开感谢活动。

此次活动收到预期效果：1991 年 11 月 15 日至 1992 年 2 月 15 日，两个月内，亚都加湿器销售量达 4000 台，是过去 3 年销售总和的 10 倍多。

这项立意新颖的征询公关，带来巨大的新闻效应，为实现塑造形象、打响品牌、把握舆论走向、实现销售快速增长，奠定了有利的时机与基础，迅速提升了亚都品牌的社会价值、市场价值，实现了预期的公关目标。

（根据相关佚名资料整理）

（二）调整型公关活动方式

调整型公关活动方式是社会组织根据社会环境变化，及时调整组织的方针、政策和行动，协调与公众之间的关系，维护组织形象的公关活动模式。它主要应用于组织与外界处于冲突或矛盾之时，或预防，或应急，或矫正，或疏导，具有较强的策略性。

1. 建设型公关

建设型公关是指组织在初创阶段或一种新产品、新服务项目准备开始推出时，为打开新局面而进行的公关活动模式。

这种方式的主要目的是提高知名度，一般在组织的初创或新产品、新服务的起始阶段，让公众对新组织、新产品形成良好的"第一印象"，进而获取其理解、认同和支持。采用的方式主要有开业广告、开业庆典、新产品试销、新产品发布、免费试用、新服务介绍、免费品尝、免费招待参观、开业酬宾、赠送宣传品、主动参加社区活动和公司资料有奖测验等。

开展建设型公关，一要选择有利时机；二要重点在创"新"；三要注意分寸；四要练好内"功"。

案例："我的地盘听我的"

2003 年 3 月，中国移动推出第一个为年轻人市场量身定做的移动通信品牌——"动感地带"。到 2004 年 9 月，它以每 3 秒钟新增 1 名客户的速度拥有了 2000 万年轻客户，创造了中国移动通信市场的新奇迹。

回溯这一品牌在创立初期，名字叫"一起玩"，是 2000 年中国移动最早在广东所开设的一个试点项目，以年轻人居多，短信、游戏催生了这批"拇指一族"；经两年多试用，公司高层果断地下令于 2003 年 3 月 1 日起向全国推出"新奇、时尚、探索"为主要元素，面向社会上 15～25 岁年轻人的通信业务品牌——"动感地带"，推出"我的地盘听我的"响亮口号，创造性地提出"玩转年轻人的通信自治区"的年轻人语录，选择在当时人气极旺的富有强烈个性色彩的台湾著名新锐歌星周杰伦做形象代言人，酷、时尚一时间成了青年人的选择。又接着强调"新奇、时尚、有特权在动感地带"，推出话费节约权、手机常新权、业务任选权和联盟优惠权四大"特权"；又与麦当劳结成联盟，在渠道、产品、市场等方面陆续合作展开了一系列充满活力和新意的活动，由动感地带客户通过短信、彩信、WAP 等方式投票组合每个季度麦当劳的动感套餐。接着又赞助了"CCTV—MTV 音乐盛典"的流行音乐盛典。通过发短信就有机会获得动感地带明星见面礼，亲临歌迷见面会现场，获得周杰伦送出的私人物品。

2003 年 12 月 20 日，备受关注的"2003 年度中国十大公关事件"评选结果揭晓，"动感地带"品牌公关营销事件因成功地创造了未来青年人的通信生活而入选。口号"我的地盘听我的"更成为了 2003 年度十大广告用语之一。

这是中国移动所打造的杰出的建设型公关模式，不仅有效地提升了品牌的忠诚度和美誉度，而且还创造了一种独特的生活方式。

（根据网络佚名资料改写）

2．维系型公关

维系型公关是指社会组织在稳定发展时期，持续不断地向目标公众传播相关信息，用来巩固良好形象的公关活动模式。

维系型公关的特点是低姿态、持续不断、潜移默化。主要方式有逢年过节的专访、慰问，给老客户适当的优惠或奖励，服务性、信息性的邮寄品分发，保持一定的见报率等。

一般把维系型公关分为两大类型：一是"硬维系"。指活动形式所表示的目标明确，主客观双方都能理解意图的维系活动，特征是通过明显的优惠服务和感情联络来维系同公众的关系。如国内某航空公司推出的"免费旅游服务"，规定凡乘坐××航班 6 次以上者，均可享受国内五岳名山的旅游一次。还有国内外诸多厂商利用节日、纪念日向老顾客赠送纪念品，组织联谊活动，借机加强感情联络，进一步维持以往的友好关系。二是"软维系"。指活动目的不十分具体，表现形式比较隐蔽、超脱的公关活动，其目的是期望公众在不知不觉中感受到优惠、满意的服务。如企业的定期广告、组织报道、新闻图片、散发印有组织名称的交通旅游图等。

开展维系型公关的注意事项：一要长期地抓准公众心理；二要渐进性地建立公众思维定式；三要始终保持超脱姿态。

案例："壳牌"51 年中对 100 次 F1 赛车运动的赞助

2002 年 9 月 1 日，"壳牌"与"法拉利"的合作共同赢得了第 100 次 F1 赛车比赛的胜利。这第 100 次胜利对于"壳牌"而言，是对其在过去 51 年中致力于 F1 赛车运动所付出的辛勤努力的充分肯定。

百年来，"壳牌"一直涉足于各个行业，并根据细分市场推出不同种类的高质量产品。

同时一直关注社会公益和体育事业，51年中持续支持F1赛车运动。

大卫·巴尼斯说："壳牌公司和法拉利的合作取得了骄人的成绩，今天壳牌是法拉利车队不可分割的组成部分。"

"壳牌"于2002年中国汽车拉力锦标赛"世纪城杯"北京地区拉力赛的比赛中首次参与赞助中国国内劲旅——红河车队包揽了N组比赛的冠、亚军。

"壳牌"通过持续地赞助汽车赛事，不仅成功地宣传了企业形象和实力，而且卓有成效地展示了其品牌的卓越品质。持续不懈的努力，正是"软维系"的鲜明体现，也证明了维系型公关所具有的"春风化雨""随风潜入夜"的永恒魅力。

3. 进攻型公关

进攻型公关是指组织与环境发生某些冲突、摩擦时，为摆脱被动局面，采取以攻为守策略的公关模式。其特点是主动与进攻，诸如不断开拓新产品和新市场，改变组织对环境的依赖关系；成立分支机构，实行战略性市场转移，积极创造新机遇、新环境；组织同业协会，加强沟通联络，以减少竞争者之间的冲突和矛盾等。

案例：巧借"王海杀到"，主动进攻收奇效

1996年春节前，以"打假"而著称的王海南下购假索赔，在广州掀起轩然大波。有几家被他索赔过的商场，怨他给国有企业难堪。当时，西安章鱼策划公司的策划人章鱼正在一家香港公司任策划，他当即预感到"王海杀到"正是广州商界的一次开展企业公关、树立企业形象的绝好机会。他向一家曾被王海索赔过的大公司提出了如下建议：

1. 主动出击，欢迎王海，化不利为有利，变被动为主动。

2. 贴出大红标语"欢迎王海来，携手并肩齐打假"。

3. 聘请王海或其代表（或广州"王海"）为质量监督，与商家一起打假。

4. 立即制定"假货退赔办法"，在报上或商店门口立牌公布，如"假一赔二"、"赔车费、运费"、设立"打假举报奖金"等。

5. 利用王海的到来可能掀起一阵购物热，策划发动一场"购真货运动"，提出口号："请王海，共打假；买真货，到××公司。"

（1）在其他各大商场抵制王海时，公司和属下各分店一齐行动乘机迅速抢占广州市场。

（2）与王海座谈，请教如何把好进货关，如何向供假货的厂家索赔，表明商家也是受害者，把顾客和新闻界的视线引向假货生产商，以纠正索赔造成的不良影响。

（3）登广告或请记者写文章，推出上述行动，表明态度以正视听，挽回不良影响，同时展开春节购物促销行动。

该公司若照此方案行动，必定能变被动为主动，借新闻媒介的传播力量，打一场漂亮的企业形象宣传战和春节争夺战。

然而，该公司迟迟未见行动。而佛山兴华集团主动地将王海请去兴华商场打假，又与他座谈，新闻媒介纷纷报道和评论。佛山兴华集团不花一分钱，却在"章鱼"策划的方案下潇洒地走了一回，取得了意料之外的巨大收获。

该方案的关键就是采用主动进攻的公关策划，化被动为主动，借"王海"这一名流公众，制造了新闻，在公众中塑造了"无假货"的形象，于是取得了巨大成功。

（根据网络佚名资料改写）

4. 防御型公关

防御型公关是指组织为了防止自身可能出现新的危机与风险，以及组织遇到风险时所采取的以防为主的公关模式。它适用于组织与外部环境出现不协调或与公众发生某些冲突、矛盾苗头时，具体可分为预防性与应急性两部分，特点是防御与引导相结合，大多采用调查、预测等手段。

如何建立良好的防御机制，是摆在现代公关专家及组织机构面前的十分重要而迫切的问题。目前，世界公关界均面临一个新课题——问题管理（Issue Management），亦称论题处理，主要指公关人员对正在出现的问题（尤其是将要进入立法程序、有争议的问题）以及这种问题对组织的潜在影响进行分析、预测并施加影响，帮助组织制定应变的对策和措施，借此提高其社会适应力和应变力。一般来看，务必从下列几个方面着眼：一要居安思危，树立防患于未然的思想意识；二要建章立法，筹建科学合理的预警系统；三要果断行动，采取妥善的"救火""灭火"方法。

开展防御型公关，务必注意：一要树立危机意识，未雨绸缪；二要建立预警系统，捕捉危机苗头，及时应对；三要洞察秋毫，积极防御；四要以"防"为主，以"引"为目的，加强疏导。

案例：海尔的创名牌之路

1984 年，海尔创业刚刚起步，在调查了当时国内冰箱市场后，发现市场竞争异常激烈，海尔起步已落人后；虽然这样，市场上却没有"名牌"冰箱，于是，张瑞敏决定从创名牌入手，提出"有缺陷的产品等于废品"。当时国内许多厂的产品还分一、二、三等品和等外品，使职工丧失了追求高品质的意识。海尔做的第一步具体工作就是让张瑞敏用铁锤砸烂了 76 台有缺陷的电冰箱，虽然当时这 76 台冰箱还可以定为二等品、三等品。但张瑞敏带领员工勇敢地砸下去，这一"震撼效应"，向全体员工敲响了质量是品牌生命的警钟，使创品牌的思想永远深深地扎根于每一个员工的心中。

这一努力终于得到了回报，1988 年，海尔获得中国冰箱行业史上第一枚金牌。1989 年，当冰箱市场发生"雪崩"时，冰箱厂纷纷降价以求生存，海尔反而作出提高价格10%的大胆决策，结果消息公布后，海尔冰箱厂门前车水马龙。经过 20 多年风雨兼程，海尔靠创名牌、二次创业、"真诚服务到永远"实现了三次大的战略转移——名牌战略阶段（1984 ~ 1991 年）、多元化战略阶段（1992 ~ 1998 年）、国际化战略阶段（1998 年至今），目前已成为拥有 86 大系列 1 万多个品种的中国家电第一品牌。海尔创名牌的成功全依赖于防御型公关策略，没有砸 76 台冰箱，拉响危机警报，就不会有后来一系列的创一流品牌的成功。

5. 矫正型公关

矫正型公关是在遇到问题与危机、公关严重失调、组织形象受到严重损害时，为了扭转公关对组织的不良印象或已经出现的不利局面而进行的公关模式。目的是对已经严重受损的组织形象及时纠偏、矫正，以挽回不良影响，重塑声誉和良好形象。其特点是及时、准确，及时发现问题、及时分析原因、及时纠正错误、及时改善不良形象。

导致组织形象受损原因较多，一般有两种情况：一种是由外部原因造成的，如公众的误解、谣言的破坏、商标被盗用等造成的对组织形象的损害；一种是由于组织自身工作失误损害了公众的相关利益，导致公共关系失调。

矫正型公关务必做到：一要快速反应，查清原因；二要及时妥当处理善后；三要纠正错误，挽回影响。

案例："雀巢"的转变

雀巢公司是一家总部设在瑞士的跨国公司，主要经营三大类产品：乳制品、速溶饮料和多种厨房用品。在乳制品中，有一种供婴儿食用的奶制品，产品销售旺盛。后来，雀巢公司又推出一种糖质炼乳，作为6个月以下婴儿的母乳替代品。"二战"后，婴儿食品销售剧增。20世纪70年代，针对发达国家人口出生降低，雀巢公司把开发、销售重点转向第三世界的发展中国家，在这些发展中国家的婴儿奶粉市场中，雀巢公司占据40%~50%的市场份额。

20世纪70年代初，上述市场发生变化。在一些国际性会议上，医务人员、工业界代表和政府官员们公开谈论婴儿奶粉饮用不当与婴儿死亡率之间的联系。1974年，一家英国慈善机构"为需求而战"，出版了《杀害婴儿的凶手》，点名批评雀巢公司在非洲的营销策略。不久，一个德国的"第三世界工作小组"又将这本书译成德文出版，题目被换成《雀巢——婴儿杀手》，并认定雀巢作为婴儿奶粉产业的领头羊，理应承担更多的责任。雀巢总部的高级官员被激怒了，与该组织对簿公堂，控告他们的"诽谤行为"破坏了雀巢公司的声誉。官司持续了两年多，引起全世界对这本书的关注。虽然，最终雀巢打赢了官司，却失去了公道与民心。

消费者保护积极分子成立了专门的民间组织反对雀巢公司，一些机构，世界健康大会和世界卫生组织，也开始了宣传减少婴儿奶粉的活动。1977年，美国民间组织发起了一场抵制雀巢产品的活动。这次联合行动得到美国各地450个以上的地方和区域组织的支持，在抵制最强烈的波士顿、巴尔的摩、芝加哥等地，成千上万人签名抗议，大学生们打着"砸烂雀巢"的标语，从牛奶、巧克力到茶叶、咖啡和化妆品全部成了抵制对象。这些行动引起了有关国家政府部门的反应：新几内亚政府1979年秋宣布一项严厉的法律生效，抵制人造婴儿食品。世界卫生组织1981年5月制定了一项适应婴儿食品行业的严格广告规定：不允许婴儿食品和其他断奶食品做广告或采取推销形式。欧洲议会以压倒多数票通过一项决定，要求共同体10国市场严格执行世界卫生组织的规定，并责成相关厂商负责让它们的国外机构也必须遵守上述规定。

当抵制活动刚刚兴起时，雀巢公司把它作为一个公关问题来处理。雇请世界最大的公关公司——伟达公司协助开展工作。将30万份宣传品邮寄给美国的教会人员，指出他们一味谴责雀巢公司是错误的。又聘请著名的公关专家丹尼尔·爱德曼出谋划策，但这些办法均未奏效。

在这种情况下，雀巢公司为适应环境发展变化，转变了一味对抗的方式，采用一种重树富有人道、责任和令人信赖的公司新形象的措施。第一步：采用世界卫生组织的《母乳代用品销售守则》，禁止向一般公众做广告和向母亲发放样品；第二步：与药品管理组织合作，保证遵守其规定，停止向卫生保健行业进行婴儿食品推销；第三步：大力改善并谋求与新闻界的合作关系。以往，新闻界一直批评雀巢，仅1981年上半年，《华盛顿邮报》就发表了391篇批评雀巢的文章。为了重塑形象，雀巢对于新闻界的政策转变为"开放门户，坦诚相待"。最后，雀巢公司采取最有效的措施是建立一个10人专门小组，由医学专家、教士、社会活动家及国际问题专家组成，美国前国务卿爱德曼·马斯基担任主席。10人小组秉公办事，博得公众的信任与认同。1984年1月，多数抵制组织同意停止抵制活动。

由于转变方式，雀巢免遭了一次灭顶之灾。他们终于虚心接受社会各界的指责、批评，缓和了与新闻舆论的关系，又在发展中国家聘请了大量专家举办各种培训班；每年用60亿瑞士法郎从发展中国家购买原料，每年出资8000万瑞士法郎帮助这些国家提高农产品的质量。重新树立起崭新的良好企业形象，开拓了更广大的市场。仅1984年，其年营业额高达311亿瑞士法郎，名列世界食品榜首。

　　这是一个经典的矫正型公关案例，雀巢的惨痛代价启示着我们：当组织形象受到损害时，不能听之任之或怨天尤人，而应当主动承担相关责任、公开自己知错就改的态度和诚意，采取积极补救的措施，矫正不良影响，将坏事变好事，从而反败为胜。

　　（资料来源：《公共关系实务与案例分析》，青岛出版社1994年第1版，作者：查灿长。选编时有改动）

三、公关方案的有效实施

　　公关活动实际上是一种传播活动。中外诸多公关实践表明，无论采用何种方式，都应当遵循"用最小的代价，取得最佳的传播效果"的原则，为了使公关预定目标顺利实现，公关人员应当了解和研究方案实施过程中有哪些障碍并及时排除。

　　（一）组织自身的障碍

　　1. 领导者障碍

　　（1）嘴上支持，实际行动不支持。每当遇到关键的人、财、物等相关实质性问题，便设置重重障碍，使计划实施困难重重。

　　（2）主观臆断，随意干预实施计划，朝令夕改。随意删减预算经费，打乱已制定好的实施计划。

　　（3）领导者之间不协调，矛盾纠纷不断，影响计划实施效果。

　　（4）按兴趣喜好办事，逼迫下级就其兴趣办事，影响全局。

　　2. 目标障碍

　　（1）制定的目标不明确、不具体。

　　（2）制定的目标不正确、不符合公众和社会的利益。

　　（3）制定的目标之间相互矛盾、冲突。

　　（4）制定的目标没有服从组织（企业）的总体目标。

　　（5）目标的实现条件不具备。

　　3. 组织行为障碍

　　（1）行为人的文化障碍，即由语言、习俗的差别所形成。

　　（2）行为人的观念障碍，即封闭观念、极端观念等。

　　（3）行为人的心理障碍，即人的认知、情感和态度等对沟通的影响。

　　（4）行为人的目标公众不明确，无的放矢，没有重点。

　　（二）实施环境的障碍

　　1. 政治环境制约

　　诸如国家和政党的各种政策、法规的管制以及政治形势、政治变化的影响。

　　2. 经济环境制约

　　如国家和当地政府的经济体制、政策和形势的影响。

3. 社会文化环境制约

如传统的民族文化、区域文化、宗教文化和各种现代文化的影响。

4. 科技环境制约

如各种新知识、新技术、新工具、新材料、新产品和新能源的影响。

5. 竞争环境对抗与干扰

诸如竞争对手的知名度、美誉度、占有率及开展的各种公关宣传活动的影响。

6. 自然环境制约

诸如地理条件、气候、自然资源和生态等因素的影响。

（三）排除障碍

1. 联系公关目标，积极协调矛盾

可采用座谈会、谈判、直接对话、黑板报、内刊、广播等方式，缓解组织内外部之间的紧张关系，协调利益冲突，共同发展。

2. 因材施教，有的放矢

根据客观环境和公众对象的具体实际状况，因人而异，因时而异，因地制宜，不做无用功。

3. 正确选择时机

在了解公众心理特点的基础上，掌握公关计划实施的规律，精心选择适当有利的时机实施公关计划，达到事半功倍的效果。

4. 认真验算，注重效益

在统一计划、统一核算原则下，引入审计机制，减少财务漏洞出现，坚决杜绝假公济私、损公肥私的现象，提高公关工作效率。

此外，还要排除公关计划实施中的突发事件的干扰，一类为各种不可抗力因素，如战争、洪水、地震、商业危机等；另一类为人际纠纷矛盾冲突的因素，如公众群体投诉、媒体批评、舆论民意的冲击等。

 课堂讨论

1. 在公关实施过程中，你认为应如何把握目标导向与整体协调的原则？
2. 主导型公关活动方式与调整型公关活动方式的差异何在？

项目四　公关评估

 案例导入

广本：雅阁深陷"婚礼门"

2005 年 1 月 9 日。杭州。一场车祸将喜事变成丧事。一辆迎亲的 2004 款本田雅阁车因撞击断为两截。事故致使车上一女四男 5 名乘客中一人当场死亡，另外几名经抢救医治无效先后死亡。

由于日本政府一直以来不正视历史，屡屡有伤害中国人的言行举动，在这个当口，日本车更加成为众矢之的。理性的、不理性的人都或多或少对广本汽车的质量产生了怀疑。众多网站都以重磅标题作了专题报道。如"广本：岂能不了了之"，"广本雅阁是否存在质量问题"，而众多论坛更是开了锅，愤激的评论比比皆是。

得知消息的当日晚，广州本田销售部售后服务科人员连夜赶到杭州。一周后，广本的技术专家、日本本田的技术专家也相继赶到。但是面对死者和媒体的质疑，所有人都摆出了死猪不怕开水烫的架势，纷纷表态：绝对不是我们的质量问题。

1 月 11 日，面对车主和死者家属提出的对雅阁车安全性问题的质疑，广州本田售后服务科潘先生接受了杭州电视台的采访。潘先生笑容可掬地回答道："车辆的话，不能简单地看它厚薄。这个在设计上它都有它的要求。这不能这样简单评价。我们已经看过现场了，具体是什么原因引起的，是不是和我们有关，我们将对车辆进行确认。"

1 月 13 日，车主及死者家属打算委托浙江省权威机构对事故车进行检测。广本雅阁车的车主打算要求与厂家一起对被撞车委托浙江省的权威机构进行全面的安全质量检测，但厂家表示应该由厂方自行认定质量是否存在问题，因此双方没有达成共识。

1 月 14 日，杭州市公安局余杭区分局交通巡逻（特）警察大队向浙江省质量鉴定管理办公室提出质量鉴定申请，要求对事故车的转向系统、制动系统、安全气囊系统是否符合有关要求及车身断裂原因进行鉴定。

1 月 17 日，广州本田汽车有关专家到杭州并再次否认是汽车质量问题。

1 月 19 日，日本本田公司技术专家到杭州，并配合检测。

1 月 24 日，广州本田服务双周开始，主要针对冬季用车进行空调系统、冷却系统和制动系统方面的全国免费检测。但按照广本新闻发言人的说法，此举和断车事件无关。

一个多月的回避和沉默之后，2 月 28 日，广本举行第五十万辆轿车下线仪式，在全国各大媒体记者的闪光灯环绕下新奥德赛下线、05 款雅阁新价上市、零部件整体降价，广本接连抛出三枚重磅炸弹，而每一枚都足以引发范围甚广的车市地震。

一直躲着不出面的广本总经理终于正式回应了"婚礼门"事件。他表示，在杭州雅阁车祸案的调查中，广本厂方一直在配合相关部门的行动。不管最后车祸的鉴定结果会怎样，广本都会给全国消费者一个说法。如果鉴定结果表明广本的产品存在质量问题，厂家肯定会给消费者一个满意的解决方案。

3 月 27 日，广州本田方面宣布浙江省质量技术监督检测研究院作出了《质量鉴定报告》，报告中的结论是："转向系统未发现异常情况；制动系统未发现异常情况；安全气囊是在撞击水泥隔离墙端面时弹出，属正常弹出；车身断裂部位的结构、制造工艺符合图纸和有关标准要求。发生断裂的原因是车身右侧与狭窄的刚性隔离墙端面猛烈撞击所致，其碰撞力度超过了车身结构本身的设计强度。"

在鉴定报告出台的当天，广本发出通报称："事故发生后，广州本田对事故的罹难者深表痛心，并立即派遣事故处理小组前往杭州积极协助有关部门开展事故调查工作。鉴定期间，出于尊重车主和鉴定机构的考虑，广州本田一直未向外界发布任何有关事故的评论。

"同时广州本田与车主多次沟通，表达了对罹难者家属的慰问，并强调不管鉴定结果如何，广州本田都会以负责任的态度积极配合事故的调查，并会对事件作出妥善处理。

"一直以来，广州本田都将产品质量视为企业的生命，将顾客更高的满意度作为企业追求的目标。这起事故引起了许多媒体、用户的关注，在此，广州本田衷心地感谢媒体、用户对广州本田的关心。我们将继续坚持以顾客满意为目标，不断向顾客提供高质量的产品和服务。与此同时，我们将不遗余力地推进交通安全的宣传，以实际行动贡献社会。"

但车主对此提出质疑："首先，他们在程序上就有失公平，报告描述的9项依据中，有4项都由广本公司提供，甚至一些检测仪器都是由广本提供。作为受害者，我们认为广本这次是非常不恰当地介入到整个事件中去。我们了解到，广本就这个事件已经派了两批日本专家，检测报告中有些部门出现了大幅引用日本专家的结论。"

（根据网络佚名资料改写）

案例点评：

1. 违背承担责任原则：广本自始至终不承认自己有任何责任，最终的质检报告的多数数据也由广本提供，显然说服力不够。

2. 违背真诚沟通原则：一直到3月份广本才正式对外发布有关事故的评论，结果让媒体和公众对此充满疑问。甚至一直连对受害者的慰问也没有。

3. 符合速度第一原则：技术人员当晚即赶赴现场，日本专家也在一周内赶到。但遗憾的是公关部门和总裁一个月后才露面，才予以公开表态。

4. 符合系统运行原则：一方面控制媒体，一方面配合质检部门。

5. 符合权威证实原则：广本表现出强大的媒体掌握能力，在这次"婚礼门"事件中，除了杭州及周边的媒体作了跟踪报道之外，大多数一向敏感而饶舌的媒体却都选择了沉默，而质检部门的报告作出了有利于广本的结论。

⌄ 任务引入

1. 你认为案例点评的观点正确吗？为什么？

2. 倘若让你处理善后，你将如何处置？为什么？

相关知识

公共关系效果评估作为改进公关工作的重要环节，是激励内部公众士气的重要方式，也是下一步公关工作的必要前提。

一、公关效果评估的内容与作用

（一）公关效果评估的内容

1. 评价原定目标是否达成

（1）日常效果评估。

（2）专项活动效果评估。

（3）年度公关活动效果评估。

2．评价具体手段、目的

（1）形象效果的评估。包括企业形象、商品形象和环境形象目标效果的评估。

（2）传播效果的评估。包括内部信息传播和外部信息传播效果。

3．普通公众的态度

（1）接受信息内容的公众数量。

（2）改变态度观点的公众数量。

（3）发生期望行为与重复期望行动的公众数量。

（二）公关效果评估的作用

1．有利于争取本组织的领导对公关工作的重视与支持

公关人员通过评估，提供有说服力的材料，证明公关工作的重要价值，赢得领导的认同与支持。

2．有助于检验公关工作效果

公关效果评估，通过定量、定性的分析，从全局上客观、科学地把握公关工作的成败，从而测定组织形象的优劣，为进一步优化工作效能奠定良好基础。

3．有助于控制公关活动，提高工作的科学性

公关效果评估的过程，实际上就是一个收集和反馈信息的过程，不断收集来自公众的反馈信息，对照相关标准，找出公关活动存在的问题，提高公关工作的效率，使各项指标早日达成，工作绩效最优化。

4．有助于增强全员公关意识

公关效果评估，使人人参与、个个争先，让组织全体成员认识公关工作的重要性，自觉增强公关意识。

二、公关效果评估的程序与方法

（一）公关效果评估的程序

1．重温目标，明确标准

在公关效果评估中，首先就要重温一下原定的公关目标，用其作为标尺来衡量组织所作的工作，以便作出客观、科学的评价。

2．收集资料，衡量绩效

积极围绕目标，广泛、认真地收集组织实施过程中的各种相关信息，权衡、界定达成目标的情况，以便客观评估。

3．分析结果，用于决策

公关人员以正式报告的形式，将公关评估与组织的总目标、总任务联系起来，提供给决策者参考、鉴别、借鉴，以便科学决策。

4．纠正偏颇，不断完善

针对报告中发现的问题与失误，找出具体原因以便因势利导、对症下药，确保制定的目标和计划更加完善并减少实施过程中的偏差，为下一阶段公关活动提供有用的背景材料和借鉴经验。

（二）公关效果评估的方法

1．民意测验法

民意测验法，英文名称 Public Opinion Poll，基本做法是，按一定抽查法的要求，选定相关数量的调查对象，用问卷、表格等方式，征求他们对指定问题的意见、态度和倾向，再加以统计、分析和说明，从中了解公关活动的效果。

2．访谈法

访谈法是选择一定对象，采用座谈、个别访问等方式，了解公众对公关实施的意见、态度和评价。有个别访谈、集体座谈两种具体方式。个别访谈的优点是谈话深入、干扰小，缺点是费时费力。集体座谈信息来源广、省时，但易受他人发言（观点）的影响。

3．专家法

专家法是由各学科、各领域的专家会同公关人员组成专门评议组，对公关工作进行仔细、全面、客观的评估，接受质询，予以论证。具体步骤为：

（1）成立专家组。以 10～40 人为宜，涉及组织内外部公关、管理、心理和传播专家。

（2）拟订调查评估项目，确定评价标准。可根据舆论的变化分为好转、略好转、原状、略恶化和恶化五个标准。必要时附上相关背景资料，供各位专家参考。

（3）请专家们匿名、独立地提出评估意见，并阐述理由。

（4）把分散的意见和说明列表，再次分发给各位专家，以便专家们重新发表意见，直至意见趋于统一。

（5）分析、综合各位专家的意见，获得代表大多数专家意见的结论，作为专家集体对公关活动效果的权威性评估。

4．实验法

实验法是根据一定的研究目的选择一组研究对象，人为地改变和控制某些因素，然后观察其结果的方法。其实质是利用事物、现象间客观存在的相互关系，通过调节某个变量（如公关活动前后，某个企业的声誉）来测定另一些量（如产品订货量、销售量）的增减。这种方法最好在经历和未曾经历公关活动的两组公众之间展开。对两组公众进行相同的测验，对测验结果进行比较，最终评估结论。

5．要素法

要素法是根据组织形象的具体要素，诸如知名度、美誉度、信誉度等所包含的因素，分析了解组织的实际形象与自我期望形象的差距，确认公关活动中所存在的问题。

6．媒介评估法

媒介评估法是通过对大众传媒发布的本组织信息的统计分析，评估组织公关信息传播情况。一般有定量、定性分析。

（1）定量分析：

①沟通有效率：指沟通有效数与沟通信息总数之比。用公式表示：

沟通有效率 =（沟通信息总数 − 无效数）/沟通信息总数 ×100%

②公关信息传播速度：指单位时间内传播的信息量，或一定的信息量传递所需的时间。用公式表示：

传播速度 = 传播信息量/传播时间

③视听率：指实际视听人数占所调查总人数的比重。用公式表示：

视听率＝实际视听人数/调查总人数×100%

④知名率：指掌握某一信息内容的人数与该项调查总人数之比。用公式表示：

知名率＝掌握某一信息内容的人数/调查总人数×100%

（2）定性分析：

①报道的内容。报道中，对组织的成就、发展情况报道越多，效果就会越好，在公众中树立起组织的良好形象的可能性也就越大。这是"质"的分析。

②报道的篇幅和时数。报道本组织的篇幅越大，出现频率越高、时数越多，引起公众兴趣和注意的程度就越高。这是"量"的分析。

③新闻载体的层次性和重要性。衡量媒体的标准，主要看级别、发行、覆盖和权威性，从而界定其影响力强弱。中央级、全面性、综合性的媒介发表对本组织有利的报道，往往比其他媒介更利于提高组织的知名度和美誉度。

④新闻媒介所宣传的新闻价值。对组织宣传是正面报道还是反面报道，全面报道还是摘要报道，重点报道还是一般报道，醒目版面还是次要版面，这些差异均会影响报道的新闻价值。

⑤新闻媒介报道的时机。新闻媒介对组织的报道，时机选择是否及时、适时，是否能恰到好处地配合组织的实际发展状况；倘若迟发或延误，不仅无益反而有害。

课堂讨论

举一个例子，谈谈公关效果评估的方法。

一、单项选择题

1. 公共关系的"四步工作法"是"公共关系教父"（　　）对公共关系的一个重大贡献，它使公共关系工作更具有可操作性。

A. 艾维·李　　　　　　　　　　　B. 斯科特·卡特利普

C. 巴拉姆　　　　　　　　　　　　D. 爱德华·伯尼斯

2. 调查人员能够跟调查对象面对面地交流，使反馈和交流同时、同地进行且回答率高的调查方法是（　　）。

A. 观察调查法　　　　　　　　　　B. 实验法

C. 问卷调查法　　　　　　　　　　D. 访谈调查法

二、多项选择题

1. 公共关系策划的原则是（　　）。

A. 目的性原则　　　　　　　　　　B. 整体性原则

C. 创新性原则　　　　　　　　　　D. 可行性原则

E. 灵活性原则

2. 公共关系"四步工作法"是（　　　）。

A. 公共关系调查　　　　　　　　　　B. 公共关系策划

C. 公共关系咨询　　　　　　　　　　D. 公共关系实施

E. 公共关系效果评估

3. 属于封闭式问卷形式的是（　　　）。

A. 填空式　　　　　　　　　　　　　B. 是否式

C. 单项选择式　　　　　　　　　　　D. 论述式

E. 简答式

4. 公共关系调查方法包括（　　　）。

A. 观察调查法　　　　　　　　　　　B. 实验法

C. 问卷调查法　　　　　　　　　　　D. 文献资料研究法

E. 访谈调查法

三、判断题

1. 良好的组织形象是完全靠组织的公共关系活动造就的。　　　　（　　）

2. 公共关系效果评估，可以使公共关系工作不断得到完善。　　　（　　）

3. 调查研究是"四步工作法"中的基础性工作。　　　　　　　　（　　）

4. 只要企业有很高的知名度，塑造企业形象工作就比较简单。　　（　　）

四、名词解释

1. 四步工作法

2. 抽样调查

3. 访谈调查法

4. 开放性问卷

5. 电子问卷

6. 公众意见测验法

五、简答题

1. 什么是公共关系调查？

2. 访谈调查法有何特点？

3. 公共关系实施的意义有哪些？

4. 影响公共关系策划实施的主要因素是什么？

5. 公共关系效果评估有何重要意义？

六、案例分析题

1. 阅读下面案例，回答问题。

英特儿公司应当如何应对媒体的错误报道

生产多美滋奶粉的英特儿营养乳品有限公司，于1992年在上海正式成立。作为丹麦独资、专业生产乳制品的企业，英特儿营养乳品有限公司是丹麦在华投资的最大项目之一。英特儿公司自成立以来就致力于将国际化的管理经验、先进的研发和生产技术与国内丰富的乳品原料资源相结合，逐步成长为国内专业生产婴幼儿乳品的知名企业和婴幼儿系列配方奶粉和儿童营养品的专家。由英特儿营养乳品有限公司在国内独家生产和销售的"多美滋"品牌奶粉系列在全国取得了良好的声誉和消费者的广大好评，成为中国乳品市场的领先者。

正是这样一个优秀的企业与品牌在2002年7月中旬却遭遇到了一场空前的危机：7月中旬，南京的一家媒体在转载国外报道时，未加核实地将在泰国被召回的Mamex和Mamil产品与上海英特儿营养乳品有限公司生产的多美滋奶粉加以混淆并报道。该消息一经刊登，立刻引起了各方关注，很多网络媒体加以转载，部分重要城市的主流媒体也对此事进行了报道，一时间，以讹传讹，负面消息在全国一度呈蔓延之势，致使广大公众对于多美滋奶粉的质量产生了疑惑和不信任感，众多消费者纷纷提出质疑，要求英特儿营养乳品有限公司作出相应解释。与此同时，部分地区销售店内的多美滋奶粉也因被误解而被迫下架，退出销售。上海英特儿营养乳品有限公司和多美滋品牌面临并遭受着一场巨大的损失和危机。

（1）你认为英特儿营养乳品有限公司是否应当委托公关公司来处理危机？

（2）根据上述情况，请你设计一份处理危机的方案。

2. 阅读下面案例，回答问题。

陕西的危机公关让《长恨歌》一票难求

由于受"5·12"汶川大地震影响，西安市各主要景点自地震至今接待人数大幅下降。为了消除地震对西安市旅游业的负面影响，迅速恢复旅游市场，西安市旅游局采取各种手段和措施弥补震情对旅游业造成的损失，力争实现今年预定的目标。华清池旅游公司通过抗震救灾系列慰问演出、《长恨歌》高端论坛、王蒙专论《长恨歌》及正在进行的十场千人评说《长恨歌》活动使华清池已率先走出灾害阴影，迈上了和谐发展的快车道。

《长恨歌》是根据白居易的叙事长诗改编的大型山水实景历史舞剧，该舞剧自2006年在故事的原发生地华清池公开上演以来一直受到广泛好评，同时也使华清池的游客量呈现出稳步增长的态势。但自汶川地震发生以来，华清池游客接待数量持续下降，其中，5月份共接待游客16万人次，比去年同期减少90823人次，降幅达36.2%；6月份共接待游客75416人次，比上年同期减少74220人次，下降49.6%；上半年接待人数63万人次，同比减少16.7万人次，下降21%，总收入3762万元，减少617万元，下降17.5%；7月1～15日共接待游客75616人次，比去年同期减少14834人次，下降16.4%。

基于这一情况，华清池旅游公司展开危机公关，在抗震救灾取得阶段性胜利的时候，立即筹划举办抗震救灾新闻媒体英雄、四川籍在陕工友、抗震救灾医护人员暨灾区伤员、抗震救灾部队官兵、全省民政系统抗震救灾突出贡献者等5场"我们在一起"——《长恨歌》抗震救灾慰问演出。在此基础上，6月底，中共陕西省委宣传部、光明日报社总编室又联合主办"大型实景历史舞剧《长恨歌》的探索与创新高端论坛"。来自国内文学界、音乐界、舞蹈界、美术界及评论界的17位知名专家学者观赏了舞剧《长恨歌》，并围绕舞剧《长恨歌》在文化产业的创新与探索方面所取得的成果进行研讨。这两大活动对华清池产生了积极的社会影响和宣传效应，使《长恨歌》再现一票难求景象，平常容纳1000人的观众席，几乎每场都要加座到1500个座位，为了观赏这台精彩的演出，人们已不再考虑观看位置是否最佳。7月19日，华清池接待游客8597人次，较6月3日增加7287人次，增长556%，门票收入458995元，较6月3日增收386085元，增长530%，达到了震前的较高水平；同日，《长恨歌》演出票销售1381张，较6月10日增加1289张，增长逾14倍，收入213806元，较6月10日增收201350元，增长16倍以上，创下了《长恨歌》演出以来的最高纪录。

这一系列活动不仅使舞剧《长恨歌》再次受到国内文化艺术界和旅游界的高度关注，同时也使舞剧《长恨歌》在历史文化展示方式上的变革与创新、在舞剧艺术大众化方面的探索与实践得到了业内专家的充分肯定和赞誉。另外舞剧《长恨歌》在旅游、文化、经济等方面起到的积极作用也得到了进一步总结、概括和升华，进一步确立了舞剧《长恨歌》在国内旅游文化创意产业的领军地位，也使舞剧《长恨歌》的提升和完善的方向更加明确。

本次活动受到了众多新闻媒体的热切关注。人民日报、光明日报、中央电视台、中国青年报、凤凰卫视等34家国家级和省级新闻媒体，共计70余名记者参与论坛活动采访报道。同时还首次通过新华网、华商网等网络媒体进行现场直播。参与本次论坛活动的媒体等级之高、辐射范围之广前所未有，对《长恨歌》进一步立足市场，带动旅游市场恢复起到了非常积极的宣传作用。使《长恨歌》品牌朝着"政治上树得牢、艺术上立得起、市场上站得稳"这一奋斗目标迈进了一大步。

通过《长恨歌》的强势推广，华清池的知名度和游客的认可度明显增强，参观人数大幅增长。从4月6日改版公演到现在共演出93场次，接待各界观众12万人次（含免费接待），创造直接经济收入760多万元。今年1~7月，华清池接待中外游客112万人次，同比增加19万人次，增长21%；旅游收入6500万元，同比增长46%。7月17日，华清池被授予全国首批5A级旅游景区，前不久，华清池还被欧洲旅游组织评为欧洲人最喜爱的中国十大旅游景区之一。

（1）华清池旅游公司为什么要开展这次危机公关活动，效果如何？

（2）华清池旅游公司为什么要把《长恨歌》历史舞剧，作为活动的切入点？

 实训项目

实训一：如何开展公关调查

[情景设计]

阳光大酒店是三星级酒店，位于城市商业区，随着城市的发展，四星级酒店在周边已有几家，行业竞争越来越激烈。为了在竞争中赢得市场，阳光大酒店公关部拟做一次针对客源

市场的调查，请做好市场调查的组织与实施。

[角色扮演]

把班级按照6人为单位，组成小组，安排一名组长，模拟本次调查活动的组织与实施。

[实训要求]

每人围绕客源市场，按照公关调查的原则、步骤，比照周边酒店的客源、设施，提出准确的结论。

[效果评价]

教师教学点评、打分。见表3-1。

表3-1　　　　　　　　　　　　　　　实训能力评分表

专业		班级		学号		姓名	
考评场所							
考评内容	开展公关调查						
考评标准		项目内容			分值	评分	
		准备环节			30		
		实施步骤			20		
		语言技巧			20		
		应变能力			30		
		总计			100		

实训二：撰写一篇×××市公关市场调查报告

[情景设计]

以6人为一小组，尝试调查的准备，做好调查的各项工作，最后完成一篇调查报告。

[工作程序]

以组为单位，上网查找相关资料，各人分工，最后汇总，每人提交一篇关于×××市公关市场调查报告，在小组里交流，取长补短，形成书面文字。

[实训要求]

1. 学会收集资料的方法，快捷掌握，确保资料全面、准确。

2. 学会合作交流，与他人合作，培养团队的合作精神。

3. 把握书面语言与口头语言的差异。

4. 每人在合作的基础上，完成一篇公关市场调查报告。

5. 完成一篇总结报告。

[效果评价]

教师教学点评、打分。见表3-2。

表 3－2　　　　　　　　　　　　　　　实训能力评分表

专业		班级		学号		姓名	
考评场所							
考评内容	撰写公关市场调查报告						
考评标准	项目内容			分值		评分	
	内容			30			
	书面			20			
	格式			20			
	合作能力			30			
总计				100			

实训三：举办 50 周年校庆活动

[情景设计]

学院为了迎接校庆 50 周年，要举办一场隆重的、热烈的庆祝联欢会，请你设计一个方案，完成活动的策划。

[角色扮演]

以 6 人为一小组，做好准备的各项工作，最后完成一篇公关策划书。

[活动程序]

1. 校庆 50 周年的准备阶段：

(1) 院学生会、团委召开筹备会议，明确各部的任务与工作内容。

(2) 策划活动节目单。

(3) 挑选主持人。

(4) 会议的经费预算。

(5) 安排庆祝会的彩排时间。

(6) 会场的布置。

(7) 保障安全通道畅通。

(8) 采取措施，维持会场秩序。

(9) 制订会议的应急预案。

2. 校庆 50 周年的执行阶段：

(1) 按照已经策划好的方案实施。

(2) 节目主持人按节目单主持节目，营造气氛，有效地控制舞台。

(3) 学卫队、纪律部维持好会场秩序。

[实训要求]

学生按照设计方案举办校庆活动。

[效果评价]

教师点评、打分。见表 3－3。

表 3-3　　　　　　　　　　　　　公关活动评分表

专业		班级		学号		姓名	
考评场所							
考评内容	举办 50 周年校庆活动						
考评标准	项目内容			分值		评分	
	机构及人员是否设立			10			
	工作项目与内容			10			
	工作要求与方法			10			
	时机选择			20			
	时间进度			10			
	工作流程			10			
	工作预算			10			
	合作能力			20			
总计				100			

实训四：撰写公关联谊会效果评估报告

[情景设计]

校庆活动结束后，学院要求团委、学生会就庆祝会整体策划、准备过程、实施过程以及实施效果进行评估，提交一篇评估报告。

[角色扮演]

学生分组进行角色扮演，每组 6 人。

[制作程序]

1. 选择评估人员，包括专业教师、学生会主席、团委书记和文艺部部长。

2. 收集师生对于庆祝会的反映情况。

3. 归纳整理各种相关资料。

4. 提出评估标准。

5. 比较实施效果。

6. 得出评估结论。

[实训要求]

撰写一篇庆祝会评估报告。

[效果评价]

教师教学评点、打分。见表 3-4。

表 3 - 4 公关活动评估评分表

专业		班级		学号		姓名	
考评场所							
考评内容	撰写公关联谊会效果评估报告						
考评标准	项目内容				分值		评分
	活动目的与内容				10		
	活动组织与安排				10		
	活动中各单位的协作				10		
	活动时机选择				20		
	时间进度				10		
	工作流程				10		
	工作预算				10		
	合作能力				20		
总计					100		

 课外阅读

1. 杨俊. 新型实用公关实践教程. 北京：电子工业出版社，2009.

2. 伦纳德·萨菲尔. 强势公关. 北京：机械工业出版社，2002.

3. 公关网：www.13pr.com

模块四 公关活动

学习目标与任务

　　了解公关活动的概念、特征，明确开展公关活动的意义与价值，掌握开展公关专题活动的方法与技巧。

项目一 公关专题活动

创维勇闯"虎山行"

　　2004 年 11 月 30 日，香港廉政公署在代号为"虎山行"的行动中，拘捕了"涉嫌盗取公司资金"的创维董事局主席黄宏生。

　　当日，创维数码在香港被停牌，创维董事局副主席张学斌及公司多名高管当晚即召开紧急会议，商议对策，并在深圳创维大厦紧急约见媒体。

　　12 月 1 日，国美、苏宁、永乐、大中四家家电连锁巨头发出声明力挺创维。

　　12 月 2 日，黄宏生以百万港元保释。

　　12 月 2 日，北京松下、彩虹、三星等八大国内彩管企业发表声明，表示将优先保证创维的原材料供应。

　　12 月 3 日，深圳 7 家银行分行行长聚集深圳创维大厦，表示将鼎力支持创维。而在公司内部，全体员工更是齐心协力共渡危机。

　　12 月 5 日，创维高管在京召开新闻通报会。创维自始至终都在强调两件事：一是创维方面会积极配合香港廉政公署的调查；二是整个集团的各项事务一切运转正常，不会因此受到不良影响。

　　12 月中旬，深圳市副市长到创维表态：创维本部发展非常稳定，市政府全力支持。

　　2005 年 1 月 1 日，创维 CEO 王殿甫的"促销"秀也在京城开演。

　　2005 年 2 月 4 日，创维 PDP/LCD 技改项目正式获得深圳市政府财政贴息，从侧面向公众告知了政府对创维公司的信赖。如此一来，说服力强，公众自然信服。

2005 年 3 月 2 日，黄宏生案复审。黄宏生向法院方面提出要求，由于全国政协委员黄宏生要参加近日在北京举行的全国政协十届三次会议，因此希望法院方面能够允许黄宏生短暂离开香港前往北京参会，并获批准。

8 月 26 日，创维数码（0751.HK）在香港发布年报，显示上一个财务年度营业额再创历史性新高，为 104.66 亿港元，较上年同期增加 13.6%；纯利为 4.03 亿港元，增长17.8%，成倍的利润增长远远高过同行。

黄宏生案件正式确定在 2006 年的 1 月 21 日在湾仔法院开堂审理。

创维不仅实现了销售和回款的双增长，还实现了从家族式管理向现代企业制度管理的"革命"。黄宏生打破了企业家涉案被捕后企业"树倒猢狲散"的宿命。

（根据网络佚名资料改写）

案例点评：

2004 年，家电界发生了两件大事，一是金正董事长万平被抓，二是创维董事长黄宏生被抓。危机源头相似，但结果却大相径庭。

2004 年 7 月 9 日，金正董事长万平被山西检察院以"涉嫌挪用资金罪"批准逮捕。"出事"后，金正方面手足失措，不仅没有进行得力的危机公关，反而因股东的权力之争致使风波愈演愈烈。结果，恐慌笼罩了金正集团内部及外部合作单位，经销商终止打款与销售，供应商停止供应原材料，国外客户纷纷提出赔偿损失，银行停止贷款甚至上门逼债，结果在半个月内金正资金链断裂，厂房被关闭、资产被查封、员工被遣散，一步步走向了深渊。

而创维则环环相扣，打出了一系列漂亮的组合拳。

一、符合承担责任原则。对于廉政公署的"打虎行动"，创维公司并未去隐瞒或辩解，而是不断强化公众"黄宏生≠创维"的观念，并通过媒体向外传达黄宏生并不参与创维日常管理的信息。而后创维更是果断"丢车保帅"，让黄宏生承担起责任，黄氏家族成员集体撤离创维管理层，聘请有政府背景的王殿甫出任公司 CEO。

二、符合真诚沟通原则。在整个事件中，创维都及时召开媒体见面会或新闻发布会，将真相及事件进展状况告知公众，从而最大限度地遏制了谣言。

三、符合速度第一原则。创维数码在香港被停牌，黄宏生及多名公司高管被捕当日，创维董事局副主席张学斌及公司多名高管当晚即召开紧急会议，商议对策，并在深圳创维大厦紧急约见媒体，答疑解惑，稳住大局。

四、符合系统运行原则。难能可贵的是，创维公司在十面埋伏之中，没有顾此失彼，而是四面出击，争取到了各方的支持。主要的经销商、供应商、银行都力挺创维，而公司内部更是众志成城。

五、符合权威证实原则。创维不仅积极向政府解释，获得政府支持，出面发话支持的供应商、经销商和银行，也都是业界响当当的。同时，深知北京在全国的影响力，创维的新闻发布会不仅媒体规格颇高，还特意定在北京举行。

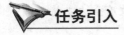任务引入

1．你认为案例的点评正确吗？为什么？

2. 从创维的公关活动中，我们得到哪些启迪？

 **相关知识**

一、公共关系专题活动的含义

公共关系专题活动又称公共关系特殊事件，它有别于一般日常的公共关系活动，但是涉及范围也很广泛，如各种开幕典礼、新闻发布会、社会赞助、展览、联谊、宴请、开放参观等皆属于此列。它是社会组织为达到一定的目的，在一个特定的时期、特定的场合下，围绕一个明确的主题，经过精心策划，有计划、有步骤地开展的各种专项公关活动。几乎所有的社会组织在建立、发展和壮大过程中，都要定期或不定期地举办一些专题活动来宣传自己、协调关系、塑造形象、争取公众，达到提高组织知名度、信誉度和美誉度的目的。策划和举办成功的专题活动，要求公关人员不仅要有广博的知识，而且还要熟练掌握进行专题活动的技能。

二、公共关系专题活动的特点

公共关系专题活动是公共关系实务的重点，被许多社会组织广泛运用，成为其开展公共关系活动的重要方式。其主要特点有：

（一）针对性强

公共关系专题活动是社会组织在审时度势后，根据某种特殊需要而举办的，也就是说活动的目标很明确，能够较好地解决某一特殊问题。

（二）感染力强

在公共关系专题活动中，社会组织借助多种媒介手段直接作用于公众的各种感官，与公众面对面地交往和沟通。这种亲身体验会使公众留下深刻的印象，再加上情境气氛的烘托，从而具有较强的感染力。

（三）不受时间限制

公共关系专题活动是组织根据需要而举办的，举办时间也可选在需要的任何时候。时间可长可短，既可控制在两小时之内，也可持续数周时间。

（四）弥补日常工作之不足

社会组织在制订公关计划和进行日常公关工作时难免有疏忽和遗漏。这些疏忽和遗漏在工作中或多或少都会给组织造成一些麻烦，给公关工作带来不利影响。公关专题活动的开展则可以灵活地拾遗补阙，弥补日常工作之不足，使组织的整个公关活动更加完美。

三、组织和策划公共关系专题活动的基本要求

（一）目标明确，内容具体

一般来说，每项专题活动只有一个基本目标，而且这个目标必须具体明确。主要有：让公众接受某个信息；消除公众对社会组织的误解和偏见；让公众知晓社会组织的新发展；加

强内部公众的相互了解及相互信任；巩固社会组织与社区公众的友好关系；鼓动公众支持社会组织的某项决策；收集公众对社会组织的意见和对社会组织提出的建议等。

（二）时机恰当，规模适中

社会组织应在适宜的时机，举办适当规模的活动。广州花园酒店曾在母亲节举办了一场以歌颂母亲为主题的专题活动。选择在母亲节举办歌颂母亲活动，是十分恰当的，但我国一直还没有举办过母亲节庆祝活动。广州花园酒店率先开展母亲节庆祝活动，迎合了社会的客观要求，因而吸引了公众的注意，取得了很好的公共关系活动效果。

（三）周密筹备，精心安排

公共关系专题活动涉及面广、工作量大，所以，社会组织在开展专题活动时需要周密筹备。

公共关系专题活动的筹备工作主要是做好以下几件事：

1. 确定公关专题活动的名称

名称是公共关系专题活动的眼睛，一个好的名称可以增强公共关系专题活动的吸引力。理想的公共关系专题活动的名称，既要明确体现专题活动的主题内容，又要有丰富的文学艺术色彩。

2. 选择公关专题活动的日期、地点

开张吉庆、周年纪念、节假日以及某些社会活动时期，都是开展公共关系专题活动的大好时机。但应注意的是，公共关系专题活动的时间安排不能与重大事件或重大节日的庆祝活动相冲突，否则不易收到好的效果。开展公共关系专题活动的地点，一般应选择社会组织所在地或社会组织熟悉的地方，因为社会组织在熟悉的地域内容易支配公众的心理过程。此外，也可以选择在交通方便或公众集中的地方。

3. 选择需要邀请的来宾

每个公共关系专题活动都要根据活动的目标选择特定的公众，除了邀请这些公众参加活动之外，还可邀请公众所欢迎的社会名流助兴，以渲染气氛。

4. 做好接待工作

公共关系专题活动的效果与接待工作有很大关系。每个公共关系专题活动都要做好这些接待工作：提前一周左右发出请柬或通知，预先布置好活动现场，培训接待人员和服务人员，精心准备讲话稿和致辞，等等。

 课堂讨论

1. 如何把握公关专题活动的特点开展有意义的公关活动？
2. 常见的公关活动有哪些？

项目二　新闻发布会

案例导入

一则失去真实性的"新闻"所引发的危机

2005年4月26日，各大媒介都刊登了《教育部酝酿取消师范生 实行教师资格定期认证制》这一消息。文中指出，我国正酝酿师范院校的招生改革，拟取消师范和非师范专业的分别招生规定，这意味着在我国有百年历史的师范生将会消失。这一消息一经发布，就在社会上引起了不小反应。

事实到底如何呢？

2005年4月27日，也就是在该事件发生的第二天，教育部新闻办公室举行了新闻发布会，教育部新闻发言人王旭明就一些网站和媒体刊登该消息出面澄清，经调查核实，此消息内容严重失实。教育部有关领导并未在教师培养模式改革研讨会上表述过此观点，也未出席此会议和提交论文。他指出："据我们了解，类似的说法也只是限于某些专家的个人观点。重大教育与改革过程中涉及面广、涉及人数多的政策，是不可能一个人可以公布的。"发言人称，教师专业化是国际教师教育的发展趋势，教育部及有关部门并未就取消师范生一事进行过讨论研究。教育部将认真贯彻落实《2005年教师教育工作会议》精神，进一步加强和改革教师教育，但绝不会取消教师教育。这位发言人重申，教育部新闻办公室是教育部授权发布重大教育政策的权威机构，媒体和公众无论从什么渠道获得有关信息，一定要核实，不要揣测或者道听途说，不实新闻既不利于媒体的信誉，同时也对整个社会受众产生误导。

2005年4月28日，各大媒介又以《取消师范生属失实报道 教育部表示绝不会取消》为题进行了报道，此事才宣告结束。

在上述案例中，教育部在第一时间作出反应，举行新闻发布会，及时澄清事实，防止了虚假消息的进一步流传，扭转了新闻舆论导向。在现代社会，新闻发布会日益成为社会组织与新闻界保持联系的一种重要的活动方式，同时，它也是社会组织向公众广泛传播各类信息的一种重要工具。

（根据网络佚名资料改写）

任务引入

1. 新闻发布会如何才能起到真正的作用？为什么？
2. 倘若在举办新闻发布会中无视信息的准确性，可能导致怎样的后果？

相关知识

新闻发布会又称记者招待会，是指特定的社会组织或个人把有关新闻单位的记者邀请到一起，宣布有关消息或介绍情况，让记者就此提问，由专人回答问题的一种特殊会议形式。它是传播信息、谋求新闻界对某一事件客观报道的行之有效的手段，也是社会组织搞好与新闻界关系的最重要方式之一。

一、新闻发布会的特点

新闻发布会是组织与新闻界保持联系的一种重要的活动方式，也是组织向公众广泛传播各类信息的重要工具之一。一个组织在发展过程中难免会遇到许多错综复杂的问题，会发生许多重大的事件，如受到了公众的批评，同其他社会组织发生了不可澄清的法律纠纷，组织作出了一项重要决策，等等。这就需要通过新闻发布会来与公众沟通信息，以取得公众的谅解与支持。

一般说来，新闻发布会的主体可以是任何社会组织或个人；新闻发布会的客体，主要是代表公众舆论的报纸、杂志、电台、电视台、通讯社等新闻媒介和代表公众采访新闻的记者们，不排除也可以就某种特殊原因聘请一些对公众具有重要影响力的民意领袖或舆论先导；传播形式是利用新闻发布会使新闻记者了解组织信息，并产生兴趣，通过新闻媒介，以新闻报道、新闻特写等形式将这些重要信息传播出去。

举行新闻发布会必须有恰当的新闻由头，即该信息是否具有专门召集记者前来予以报道的新闻价值，并选择好举行新闻发布会的最佳时机。重要人物的来访，发生重大事件，新发明、新产品试制成功，新的重大发展规划，新工厂建成投产，企业开张、合并转产，出现先进典型人物，重大庆祝日或纪念日等，都可能是促成新闻记者进行报道的恰当由头。举办新闻发布会的目的是迅速及时地把组织的重要信息传播给社会公众，因而，新闻发布会具有以下特点：

（1）宣传性。即新闻发布会是组织的一项重要信息传播和宣传活动。

（2）正式性。即采用新闻发布会来传递信息，形式正规、隆重，而且能增加信息传递的深度和广度。

（3）耗费较高。即召开新闻发布会要占用记者和组织者较多的时间，需要动用一定的人、财、物，有较高的成本。

二、新闻发布会的策划

社会组织是否能通过新闻发布会将组织的有关信息成功地传递出去，并借此树立自己的形象，提高自身的知名度、美誉度，关键在于新闻发布会的策划。新闻发布会的策划应立足于规范性，重点在于活动的严密、紧凑、主题突出，并在规范性的基础上体现其独特性。具体来讲，新闻发布会的策划应注意以下几方面：

（一）确保新闻发布会的必要性

举行新闻发布会必须有充分的理由和明确的目的。也就是说，在新闻发布会举行前，社会组织必须对所发布的消息是否重要、是否具有广泛传播的新闻价值以及新闻发布的紧迫性和最佳时机进行研究和分析。只有在确认举办新闻发布会的必要性和可能性后，方可决定举办新闻发布会。具有举办新闻发布会价值的事件一般有：组织遇到紧急事件如起火、爆炸等严重事故；组织受到公众和新闻界的公开批评；对社会产生重大影响的新技术、新产品的开发和投产；组织对社会所做的重大益事；组织的重大庆祝日或纪念日，等等。

（二）活动要严密、规范、富有新意

新闻发布会的举办要涉及组织者、公众，尤其是媒体等多方面的人士，因而活动的策划要严密、规范，并富有新意。既要有规可循，又要不拘于以往的形式，在活动的设计安排上要适当创新，以增强活动的效果。

（三）把握时机，提高组织形象

举办新闻发布会是组织向社会公众展示自身实力、提高组织形象的最佳时机，会议的工作人员要注重个体形象，充分利用自己的人格力量增强信息的可信度，支配公众的顺向心理，使公众对组织产生较好的整体印象。

三、新闻发布会的举办

（一）会前的筹备

1. 确定新闻发布会的主题

主题是新闻发布会的中心议题。组织先要从新闻媒介和社会公众的角度出发，确定会议的主题和信息发布的最佳时机。再进一步考虑这个主题是否非常重要，是否具有新闻价值，能否对公众产生重大影响，此时召开新闻发布会是否适宜等。

2. 选择会议地点和举办时间

举办新闻发布会，在地点选择上主要考虑给记者创造各种方便采访的条件。可安排在某一饭店或会议室、公关俱乐部等机构，会场要具备必要的照明设备、视听设备和通信设备等，并且要安静，不受电话干扰，交通要方便，要有舒适的坐椅以便记录者就座。会议的时间要尽量避免节假日、重大社会活动和其他重大新闻发布的日子，以免记者不能参加。会议时间一般宜控制在一小时以内，对无关或过长的提问应有礼貌地予以制止，会议应有正式结尾。

3. 选择会议主持人和发言人

由于记者的职业习惯，提问大都尖锐深刻，有时甚至很棘手，这对主持人和发言人提出了很高的要求。主持人和发言人必须对提问头脑清醒、反应机敏、有较高的文化修养和口头表达能力。在组织中，会议的主持人一般由有较高专业技巧的公关人员担任，会议的发言人由组织或部门的高级领导担任，因为他们清楚组织的整体情况、方针、政策和计划等问题，又具有权威性。

4. 准备发言稿和报道提纲

公关人员在会议召开前，应在组织内部统一口径，组织专门小组负责起草发言稿，全面认真收集有关资料，拿出准确、生动的发言稿，并写出新闻报道提纲，在会上发给记者作为采访报道的参考。

5. 准备宣传辅助材料

宣传辅助材料要围绕主题准备，尽量做到全面、详细、具体和形象。形式应多样，有口头的、文字的、实物的、照片和模型等。这些材料的准备要根据会议主题和内容的具体要求而定，在会议举行时现场摆放或分发，以增强发言人的讲话效果。

6. 择定邀请记者的范围

邀请的记者覆盖面要广，各方新闻机构都要照顾到，不仅要有报纸杂志记者，还要有电台、电视台的记者，不仅要有文字记者，还应有摄影记者。特别注意对记者要一视同仁，不能厚此薄彼。发邀请信时，认识的记者可以发给本人，不认识的可以发到新闻机构，并且在会议举行前要及时用电话联系落实记者出席情况。

7. 组织参观和宴请的准备

发布会前后，可配合主题组织记者进行参观活动，请记者作进一步的深入采访，这样常常会导致具有重大价值的新闻报道。有关参观活动事宜应在会前就安排好，并派专人接待，介绍情况。会后，如有必要可邀请记者共进工作餐，利用非正式交谈，相互沟通，融洽与新闻界的关系，解决有些发布会没有解决的问题。

8. 制作会议费用预算

应根据所举行新闻发布会的规格和规模制作费用预算，并留有余地，以备急用。费用项目一般有：场租费、会议布置费、印刷品、邮电费、交通费、住宿费、音像器材、相片费、茶点或餐费、礼品、文具用品等。

9. 做好会议接待工作

组织人员要提前布置好会场，如横标、发言人席、记者座位；周围环境要精心设计、安排，营造一种轻松、自然、和谐的会场气氛。培训接待人员和服务人员，要求他们穿戴整洁、适宜，精神饱满、愉快，体现出组织的风格；安排会议的记录、摄影、摄像工作，以备将来宣传和纪念之用。

（二）会议程序

举办新闻发布会，会议程序要安排得详细、紧凑，避免出现冷场和混乱局面。一般来说，新闻发布会应包括以下程序：

1. 签到

应安排足够的工作人员，设立签到处，并派专人引导记者前往会场。参加会议的人要在签到簿上签上自己的姓名、单位、职业和联系电话等。

2. 发资料

会议工作人员应将写有姓名和新闻机构名称的标牌发给与会记者，并将会前准备的资料，有礼貌地发给到会的每一位。

3. 介绍会议内容

会议开始时要由会议主持人说明举办新闻发布会的原因，所要公布的信息或事件发生的简单经过。

4. 主持人讲话

主持人要充分发挥主持和组织作用，以庄重的言谈和感染力，活跃整个会场气氛，并引导记者踊跃提问。当记者的提问离会议主题太远时，要善于巧妙地将话题引向主题。会议出现紧张气氛时，能够及时调节缓和，不要随便延长预定会议时间。

5. 回答记者提问

要准确、流利自如地回答记者提出的各种问题，不要随便打断记者的提问，也不要以各种动作、表情和语言对记者表示不满。对于保密的东西或不好回答的东西不要回避，而要婉转、幽默地进行反问或回答，确保所发布的消息准确无误。

6. 参观和其他安排

会议结束后还应由专人陪同记者参观考察，给记者创造实地采访、摄影和录像等机会，增加记者对会议主题的感性认识。如果有条件，社会组织还可举行茶会和酒会，以便个别记者能够单独提问，并能融洽和新闻界的关系。

（三）会议效果检测

新闻发布会结束后，社会组织要检验会议的效果是否达到了预期目的。要求做好以下工作：

（1）尽快整理出新闻发布会的记录材料，对会议的组织、布置、主持和回答问题等方面的工作作一总结，从中认真汲取经验和不足，并将总结材料归档备查。

（2）收集到会记者在报刊、电台上的报道，进行归类分析，检查是否达到了会议的预定目标，是否有由于失误而造成的谬误。对检查出的问题，要分析原因，设法弥补失误。

（3）对照会议签到簿，看与会记者是否都发了稿件，并对记者所发稿件的内容及倾向作一分析，以此作为以后举办新闻发布会邀请记者范围的参考依据。

（4）收集与会记者以及其他与会代表对招待会的反应，检查招待会接待、安排、提供方便等方面的工作是否有欠妥之处，以便改进今后工作。

（5）若出现不利于本企业的报道，应作出良好的应对策略。若是不正确或歪曲事实的报道，应立即采取行动，说明真相，向报道机构提出更正要求；若报道的虽然是正确事实，但不利于本企业，这种情况完全是企业内部错误造成的，对此应通过该报道机构表示虚心接受并致歉意，以挽回企业声誉。

 课堂讨论

如何提高新闻发布会的效率？

项目三　赞 助 活 动

 **案例导入**

打工仔玩成世界名牌

三星曾经为日本三洋公司打工，制造廉价的12英寸黑白电视机。后来，给一些著名国际品牌制造芯片及电子产品。尽管如此，三星的品牌却一直无法与世界一流品牌同日而语。然而，现在的三星经过短短的时间，一跃成为具有奥运全球赞助方身份的世界级品牌，其能取得今天的成就，体育赞助功不可没。

体育赞助改变廉价形象

在西方人心目中，三星只是一个模仿别人制造廉价微波炉或者廉价产品的公司。在美国，三星更是被看做地摊上的廉价产品。由于产品大量堆积，无奈之下不得不打折销售，这样美国人开始把三星与廉价商品画上等号。

为了改变廉价形象，三星集团不断努力开发名牌和拓宽服务领域。三星集团作出决定：停止生产廉价手机。当时作出这样的决定是带有一定的风险的，但现在三星已成为仅次于诺基亚和摩托罗拉的世界第三大手机生产企业。目前，手机已占三星集团总销售额的1/3。

为了和索尼公司展开竞争，三星集团以名牌产品开拓欧洲市场。德国是三星集团在欧洲最大的电器销售市场。但在德国人看来，除了电脑监视器之外，三星集团仍是廉价品牌。为了扭转德国及其他欧洲人的观念，三星集团决心以新研制的等离子体电视机和电子管平面显示屏进军欧洲市场。三星集团欧洲部经理利曹说："我必须向成千上万的客户传递这样一条信息：我们已经不再是廉价产品的供应商。"

为了树立一个高档产品的形象，三星无论在广告宣传，还是销售渠道上都给人以高档的印象。无论是移动电话、DVD播放器，还是MP3，三星都力图将产品定位于高端市场。由于美国在全球市场的领导地位，决定了三星极为重视这个市场。但是在美国，除非生活在时代广场旁边的三星广告牌附近，三星品牌完全被东芝、富士通、松下电器等亚洲品牌淹没了。对美国人来说，索尼可以说在这些品牌中一枝独秀，许多人对三星的质量依然心存怀疑。

于是，近些年来，三星一直投入大量的资金要让美国人熟悉三星商标，从而扭转过去人们把它看做廉价品牌的看法。例如，在盐湖城冬奥会上，三星花了1500万美元的巨额赞助费赞助冬奥会，为其产品促销。另外，三星还用一家广告商取代了几十家广告商，以使三星广告的外观给人的感受更一致。在最近的广告上，一对父子球迷高速奔跑，不是去赛场，而是去广场上通过三星大屏幕电视看足球赛。除此之外，三星还在美国推出了一系列超现实主义的广告，突出一个被三星公司称为"雪女"的绝世美女的形象。整个活动看上去花费甚巨，高雅不凡。三星的利润和知名度随之水涨船高。

三星电子另一个提升其品牌公众形象的举措是将其产品撤出一些大型连锁商店，如沃尔玛和Kmart，因为，来这些连锁超市的用户更看重产品的价格，而不是产品的质量。为此，三星将撤出的产品，如DVD、电视以及计算机转移至BestBuy、Sears、CircuitCity以及其他一些高级专业商店进行销售，因为，来这些商店的用户看重的是产品的质量和品牌。

通过赞助奥运会，三星集团树立了自己的优秀品牌，改变了人们心目中韩国人只会搞廉价产品的印象。几年下来，世界上没有一家公司品牌效应的增长快于三星，三星的年销售额已在百亿美元左右。目前，三星在多个领域拥有世界排名第一的产品。

美国专业品牌调查机构Interbrand公司和美国著名的专业经济杂志《商业周刊》在"2002年度世界100大品牌"的评选中评估韩国三星电子的品牌价值为83亿美元，居世界100大品牌的第34位，较之三年前的64亿美元上升了30%，而排名也提升了8位，成为全球品牌价值提升速度最快的公司，超过了众多国际知名品牌，而且还成为上榜的亚洲公司中唯一一家非日本企业。

体育赞助——三星体育营销的最高策略

熟悉三星的人会发现，近些年三星对重大体育赛事的赞助活动一个接一个地上演：汉城亚运会、汉城奥运会、北京亚运会、广岛亚运会、亚特兰大奥运会期间的亚特兰大展示会、曼谷亚运会、长野冬季奥运会（全球合作伙伴）、悉尼奥运会（全球合作伙伴）、盐湖城冬季奥运会（全球合作伙伴）、釜山亚运会、北京奥运会（全球合作伙伴）。除了重大赛事，三星对各目标地区的各种各样的体育赞助活动也在十分频繁地进行。比如釜山亚运会前后，人们刚刚经历了釜山当地及亚运会各场馆满眼都是三星的广告及招贴画的袭击后，紧接着又看到了三星赞助的北京国际马拉松比赛。而类似的场面也发生在美国、俄罗斯……

体育赞助是三星战略营销的重点。三星每年花在市场营销上的费用约为 20 亿美元，体育赞助就占到了 3 亿~4 亿美元，而参与 TOP 计划又是其体育赞助的最高策略。

三星对体育赞助的关注不仅包括全球性的赛事，还包括地区和本地的项目。2000 年，三星成功地赞助了悉尼奥运会和盐湖城冬奥会。当年，三星还是釜山亚运会的主要合作伙伴，同时三星也是釜山亚运会火炬接力的官方合作伙伴，并赞助了与之相关的环韩自行车赛等。此外，三星还与中国奥委会签订协议，以第 14 届亚运会官方合作伙伴的身份，赞助中国体育代表团。

虽然，三星在赞助体育赛事方面的广告、营销和推广项目花费巨大，但公司相信它在品牌建设方面获得的好处数倍于此。公司自己的调查显示，作为悉尼奥运会和盐湖城冬奥会无线通信设备官方合作伙伴，大大加强了三星品牌在全球市场及非常重要的美国市场的认知度。加上公司推出的令人激动的新型"惊喜产品 Wow"，市场专家认为，三星拥有形象和产品的最佳组合。

赞助奥林匹克项目使三星的商标可以被全球的受众立即认出，但使这些投资物有所值的是，利用这一赞助机会，提升了品牌在消费者心中的形象。三星签约成为奥林匹克的合作伙伴，并于长野冬奥会举办时启动该项目。在悉尼奥运会上，三星推出了三星与奥林匹克之约计划，利用这一高科技的公共展台展示今天和未来的产品。该项目吸引了许多人的注意，并在盐湖城冬奥会再次推出。研究表明，这一项目是与可口可乐展览同样令人难以忘记的赞助设施。

消费者调研还显示美国和世界各地的受众回忆起三星赞助的比率很高。这是一个重要的成果，因为三星相信，一旦他们抓住了新消费者的心，他们的产品质量就能吸引他们去购买。

通过 TOP 赞助活动，特别是经过悉尼奥运会和盐湖城冬奥会的周密营销部署和频繁亮相，三星的品牌好感度一次次地得到了提升，同时三星作为"年轻、流行、时尚数字先锋"的形象在消费者心目中得到了进一步加强，成为全球品牌价值提升速度最快的公司。《国际品牌》全球执行官 Jan Linemann 对此评价说："三星的品牌价值的巨大进步应归功于其策略的调整——从半导体产品转移至品牌产品，特别是三星成为悉尼奥运会的官方赞助方。"

在釜山亚运会上，三星重现了三星与奥林匹克之约，在釜山亚运会体育场的外面搭建了一个大型公众展厅。在官方合作项目中，除在奥运会赞助的无线电信通信设备外，它还成为亚运会在视听和家用电器两个方面的合作伙伴。三星还赞助亚运会火炬接力和最佳表现奖。

虽然进行体育赞助有着明显的商业利益，但三星总是希望赞助那些能够打动人心，使人们感兴趣和参与的项目。这对三星的形象和业务都有好处。三星的体育营销和社区计划就反映出三星的价值观。

对于亚运会来说，三星是一个亚洲公司，赞助亚运会对三星来说是非常自然的，因为，这是在世界上人口最多的地区举行的最大规模的体育赛事。这是一个基于业务的决策，但也是展现三星的价值和三星对社区承诺的机会。

除了在视听设备、家用电器和无线通信设备方面的亚运会赞助费外，三星还为亚运会的举办者提供了价值300万美元的设备，供场地、运动员村和其他地点使用。三星还为参加亚运会的一些团队提供支持，包括赞助中国、印度、印度尼西亚、泰国和菲律宾的国家奥林匹克运动委员会，以及在主要亚洲市场进行本地的营销计划。

借体育赞助推动数码市场

体育赞助最大的特点就是公益性。可以说，体育是人类共同的事业，体育是最能集中公众注意力和情感的领域，体育热烈、紧张、激动包括失望过滤之后留下来的拼搏、平等、快乐、健康等人类情感，都是构成品牌形象的内涵元素。企业品牌和产品品牌恰到好处地站在公众注意力焦点的边缘，既不喧宾夺主，又巧妙地借用了公众视线的余光，使赞助方的公众形象和品牌得到更大范围的传播和认同，深入人心，不易动摇。

因此，赞助体育，进行体育营销的市场运作，其作用是普通广告所不能达到的。正是看透了这一点，三星开始了大手笔的体育运作。例如，2000年悉尼奥运会，是无线通信方面的官方指定赞助方；2002年盐湖城冬奥会和2004年雅典奥运会的无线通信赞助方；2008年北京奥运会的无线通信赞助方。

三星赞助奥运会，一方面，是想在这段时间内推广三星手机这一产品的知名度，成为与摩托罗拉、诺基亚齐名的知名品牌（而摩托罗拉以前也是通过赞助奥运会成为尽人皆知的数码通信名牌）；另一方面，三星想通过提高手机的品牌知名度与销售额，在全世界范围内尽快推动"数码三星"的品牌形象。

中国市场规模巨大，这是许多人的共同看法。决胜中国市场，就能在全球市场上占有有利位置。中国有着众多的人口，数码消费市场非常巨大，随着中国的消费者开始接受数字产品，巨大的消费者群体正在逐渐形成，数字产品将很快刮起流行风潮。这两年，手机、数字电视、数码相机、数码摄像机、MP3、数码录音笔、数码音响等产品迅速地涌向市场，而且增长速度让人吃惊，相关厂商在数码市场上的斗法早已展开。作为国际电子知名品牌的三星和索尼，均已完成了企业数字化改造计划。三星从一开始就启动了品牌形象革新计划，现在"三星数字世界欢迎您"的口号尽人皆知。显然，想通过成功的体育赞助来赢得中国市场，是其重要的战略构想之一。

（资料来源：天下赞助网，作者：张春健）

▷任务引入

1. 你认为三星的成功之路是否值得效仿？为什么？
2. 赞助的真谛何在？如何策划一场成功的赞助？

 相关知识

一、赞助的含义和目的

赞助是社会组织以提供资金、产品、设备、设施和免费服务的形式无偿资助社会事业或社会活动的一种公关专题活动。赞助活动是一种对社会作出贡献的行为，是一种信誉投资和感情投资，是企业改善社会环境和社会关系最有效的方式之一。任何一个社会组织的赞助都会有自己的具体目的，概括起来，赞助主要有四种目的：

（1）通过赞助活动做广告，增强广告的说服力和影响。一方面可以通过赞助活动作为广告宣传的载体，使公众获益，以赢得公众的普遍好感；另一方面可以通过赞助所获得的"冠名权"提高广告的效果。

（2）树立组织关心社会公益事业的良好形象。现代企业不但要赢利，还要承担一定的社会责任与义务。赞助社会活动是企业向社会表示其承担责任与义务的方式之一。赞助活动的开展，有助于企业赢得政府与社区的支持，从而为企业组织的生存与发展营造相对宽松的社会环境。

（3）培养和社会公众的良好感情。举办与公众密切相关的赞助活动，能够有效地培养社会组织同公众的情感，增进彼此之间的友谊，加强双方的联系，使公众在内心深处认同社会组织。

（4）制造新闻效果，扩大社会组织认知度，提高组织在公众中的美誉度。

二、赞助的类型

为了达到以上目的，现代组织的赞助活动有多种类型，其中以下几种是最常见的赞助形式：赞助体育活动、赞助社会慈善和福利事业、赞助教育事业、赞助文化生活等。通过各种形式的赞助活动，使组织获得最佳的信誉投资，改善和发展其公共关系。

（一）赞助体育活动

由于体育比赛活动是新闻媒介热衷报道的对象，而且拥有众多的观众，对公众的吸引力大，因此，社会组织常常赞助体育活动，以增强对公众施加影响的广度和深度。赞助体育运动常见的形式有：赞助体育训练经费或物品、赞助体育竞赛活动、设立体育竞赛奖励项目等。

（二）赞助社会慈善和福利事业

为各种需要社会救助的人如孤寡老人、残疾病人、福利院儿童等提供物质、经费帮助，开展服务活动，以及济贫、捐助灾民，既是社会组织向社会表明履行社会义务的重要手段，也是社会组织改善社区公众关系、政府公众关系的重要途径。

（三）赞助教育事业

教育是立国之本，发展教育事业是一个国家的基本战略方针。社会组织自觉地赞助教育事业，如捐资建立图书馆与实验室、设立某项奖学金制度、资助贫困学生、捐资希望工程等，既可以促进学校教育事业的发展，又可以为社会组织树立一种关心社会教育事业的良好

形象。

（四）赞助文化生活

文化生活是公众社会生活的主要内容之一。社会组织积极赞助文化生活，不仅可以增进社会组织与公众的深厚感情，而且可以提高社会组织的文化品位和知名度。赞助文化生活的方式主要有：赞助拍摄与社会组织有关的影视片，资助文艺演出队伍，赞助文化演出活动等。

三、赞助活动的组织与策划

赞助活动是一种技术性很强的公共关系专题活动，一次完整的、成功的赞助活动，需要做好以下工作：

（一）做好赞助研究

组织要开展赞助活动，进行赞助研究是非常重要的一步。组织应从经营活动政策入手，分析组织公共关系目标，确定赞助目的，并据此考核需要赞助的项目是否对社会、对公众有益，是否能对本组织产生有利影响。在此基础上，研究赞助项目的必要性、可行性、有效性，保证社会和组织都能获益。

（二）制订赞助计划

组织要在赞助研究基础上制订赞助计划。赞助计划是赞助研究的具体化，因此赞助计划的内容应该具体、翔实，对赞助的目的、赞助的对象、赞助的形式、赞助的费用预算、赞助的具体实施方案等都要有所计划，并控制范围，防止赞助规模超过组织的承受能力。

（三）评估与审核赞助项目

这一步主要是针对具体赞助项目进行的，对每一项具体的赞助项目，赞助工作机构都应进行分析研究。首先对赞助项目进行总体评估，检查是否符合赞助方向，对赞助效果进行质和量的估计。其次是审核，这应结合计划进行，组织每进行一次具体赞助活动，都应由组织的高层领导或赞助委员会对其提案和计划进行逐项的审核评定，确定其可行性、具体赞助方式、款额和时机。

（四）实施赞助方案

组织要派出专门的公共关系人员，去实施赞助方案。在实施过程中，公关人员要充分利用有效的公共关系技巧，尽可能扩大赞助活动的社会影响；同时，应采用广告和新闻传播等手段，辅助赞助活动，使赞助活动的效益达到最佳峰值，争取赞助的成功。

（五）测定赞助效果

赞助活动结束后，组织应该对照计划，测定实际效果。赞助活动的效果应由组织自身和专家共同测评，尽可能做到符合客观实际。检测过程包括检查、收集各个方面（如公众、新闻媒介、受赞助组织）对此次赞助的看法、评论，看是否达到预定目的，还有哪些差距，对活动不理想的应找出原因，并把这些写成总结报告，归档存储，为以后的赞助活动提供参考。

四、组织与策划赞助活动的注意事项

社会组织的赞助活动，作为一种投资行为和宣传方式，具有较强的政策性与技巧性，在实际操作中必须注意以下具体事项：

（1）开展赞助活动必须着眼于社会效益，以获得公众的普遍好感。一般地说，社会组织要优先赞助社会慈善事业、福利事业、公共市政建设以及文化教育活动。

（2）开展赞助活动必须符合法律规范。主要有两方面含义：第一，赞助的对象要合法，要认真研究和确认被赞助的组织、个人或社会活动本身是否具有良好的社会声誉，是否有积极、广泛的社会影响，保证赞助活动取得良好的社会效益。否则，就会给公众以"助纣为虐"之感，不仅不利于实现赞助活动的目的，反而会损害组织形象。第二，赞助的方式要合法，即严格遵守政策法规。违背政策法规，利用赞助搞不正之风，也会破坏社会组织的形象。

（3）开展赞助活动应当量力而行，不能一时冲动、感情用事。赞助经费的数额，必须在社会组织能够承受的范围之内。每年列出赞助总额预算，在该预算范围内予以捐助。

（4）目前，社会上拉赞助者众多，鱼目混珠，企业应加以仔细评鉴。对各种明显不能满足其要求的征募者，应坦率而诚恳地解释组织的有关政策，不必为威胁利诱所屈服。必要时可诉诸社会舆论和法律，以保障组织的合法权。

（5）要注意留存一部分机动款项，作为遇到临时、重大活动时的备用款。

 课堂讨论

如何才能把赞助活动提高到富有文化品位的水准？

项目四 展 览 会

 **案例导入**

展会使 IBM 从"常青树"到"春华秋实"

众所周知，传统的展会营销常常是停留在执行层面，内容比较单一，而体验式营销其实是从客户体验出发，在策划之前充分考虑市场情况、业务目标、目标受众和产品特征等因素，继而执行计划。IBM 为了更好地在中国国际金融展上向受众传递企业信息，邀请"外脑"——GPJ 公司帮助它完善展会创新营销计划。1914 年，GPJ 由 George P. Johnson 先生创立于美国底特律。公司成立之初的业务是旗帜生产和装饰业，逐步帮助底特律设计和组织最早的汽车展会，据说在展会上出现的第一个汽车展示转台就是由 George P. Johnson 创造出来的。在随后的发展过程中，GPJ 开始生产游行彩车、专业展示品，从而涉足会展业。

20 世纪 90 年代初，GPJ 扩大了公司服务范围，开始提供现场体验式行销咨询，从营销策略层面为客户提供体验式行销的策略服务。结合其世界级创意、技术和运营，GPJ 成为全

球最领先的体验式行销机构。GPJ 提供的独特的品牌体验，能够提升现场体验式效果，激发潜在客户的购买欲望。GPJ 通过遍布全球的 20 处办公机构，为分布在世界各地的客户提供体验式行销策略咨询、体验式创意、信息数据服务和现场活动实施等服务。GPJ 有一套多年积累的方法论，用来更好地了解客户需求以达到预期的目标，这就是"5 right"准则：正确的市场洞察；正确的策略；正确的营销活动组合；正确的体验；正确的评估体系。

在谈到 IBM 项目时，GPJ 客户总监张凯权先生说："与 IBM 的合作，我们首先是从'5 right'入手的，IBM 的商业目标，参加国际金融展的诉求，以往它参加这个展会的时候达到了一个什么样的传播效果，我们在什么地方需要吸取经验教训，什么项目会有效地吸引客户，产品应该怎样展示等，都是'5 right'涉及的具体方面。在这些方面，我们作了充足的准备。"他介绍道，"我们还用了另外一套叫做 4D 的体系来进一步落实工作：先做研究（Discover），从这个研究里面总结出要展示的内容和之前存在的问题，以及对市场的调查了解；定义（Define）给受众的信息，并且运用体验方式把客户带入下一个层次，从身体、心理和情感层面使受众与品牌达成互动；然后是设计（Design），运用多种不同的手段把客户要传达的信息展示出来；最后就是真正的实施（Deliver）。"

在 2006 年中国国际金融展期间，GPJ 帮助 IBM 在 190 平方米的展台上打造出一场激动人心的体验，成功地传递出 IBM 前端和后台的解决方案满足金融行业 IT 的需求，也迎合了主题"创新引领成长，科技缔造非凡"，通过 IBM 的标志性元素的重组，打造出符合主题的"常青树"的主题形象，让观众了解 IBM 与客户共同成长的品牌诉求。在三天的活动中，IBM 展位吸引了超过 5000 名观众，收集到超过 2000 个反馈表。同时，展台设计获得了大会组委会颁发的"最佳展台设计"奖。

2007 年中国国际金融展 IBM 的参展主题是"整合创造价值，创新成就卓越"。GPJ 提前三个月开始与客户沟通，与客户市场部共同设计金融展客户意见反馈表。考虑到本届展会国际展商较多，展台整体主色调与 IBM 全球参展形象保持一致，设计了玫瑰墙喻示 IBM 推广的前端和后台的解决方案已经到了收获的季节。独特的互动式游戏吸引了观众的参与，而游戏的运行是由 IBM 提供技术支持的；随意点缀在展墙上的油画饰品让观众感到轻松自然；行为艺术表演既为展台会聚了人气，也在宣传着 IBM 的参展主题。

关于规律的最高评价是它们能够帮助你重复别人以前做的事情。从定义上看，规则就是向后看。最守规律的结果就是重复历史。我们说展会创新营销的第一要素就是忘掉你以前参展的所有清规戒律，准备做一个对过去"正常"参展活动的颠覆者。

通过创新方法与实施策略的结合，可以确保体验式营销计划得到有效实施，从而获得最大的营销传播效果，以实现参展的最佳投资回报。

（根据中国会展网佚名资料改写）

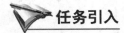

1. 你认为展览会的创新体现在何处？为什么？
2. 与传统相比，IBM 会展的成功秘诀何在？为什么？

 **相关知识**

　　展览会是社会组织通过实物的展示和文字、图表等的示范表演来配合宣传组织形象和推广产品的专题活动。展览会所运用的实物、图表、动人的解说、优美的音乐和造型艺术相结合的方式，比一般的文字和口头宣传更有效、更引人入胜、更能产生吸引力，不仅能加深公众的印象，而且能提高组织和产品在公众心目中的可信度。

一、展览会的特点

　　作为社会组织在特定的环境条件下开展的一种专题活动，展览会具有以下几个特点：

（一）传播方式的复合性

　　展览会通常要同时使用多种媒介进行交叉混合传播，包括：①实物媒介，如展品、模型、实物演示、展台及展厅布置等。②文字媒介，如印刷宣传材料、组织或产品介绍材料、展品的文字注释等。③声音媒介，如讲解、交换、广播录音或现场广播等。④图像媒介，如各种幻灯、照片、录像等。⑤人体媒介，如主持展览的各种服务人员、礼仪人员等。

（二）传播效果的直观性

　　展览会一般以展出实物为主，并以专人讲演和示范产品的使用方法等方式进行现场的示范表演。这种形象记忆能起到强化效果的作用。如雕塑作品展览会上，艺术家当场雕刻作品，民间艺人现捏泥塑品等。展览会这种直观形象、声情并茂的传播方式，能吸引大批公众前来参观，使参观者对展品留下较深刻的印象。

（三）与公众沟通的双向性

　　展览会为组织与公众提供了直接接触、相互交流的机会，通过听取意见、相互交流、深入讨论，参展单位在让公众了解自己的同时，也在了解公众对展品、组织形象的反应、意见，并根据公众反馈的信息及时改进工作。这种直接双向沟通的交流性、针对性强，收效较大。

（四）沟通方式的高度集中性

　　展览会可以集中许多行业的不同展品，也可以集中全国甚至全世界各种品牌的同类产品，这就为参观者提供了更多的方便和选择余地，节省了时间和费用，提高了选购效率，使采购人员不会错过与自己业务有关的展览会，同时也给新企业和新产品提供了一个脱颖而出的好机会，许多参展者也正是通过展览会而建立了自己的良好形象并打开了销路。

（五）活动的新闻性

　　展览会是一种大型活动，往往成为新闻媒介追踪的对象，是新闻报道的好题材。展览会一般都预先做广告，搞宣传，开幕时，还要请政府官员、知名人士前来庆贺。参展单位可以利用展览会制造新闻，扩大影响，并利用这一机会搞好与新闻界的关系。

二、展览会的类型

　　根据划分依据的不同，展览会可划分为几种不同的类型。

（一）按展览的性质分类

按展览的性质可分为贸易展览会与宣传展览会。贸易展览会的特点是"展"且"销"，展出实物产品，目的是打开产品的营销局面，提高产品的市场占有率，促进商品的销售，如"迎春节吃穿用商品大展销"。宣传展览会是只"展"不"销"，目的是宣传一种观念、思想、成就等，通常通过展出照片、资料、图表和有关实物达到宣传的效果，如北京的中国国际展览中心举办的国际图书博览会。

（二）按展览的内容范围分类

按展览的内容范围可分为综合性展览会和专题性展览会。综合性展览会全面介绍一个国家、一个地区或一个组织的情况，要求总揽全局，内容全面，有一定的整体性和概括性，既要突出重点，又要照顾一般，力求给观众以完整的印象，如每年春秋两季在广州举行的"广交会"等。专题性展览会是围绕某一专题、某一专业或某类产品举办的展览会，要求主题突出、内容集中，有一定的深度，如"摩托车展览会"、"科技图书展览会"等。

（三）按展览举办的场地分类

按展览举办的场地可分为室内展览会和露天展览会。大多数展览会在室内举行，显得较为隆重且不受天气影响，举办时间较灵活，长短皆宜。但室内展览会的设计布置较为复杂，花费较大，宜安排高档次展品展览。露天展览会的最大特点是布置工作较为简单，所花费用较少，但受天气条件影响大，因此，宜安排大型机械展览、农副产品展览和花卉展览。

（四）按展览的规模分类

按展览的规模可分为大型展览会、小型展览会及袖珍展览。大型展览会一般由专门的单位举办，规模大，参展项目多，需要较复杂的程序和较高的布展技巧。如"世界博览会"、"全国糖业烟酒订货会"。小型展览会规模较小，多由组织独家举办，展出自己的商品，展览会的地点常常选择在各类建筑的门厅、图书馆、旅馆房间、候车室或专辟陈列室、样品室等。袖珍展览主要指橱窗展览和流动展览。橱窗展览是通过创意和艺术设计，对商店橱窗里展示的商品或模型进行组合设计来吸引消费者注意，促进商品销售、塑造商店形象。流动展览是发挥人们的创造才能，利用各种交通运输车辆来进行的展览。

（五）按展览的时间分类

按展览的时间可分为长期固定展览、定期更换内容的展览和一次性展览。长期固定展览，如北京的故宫博物院、自然博物馆等；定期更换内容的展览，如北京的工业展览馆、农业展览馆等；一次性展览，如食品展销会、服装展示会等。

此外，还有巡回展出，如"自贡灯会""盆景展览"等；特殊展品，在现场展示样品，让人反复试用证明其性能，如在铁路站台及机场铺设地毯，以便证明经受了成千上万旅客的踩踏，引起顾客的兴趣及有价值的询问；名城街，指具有重点历史文物价值的历史城街，是重要的旅游地点，也是开放的城街博览，如北京的"大观园"、天津的"食品街"等。

三、展览会的策划和组织

策划展览会的基本原则是：展览主题明确，布局合理，陈设美观大方，解说精练流畅，给人以深刻的印象。要点有：

（一）明确展览会的主题和目的

举办任何一个展览，都必须首先明确这一展览的主题和目的，并在此指导下去精心确定内容，制作展览的实物、图表、照片、文字等，使之更有针对性。主题要围绕展览的目的而定，并写进展览计划，成为日后评价展览效果的依据。

（二）确定参展单位、参展项目和展览类型

大型展览会，主办单位或承办单位可以通过广告、新闻发布或者邀请等形式联系可能的参展单位，并将参展时间、地点、项目、类型、收费标准要求和举办条件等情况告知联系的单位。一方面通过采取各种公关技能吸引参展单位；另一方面为可能的参展单位提供决策所需的资料。

（三）明确参观者的类型

展览会在策划阶段必须考虑所针对的公众，参观者的类型将影响到信息传播手段的复杂性和多样性。如果参观者对展出项目有较深的了解和研究，就需要展览会的讲解人也是这方面的专家，介绍的资料要较为专业化和详细、深入；如果参观者只是一般消费者，则应采用通俗易懂的语言进行直观的普及性宣传。

（四）选择展览时间、地点

展览会时间的选择一般按组织需要而定，有些展览则要顾及季节性，如花卉展览等。在地点的选择上，首先，要考虑的是方便参观者的因素，如交通要方便、易寻找等；其次，要考虑展览会地点的周围环境是否与展览主题相得益彰；最后，要考虑辅助设施是否容易配备和安置等。

（五）培训工作人员

展览会工作人员的素质、展览技能和公关技能的掌握，对整个展览效果有重要影响。必须对展览会工作人员包括讲解员、接待员和服务员进行良好的训练。同时对展览会相关内容如接待、介绍、服务和礼仪等公关技能进行专门培训。

（六）确定展览会的管理机构，提供相关服务

大型展览会，要设立文书、邮政、运输和保险等专业服务部门。国际性展览会，还应设立处理对外商检贸易的业务部门。一般的展览会应设置：大会领导组、大会办公室、样品办公室、询问室、广播室、卫生保健室、贵宾接待室、保安处、会议室、谈判或签字室、停车场等。

（七）成立专门对外发布新闻的机构

展览会中会产生很多具有新闻价值的信息，需要展览会负责公共关系事务的人员去挖掘，写成新闻稿发表，扩大展览会的影响范围和效果。专门的机构要负责制订新闻发布的计划和组织实施计划，并负责与新闻界进行联系的一切事务。

（八）准备展览会所需的各种书面宣传材料

从主办方和承办方来看，展览会的宣传材料主要有展览会背景资料、前言及结束语、参展品名目录、展览会平面图、展览会组织机构、日程安排和其他要求等。参展单位应提前做好准备。

（九）编制展览会费用预算

具体列出展览会各项费用并加以核算，有计划地分配展览所需的各项资金，防止超支和浪费。展览会的费用通常包括：场地费用、设计费用、工作人员费用、联络及交际费用、宣传费用、运输费用等，要根据展览所要达到的效果来考虑这些费用的标准。

（十）选用展览方法和技巧

为了使展览会办得生动活泼、新颖别致，还需要适当选用展览方法和技巧，如邀请有关知名人士出席，举行别开生面的开幕式，邀请有关文艺团体助兴等，以活跃展览会的气氛，吸引更多公众前往参观。

案例：特步：借体博会推娱乐营销

由国家体育总局、中国体育用品联合会共同主办，国家体育总局体育器材装备中心承办的中国国际体育用品博览会（Sport Show）已成功举办十八届，举办地点遍及全国，但在北京、上海、广东三地举办的次数较多，这和三地在国际上政治和经济的地位及影响力有着密切的关系。自 1993 年举办以来，中国体育用品博览会前八届均是国内体育用品博览会，而 2001 年在北京举行的第九届体育用品博览会，是中国国际体育用品博览会，终于实现由国内展会到国际展会的跨越。到目前为止，中国国际体博会被国际体育用品界称为继德国、美国的体博会之后，亚洲最大、全球第三大综合性体育用品博览会。

特步自 2001 年成立以来，参加过很多届体博会及各种大小型展览展示，但真正意义上借势体博会营销的莫过于第九届北京国际体博会、第十届上海国际体博会和第十八届成都国际体博会。其展馆设计较为突出，品牌形象较为生动，宣传效果较为显著。

四、展览会的效果检测

展览会后，要对展览会的效果进行检测，了解公众对产品的反应，以及对组织形象的认识和对整个展览会兴办形式的看法等，检测是否达到展览的预期效果。检测方法主要有：

（一）举办有奖测验活动

组织可根据展览内容，有重点、有选择地确定试题，答题方式以填空、选择、判断为主，当场解答，当场发奖。参观者踊跃应试，不仅能增强、活跃展览会气氛，而且能为测定展览效果提供统计的依据。

（二）设置公众留言簿

组织在展览厅的出口处可设置公众留言簿，主动征求公众的意见，将其作为日后测定效果的依据。

（三）召开公众座谈会

组织还可以召开公众座谈会，随机找一些公众进行座谈，了解他们对展览会的观后感，讨论一些主要问题，并提出自己的看法。

（四）借助记者采访

在展览会期间，组织可邀请一些新闻记者参加，让他们对公众进行采访，并做好录音或记录，以备组织测定效果之用。

（五）开展问卷调查

展览会结束之后，组织可根据签到簿上掌握的公众名单邮寄出问卷调查表，或登门访问使其填写问卷调查表，以了解展览会的实际效果。

课堂讨论

如何把展览会办得富有文化品位和特色？

项目五　联　　谊

**案例导入**

沟通无限——福田汽车新春媒体联谊会

为巩固和加深福田汽车与媒体间的良好关系，主办方福田汽车决定主动出击，在京、沪、穗三市分别举行媒体联谊会，借助媒体活动向外界传达福田汽车2005年的调整策略，其中，以在京的媒体联谊会最为盛大。

一、活动目标

此次媒体联谊的主要目标是正确传递主办方的9年发展历程、2005年主办方的调整策略以及主办方对媒体关系的重视程度等重要信息，以此强化主办方的品牌形象，增强主办方在媒体心目中的品牌亲和力。同时，借助本活动，主办方也将正式启动针对业绩发布的危机预案。

二、活动创意

1. 打破隔阂

为了方便记者采访，签到时，策划执行方为每位记者准备了包含有该桌就座人详细信息的桌次卡，便于相互熟悉、打破隔阂、活跃气氛。主办方相关领导及工作人员分桌入座，便于照顾同桌的记者，同时也方便与各位记者进行面对面的交流，展现出主办方的品牌亲和力。

2. 鞠躬祝福

安排主办方新闻发言人动情讲述福田9年成长历程，并通过与会媒体记者向外界准确传达主办方2005年的调整策略。策划执行方特别安排主办方市场及公关部的全体同事上台，一同鞠躬，向与会记者送上新春的诚挚祝福，凸显主办方对媒体关系的重视程度。除活动环节中送出的礼品外，主办方特地为媒体朋友精心购买了其他价值不菲的礼品，并细心地提供了换购票据，这些细节上的处理让记者们感触颇深。

3. 气氛喜庆

整个仪式现场制作物简单大气、风格统一、主题醒目；在灯光、音响、主题背板、签到背板等方面尽显喜庆和欢快的气氛。

4. 活动丰富

整场活动设计内容新颖活泼，主题醒目明确，通过青春律动的表演和趣味横生的游戏，让来宾深刻感受到主办方对自己的重视。整场活动丰富多彩：有游戏、有表演、有抽奖、有交流，轻松活泼、气氛融洽，和部分企业岁末相对拘谨的媒体关系活动相比，这次活动给媒体记者留下了较为深刻的印象，展现出主办方不拘泥于形式、富于创新的精神。

三、项目实施

1. 细致沟通，未雨绸缪

在预算紧张的情况下，也要实现最佳的现场效果：策划执行方考虑到活动场地入口较多，将展架的数量由两个增加至十个；在酒店酒水及饮料计时收费的情况下，为确保与会者感受良好，及时购买了干果，保证现场食物的供应；此外，各处的鲜花摆放也为活动增色不少。

事前，针对各个环节可能出现的情况，反复演练，采取一系列防范措施杜绝问题发生，如在签到环节，需要向来宾索取名片、递送车马费、发放桌次卡及礼品券、签到、拍照、转动幸运转盘等，程序非常繁杂，但如果有细致的人员分工，以及热情的礼仪引领和礼貌的友情提示，近百位来宾自然可以顺畅通过签到环节。

2. 伸缩自如，进展有序

活动当天，因部分重要来宾入场较晚，导致活动延时，策划执行方安排小丑和大头娃娃进行场内巡回互动，调剂入场气氛，同时，提醒主办方工作人员入场与记者交流，消除了因活动延时给记者带来的不快和焦虑情绪。

同时，策划执行方对活动时长进行了严格控制，在活动延迟半小时开场的前提下，与主持人沟通压缩一个游戏的举行次数；当活动进行到另一游戏环节时，因现场记者参与游戏非常踊跃，场面极度热烈，策划执行方又与主持人沟通，临时追加该游戏场次，让欢乐的气氛得以延续。在游戏的设计上，策划执行方强调互动、有趣，追求营造"宾主一家亲"的现场感。事实证明，每个游戏环节都成为了当天活动的一个小高潮，借助"拍卖游戏""热线抢答""趣味球赛"这三个互动游戏，加上两位主持人幽默风趣的主持风格，拉近了来宾间的距离，让记者们在参与的过程中摆脱拘束，相互熟悉，乐在其中。

案例点评：

整个联谊活动衔接紧凑，用餐与游戏、表演、抽奖互不耽误；主舞台的设计加上视频灯光的配合使整个会场气氛高雅喜庆；笑脸抽奖的环节作为整个仪式的高潮十分突出。

整场活动在节目选择上以热烈、激扬的基调为主，无论是开场歌舞《中国娃娃》、电子小提琴演奏，还是法国康康舞和西班牙踢踏舞，都让来宾很自然地联想到春节的喜庆和热烈；间插模特秀、魔术表演等相对安静、高雅的节目，以提供时间让来宾们彼此沟通交流。

（根据网络佚名资料改写）

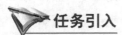 任务引入

1. 此次联谊活动成功的关键点何在？为什么？
2. 联谊活动的组织应当注意的问题有哪些？

 **相关知识**

一、联谊活动的含义

联谊活动是指社会组织为了加深组织内部员工之间、社会组织与社会公众之间、社会组织与社会组织之间的感情，增进相互间的友谊而举行的活动。公共关系工作人员应有计划地经常举办一些联谊活动，这类活动既可以使人得到美的享受，又是创造组织内外"人和"的好方法，其目的主要是促进交往、增进感情、获取信息、增强合作。例如，浙江大学机械与能源工程学院（以下简称机能学院）同人文学院举行的研究生联谊会，就达到了这一目的。

案例：破冰之旅——机能、人文学院研究生联谊活动成功举行

为构筑机能、人文两学院研究生博士生之间的沟通平台，加强两学院学生间的交流与合作，同时也为了在紧张的期末考试后使同学们的精神得到放松，更好地投入到下一学期的学习和科研活动中去，机能、人文学院研究生会于2004年11月27日联合组织了一次盛大的"破冰之旅"联谊活动。活动前期两学院以海报和BBS的方式作了大量的宣传工作，充分调动了同学们的兴趣，大家踊跃报名参加。

"破冰"即为加强学院学生之间的互动与沟通，参加活动的同学按手机号码抽签分组，分组结束后宣布爬山之后要做的一则"比比谁高"游戏的规则，上山的过程中组内成员立即开始互相商讨对策，一路上欢声笑语，大家结伴同行，聊生活、聊学习，也聊彼此完全不同的研究领域。翻过老和山到达植物园，大家在草地上开始做游戏，有用扑克牌和回形针搭建的"比比谁高"；有大家自由沟通，在规定的时间内拿到不同纸牌的人按组队规则相互组合成一定团队的"最佳组合"；有"学学小猪做动作"；有搞笑级的人名、地点句子组合，等等。通过这一系列小游戏，增进了彼此之间的沟通和了解。

敞开心扉，拥抱阳光，"破冰之旅"联谊活动为丰富机能、人文学院的研究生生活搭建了一个成功的沟通平台。

二、联谊活动的层次及类型

（一）联谊活动的层次

联谊活动由低到高有以下三个层次：

1. 感情型

感情型联谊活动是以联络感情为主要内容的，如出席对方庆祝活动、互赠纪念品，使双方互相建立对对方的良好印象，为今后进一步加强团结、联系或合作奠定基础。

2. 信息型

信息型联谊活动是以互通信息为主要内容的，努力使双方在市场变动中，能够保持联系，共同获利。

3. 合作型

合作型联谊活动是以经济合作为主要内容的，通过一些生产项目或经营项目的合作，促进双方经济效益共同提高。具体来说是参加行业组织活动、座谈会、茶话会、恳谈会，参加会员制俱乐部，参加企业家联谊会等。

（二）联谊活动的类型

两种常见的联谊活动分别是：

1. 文艺演出及电影招待会

邀请客方观看文艺演出、体育表演、电影等活动，可以增进客方对主方的了解和感情，同时又是一种艺术享受和娱乐活动。

2. 交际舞会

交际舞会是一种社交活动，也是公共关系部门经常举办的联谊活动的一种形式。有计划地举办交际舞会，不但可以使职工从中得到娱乐，同时也可以加深职工与管理人员之间的感情和企业与社会各界的友好关系。

三、联谊活动的策划和组织工作

无论是哪一种类型的联谊活动，都需要做好以下基本的策划和组织工作：

（1）明确联谊目的，围绕目的去策划活动，同时又要兼顾客人的兴趣。一般应注意选择那些具有客人本国民族风格和客人所喜闻乐见的活动内容。

（2）提出活动预算，筹措必需的经费，购买必要的物品。

（3）根据场地、交通、气象、设备等条件，确定活动的时间、地点和场所。

（4）确定应邀对象，及早发送请柬和通知。发邀请时，要考虑场地的容纳量，一定要给客人准备足够的座位，避免座位不足的情况。

（5）安排活动程序，印刷节目单，并提前发给客人。

（6）精心布置联谊场所，并安排专人负责接待和保安工作等。对于为外宾举行的联谊活动，特别要注意符合联谊对象的国家或民族的文化背景、民俗风情。

四、组织和策划联谊活动的注意事项

（1）选择所需的联谊类型，参加联谊活动应有所值，不能无目的或仅以应酬为目的。

（2）联谊活动是合法的，涉及须审查的社团活动，应主动上报政府部门。

（3）联谊活动是健康、品位高尚的，不损人利己，也不损害社会公众利益。

（4）邀请人数要与场地相适应，过多会显得拥挤，太少又会造成冷场。这是主办方要特别注意的。

 课堂讨论

联谊活动的开展应确保健康、品位高尚，请策划一次20年后老同学相会的联谊会。

项目六 宴 请

 案例导入

宴请照旧进行

某酒店 906 单间标准客房。美籍华人钟先生焦虑不安地来回踱步。钟先生的太太着衣下床欲行，但右脚几乎无法点地，表情痛苦。"疼痛加剧了?"钟先生问道。钟太太点了点头，见此情景，钟先生脑海里出现了几组画面：

1. 某设计院计算站，钟先生与中国同行紧张而愉快地合作；

2. 在欢送钟先生夫妇的宴会上，钟先生向中国同行发出邀请：已在下榻酒店的宴会厅预订了一桌酒席，作为本次离华前的答谢；

3. 昨晚与太太外出散步，为避让一辆自行车，钟太太踝关节处扭伤。医院医生叮咛："无大碍，但肿胀会加剧，多休息，会痊愈。"

钟先生坐到沙发上对妻子说："我每次离开中国时，都想设宴答谢这里的同事，但每次都行色匆匆。我们的基础设计已圆满结束，又适逢这次你来，正是我们设宴答谢的最好时机。唉，你这脚……"

钟先生征询了太太的意见后，挂通了酒店大堂服务总台的电话。

总台被告知：906 房间客人意欲将原在 18 楼宴会厅订的酒席，菜单不变，但改为"客房服务"。如 906 房间太小设宴有困难，愿更换毗邻最近的套房，但仍实行送餐服务。

总台旋即电告餐饮部经理。经理觉得蹊跷，是否客人对 18 楼宴会厅有所禁忌，抑或另有原因? 但在单间标准客房布台设宴会安排十余人就餐，这在本酒店无先例呀!

餐饮部经理为此敲响了 906 房间。

面对钟太太的脚伤和钟先生道出的原委，餐饮部经理思忖了一会儿说道："依 906 房间大小布台设宴，服务员上菜、斟酒、换骨盆等，没有回旋的余地；如果按先生的要求，换一间套房当然可以做到，我想这样一会增加不必要的费用——当然这对先生来说不是什么问题；二来只解决了宴请的场所，换套房总还有走动，钟太太不是仍然不便吗?""如果你们不介意的话，我们可以用轮椅车送夫人去 18 楼宴会厅，你们意下如何?"餐饮部经理又补充说道。

钟先生夫妇大喜过望，连忙首肯。

于是，餐饮部经理与有关部门联系，找出了一辆尘封已久的轮椅车，让人擦拭一新。

当晚 6 时整，钟太太面带微笑安坐于轮椅车上，手捧一束酒店送的鲜花，由餐饮部经理推送至 18 楼宴会厅。舒适的环境，优质的服务，色、香、味、形、饰皆佳的珍馐美馔，令人赏心悦目，精神爽快。经理首先为大家敬酒，表示祝愿。钟太太的身旁还多了一位专司服务的小姐。

席间，餐饮部经理在远处注意到钟太太坐的轮椅车比坐椅矮，于是搬来一把椅子，让两

位服务小姐小心翼翼地把钟太太搀扶到椅子上。宾主频频举杯，畅叙友情，对酒店的优质服务也交口称好……

次日，酒店大门口，酒店管理人员为钟先生夫妇送行。大堂副理特意在卖品部买来一把雕饰精美的手杖赠予钟太太，并祝其早日康复。钟先生告诉大家，不久还将来中国做工程施工图设计，一定再次光临。

（根据网络佚名资料改写）

 任务引入

1. 你认为此次宴请的成功之处何在？为什么？
2. 你觉得从此案例中我们应当得到哪些启迪？

 相关知识

宴请是常见的公共关系专题活动之一。为表示欢迎、答谢、祝贺、联络感情，社会组织常常举办宴会邀请各界人士参与，这就是宴请。宴请作为一种轻松愉快的社交形式，具有独特的魅力。在宴请活动中，人们一般不存多少戒心，心情比较舒畅，因而便于人与人之间情感的交流和沟通。

一、宴请的类型

一次成功的宴请，就是一次成功的公共关系活动。社会组织也需运用各种宴请类型，以实现自己的公关目标。宴请有国宴、正式宴会、便宴之分，通常酒会、冷餐会等各种不备正餐的较为灵活的宴请形式也包括在内，此外，还有茶会、工作进餐等形式。在这里介绍几种常用的宴请类型：

（一）国宴

国宴是国家元首或政府首脑为国家的庆典或为外国元首或政府首脑来访而举行的宴会，规格最高。宴会厅要悬挂国旗，安排乐队演奏国歌，主宾相互致辞、祝酒。

案例：

2009 年 11 月 17 日晚上，国家主席胡锦涛在乐声悠扬的人民大会堂金色大厅以一席简单精致的"四菜一汤"国宴款待了正在北京进行国事访问的美国总统奥巴马一行。

根据《中国日报》在宴会间外取得的菜单，本次宴请完全遵循了周总理亲自制定的我国国宴"四菜一汤"的简朴标准，冷盘过后，身着月白和玫瑰红色旗袍的服务员依次为贵宾们奉上翠汁鸡豆花汤、中式牛排、清炒茭白芦笋和烤红星石斑鱼四道佳肴，之后是餐后点心和水果冰激凌。席间用酒是纯国产的长城干红和干白。以金色为主色调的大厅内宴开 13 桌，12 个圆桌左右簇拥着一个两国元首及其他高级官员就座的巨型圆桌。

四菜一汤，这是当年周总理定的标准，一直延续至今。2008 年 8 月 8 日胡主席设宴款待出席北京奥运会开幕式的五大洲贵宾的时候，正餐包括一道冷菜、一份汤和三道热菜，餐后甜品也是一道点心和一道水果冰激凌。当时的三道热菜分别是中西合璧的荷香牛排、人民大会堂为奥运专门设计的鸟巢鲜蔬和酱汁鳕鱼。北京烤鸭则被作为额外小吃向客人们提供。

胡锦涛作为中共中央总书记、中华人民共和国国家主席、中央军委主席，宴请的客人贵为美国总统奥巴马，二人的身份、地位很尊贵，可二人峰会、宴会上却仅仅是"四菜一汤"，还赶不上一般家庭招待客人的"七碟八碗"呢！尽管如此，想必尊贵的客人奥巴马总统是不会"嫌弃"胡主席的"小气"的，而主人胡主席自然也会是"君子坦荡荡"！这就是一对大国领袖人物的风范！

（二）正式宴会

正式宴会一般有固定的规格和程序，宾主均按身份排位就座。对服饰、餐具、酒水、菜肴道数、餐桌陈设、服务员的装束和礼仪等方面，都有较严格的要求。席间一般有正式的致辞或祝酒。

（三）便宴

便宴即非正式宴会，分午宴和晚宴，一般晚宴较午宴隆重些。近年来也有利用早餐（饮早茶）的形式举行便宴的。便宴形式简便，不排坐席，不作正式讲话，菜式和酒水也较随意，适用于日常相互间的友好往来。它是一种比较受欢迎的宴会形式，应用范围也较广泛。例如，2005年6月3日《解放军报》就以《轻松的晚宴》为题，对便宴这一形式的宴会大加赞赏和倡导。

案例：

5月13日，广州军区机关工作组一行5人来到某师。师长盖龙云、政委陈杰在招待所设宴招待。一些人听说师长、政委宴请军区工作组，就嘀咕开了：规格肯定很高。记者随同工作组走进餐厅一看，摆在餐桌上的并非山珍海味，每人面前摆着6个小碟，分别是辣椒炒肉、煎小黄鱼、清炒小白菜、家常豆腐、凉拌黄瓜、糖醋大蒜。桌子中央摆着一大盆西红柿鸡蛋汤。主食是当地特产桂林米粉和馒头、米饭，没摆任何酒具。

晚宴是普通的工作餐，可军区机关工作组的同志给予了高度评价。一位军区领导感慨地说："过去，机关工作组一到基层就是迎来送往，大吃大喝，基层干部还要轮番上阵劝酒敬酒以示敬重，既暴饮暴食，又浪费时间，还损害健康，影响很不好。"一位军区机关的处长说："不喝酒真好！今天的晚餐吃得好、吃得饱，就像回到家里一样。"

饭桌上，陈政委介绍说："我是从驻港部队调过来任职的，在那里我也学到了一些轻松的待客方式。我们把领导机关的同志当成好战友，当成自己家人，自家人就不用那么讲究客套，有什么吃什么，领导们对我们的工作有什么意见也直截了当地指出来。总之，平时是什么样，领导来了也是什么样才好。"

不到半小时，晚餐便在轻松、愉悦的氛围中吃完了。此时营区骤雨初歇、清风习习、华灯初上，空中不时传来营区广播里播放的轻音乐。军区机关工作组一行在师长、政委的陪同下，谈笑风生地漫步在营区林荫道上。

（四）冷餐会

冷餐会又称自助餐。不排席位，菜肴以冷食为主，热菜为辅。菜肴和餐具一齐陈放在长条菜桌上，供客人自取。酒水（啤酒、果汁、可乐，一般不用烈酒）陈放在桌上或由招待员端送，自由饮用。一般没有固定座位，可自由活动，随意入座或站立进餐。出席者不必计较主宾身份，在餐会上可以平等交谈，自由沟通。冷餐会的规格可高可低，举办时间一般在中午12时至下午2时，下午5时至7时。

（五）酒会

酒会又称鸡尾酒会。形式较轻松活泼，便于广泛接触交谈。通常酒类品种较多，并配以各种果汁，向客人提供不同酒水配合调制的混合饮料（鸡尾酒），不用或少用烈性酒，略备小吃。酒会举行的时间较灵活，上午、中午、下午、晚上均可，时间一般延续两三小时。请柬上往往注明整个酒会活动延续的具体时间，在这段时间内客人可随意到达或退席，来去自由，不受约束。由于客人有来有走，因此酒会可招待、接纳较多的客人。一些大型酒会亦可邀请乐队或播放音乐舞曲，在场地允许的情况下让客人们跳交谊舞。总之，酒会是一种气氛轻松和谐的现代社交形式。

（六）茶会

即请客人品茶，它是一种简便的招待形式，不必使用餐厅、餐具，不排坐席。时间一般在上午10时或下午4时举行。

（七）工作进餐

工作进餐是现代交际中经常采用的一种非正式宴请形式，利用进餐时间，边吃边谈工作，讨论问题，交换意见。分为工作早餐、工作午餐、工作晚餐。这种宴请只请工作人员，不请配偶等与工作无关人员。双边工作进餐往往排席位，为便于谈话，常用长桌。宴请的菜肴和宴请的程序一律从简，甚至采用快餐形式或由参加者各自付费。例如，浙江大学于2005年6月24日发布了《关于建立研究生与主管校领导沟通机制暨举行第一次"与校长面对面"活动的通知》，就是尝试通过工作进餐的形式加强校领导与研究生的双向沟通和了解。该通知就工作进餐的人员及选拔、工作进餐的目的、工作进餐的内容进行了安排，值得借鉴。

各位研究生：

为深入贯彻《中共中央 国务院关于进一步加强和改进大学生思想政治教育的意见》，学校拟建立研究生教育主管领导与研究生之间沟通的平台。通过沟通，一方面使学校领导更加了解研究生的思想、学习、科学研究、生活等各方面的现状，另一方面使研究生能够更及时、准确地了解学校的发展情况以及各项政策制定的背景和初衷，进而为学校发展献计献策。

基于此，校研究生会和博士生会决定：通过组织"与校长面对面会谈"的方式，为广大研究生搭建一个与校领导零距离对话的平台。具体组织方式介绍如下：

活动形式：根据需要不定期组织研究生代表与学校分管研究生工作的领导一边共进午餐一边相互交流、倾听心声、沟通情感、传递信息。研究生代表可以就学校发展、人才培养、学习生活、科学研究等内容向校领导提出疑问、发表观点、提出建议和意见。午餐将以快餐的形式免费提供。

选拔方式：研究生代表从网上报名者中产生，每次限额15人。为增加该项活动的参与面，以满足不同专业、不同年级研究生的需要，研究生代表的选取将以参与面最大为原则。一般而言，每次活动同一个学院不超过3人，同一导师门下不超过1人。

第一次"与校长面对面"活动定于 6 月 28 日举行，参加校领导为主管研究生教育的副校长来茂德教授，欢迎广大研究生积极报名参加。

研究生会、博士生会

6 月 24 日

二、宴请的组织与策划

组织宴请是一项十分繁杂的工作，需要公关人员熟悉掌握，认真对待宴请的各个环节。

（一）宴请活动的前期准备

1. 确定宴请的目的、名义、对象、范围与类型

宴请的目的是多种多样的，如庆贺某一节日、纪念日；展览会的开幕、闭幕；某项工程的开工、竣工等。

确定邀请名义和对象的主要依据是主、客双方的身份，也就是说主、客身份应当对等。如低级官员邀请对方高级人士就不礼貌。我国大型正式宴请活动常以一个组织名义发出邀请。日常交往小型宴请则根据具体情况以个人名义或以夫妇名义出面邀请。

邀请范围是指请哪方面人士，请哪些级别，请多少人，主人一方请什么人出面作陪等。确定这些问题要考虑多方因素，如宴请的性质、主宾的身份、国际惯例、对方对我方的做法，以及当前的政治气候，等等。

宴请采取何种类型要视具体情况而定。人数少、规格高的以宴会为宜，人数多则以冷餐会或酒会更为合适，妇女界活动多用茶会。宴请的形式还取决于活动目的、邀请对象以及经费情况等因素。

2. 确定宴请时间、地点

宴请应选择对主客方都合适的时间，最好事先征询主宾意见，然后再作决定。在外事活动中，注意避开对方的重大节假日和重点活动的日期，尤其要注意尊重对方的风俗习惯，更要注意对方的禁忌，如避开 13 号和星期五。

3. 确定邀请对象

邀请范围与规模确定之后，即可草拟具体邀请名单。被邀请人的姓名、职务、称呼，甚至对方是否有配偶等都要准确。各种宴请一般均发请柬，这既是礼貌，也是对被邀请人起提醒备忘作用。请柬一般要提前一至两周发出，以便被邀请人及早作安排，已口头约定的通常还要补发请柬。需要安排座次的宴请，往往要求被邀请人答复能否出席。对此可在请柬上注明，也可在请柬发出后，用电话询问能否出席。正式宴会一般在请柬或请柬信封上注明席次号。

4. 订菜

宴请的酒菜应根据形式和规格选择安排。选菜不宜以主人的爱好为准，而应主要考虑主宾的喜好和禁忌。大型宴请更应照顾到各个方面，菜肴道数和分量都要适宜。无论哪一种宴请，事先均应开列菜单，并征求主管负责人的同意。获准后即可印制菜单，一桌至少一份，也可每人一份。

5. 席位安排

正式宴会一般都要排定席位，也可只排部分客人的席位，其他人只排桌次或自由入席。

无论采用哪种做法，都要在入席前通知每一个出席者，现场还要有人引导。

席位排定后，需写好座位卡。卡片用钢笔或毛笔书写，字应尽量写得大些，以便于辨认。便宴、家宴可不放座位卡，但对客人的座位也要有大致安排。

从一定意义上说，席位安排是一门精细微妙的学问。在一些正式的或非正式的宴会上，一些传统的规矩和礼仪仍为人们所遵循：如有贵客临门，则以其为尊；如客人的身份地位并无特别显赫者，则宴会座次就以年纪最大的人为尊。当然，宴请作为一种社交活动，其首要目标就应该是社交的成功。因此，席位安排应把有利于增进友谊、有利于进行交流以及有利于形成欢乐愉快的气氛放在第一位。

（二）宴请程序的安排

1. 迎宾

照惯例，主人一般在宴会厅门口迎接客人。视宴会重要程度，还可有少数其他主要人员陪同主人排列成行迎宾。主人应在所有宾客都接待后，才与贵宾交谈，做到宾主尽欢，照料周到，免得冷落了其他客人。

2. 入席

主人陪同主宾进入宴会厅，全体人员落座，宴会即开始。如休息厅较小或宴会规模较大，也可请主桌以外的客人先入座，主桌人员最后入座。

3. 致辞

我国习惯一般在热菜之后，甜食之前进行。主人先致辞，然后主宾致辞。也有一入席即致辞的。冷餐会和酒会的致辞时间较灵活。

4. 上菜

上菜应按照顺序进行。一般应先上冷盘，再上热菜，最后上甜食、水果等。上菜应从主人旁边端上来。菜上好后，由主人请客人品尝、用菜。凡两桌以上的宴会，上菜应同步。

5. 敬酒

在宴席上，主人应是第一个敬酒的人。敬酒时要依次敬遍全席，而不计较对方的地位和身份。席间主人要引导客人愉快地参与交谈，巧妙地选择话题，使席间充满欢愉的气氛。

6. 送宾

宴会结束客人起身离座时，应为其拉开坐椅，疏通走道，并将客人送出宴会厅，与客人握手告别。

三、组织和策划宴请活动的注意事项

宴请是常见的公关活动形式之一，一般情况下公关部门主持的宴请，都是为了某一特定事件，为此，一定要周密考虑：

（1）邀请有关的人员参加，切忌遗漏。

（2）掌握好入席时间。大型宴请时，主人应先等候在入口处迎接宾客。

（3）宴请时要注意仪表风度，进食要讲究文雅，忌高声谈笑。

（4）用餐时，强调节俭，反对铺张浪费，做到文明用餐。

**课堂讨论**

如何让宴请活动顺利进行？

项目七　开 放 参 观

**案例导入**

广东省江门市市民到西江水厂参观制水工艺

12月5日，160名幸运的市民作为江门市自来水有限公司水厂开放日活动的代表，实地参观了整个制水的过程，很多市民惊呼：自来水原来是要经过很复杂的工艺，才能进入千家万户的！

当天，市自来水有限公司举行成立以来的第二次水厂开放日活动，目的是在供水部门与用户之间搭建一个"零距离"的沟通平台，让用户更真实地了解供水企业的现状，也让企业更多地聆听用户的需求。

市民实地参观制水过程

当天，参加水厂开放日活动的市民代表，一大早就来到市自来水有限公司客户服务中心，他们当中既有五六岁的孩子和中学生，又有来自医院、教育、律师事务所、江门海关、企业的干部职工，更有退休老干部，个个都显得很兴奋。来自滘头办事处的梁小莎和仓后劳动所的陈幸瑜更是特别激动，她们告诉记者，自己从来没到水厂参观过，这次是带着好奇心来参加活动的。

在市自来水有限公司客户服务中心，市民们观看了相关专题片后，参观了客户服务中心，接着便乘车来到位于北新区滨江大道旁边的西江水厂。当他们来到西江边的泵房，看到吸水点的水清澈透明时，纷纷发出赞叹声：我们的饮用水源太好了。有的市民还说，能喝上这么好的水真是太幸运了。

从吸水点水源开始，到一步步净化，再到加压输送。在参观的整个过程中，市民们不停地在赞叹：没想到我市有这么先进的制水工艺，没想到我们的设备这么先进，更没想到从源水到饮用水，要经过这么复杂的工艺才能完成。

让市民提高节水意识

来自外海的陈志强带着父母、岳母、妻子、孩子及姐姐家的孩子一起来参观。他的父亲告诉记者，水厂的制水工艺很先进，有这么好的一家水厂，是江门市民的荣幸。陈志强告诉记者，水厂开放很有意义，对孩子来说，既是生动的学习课，又是很好的教育课。通过参观不仅可以让他们懂得自来水的来之不易，更会让他们从小树立节约用水的意识。

梁小莎兴奋地告诉记者："我们都是带着相机来的，我们要将参观时拍下的照片和自己的心得一起发到网上，让全社会都来保护我们的水源，珍惜水厂工人的劳动成果，养成节约用水的习惯。"陈幸瑜则说："参观水厂，对自己也有触动，水确实来之不易，每个市民都要养成节约用水的习惯。回去后，我们要将自己的感受通过网络等多种途径进行宣传，让大家都来节约用水。"

全年供水合格率达 100%

据市自来水有限公司副总经理李军介绍，如今，市自来水有限公司的日供水能力达到 48 万立方米，供水面积达 200 平方公里，网管长度达 960 公里。

据了解，为了让市民喝上放心水，公司严格按照国家饮用水卫生标准，实行由水厂净水班组、水厂化验室、公司水质化验检测中心组成的三级水质检测制度，并先后投入数百万元，添置了气相色谱检测仪、液相色谱检测仪、原子吸收检测仪等各类先进设备，全面实行每日检测、每月全分析的检测制度。同时，还通过国家城市供水水质检测网江门监测站及市疾病控制中心等单位，定期或不定期对源水和出厂水、管网水严格检测，层层把关，全年水质综合治理合格率达 100% 。

据李军介绍，为满足城市发展的需要，日供水量达 24 万立方米的西江水厂第三供水系统，今年已动工兴建，预计明年 10 月，首期日供水 12 万立方米的供水系统即可投入使用。

（根据网络佚名资料改写）

 ## 任务引入

1. 你认为开放参观有何作用？为什么？
2. 如何组织开放参观？怎样使活动更有意义与价值？

 ## 相关知识

社会组织开展公共关系活动，一方面要深入了解公众，另一方面还要积极创造条件，让公众了解社会组织的有关情况。让公众了解社会组织的一个行之有效的方法就是社会组织有计划地安排对外开放参观活动。大量事实表明，社会组织向公众开放，组织公众参观本组织，是增进与公众之间的联系和了解的手段之一。例如，日本丰田汽车公司就常组织一些对外开放参观活动，展示组织的实力和良好形象，实现和公众的有效沟通，达到了理想的公关效果。

案例：

日本丰田汽车公司在对外开放参观方面堪称范例。该公司在东京的池袋花费巨资建造了一个汽车展览馆。该馆共有八层，展品都是丰田汽车公司的轿车实物，基本上都是近十年生产的新车型。顶层是正处于研制阶段的 21 世纪用车。整个展馆布置得富丽堂皇，尤为可赞的是公众可免费自由出入，进馆后可钻入任何一部轿车，随意触摸或原地驾驶。馆中还设有电子计算机模拟赛车驾驶系统，公众可随意操纵，领略那种风驰电掣的感觉。另外，还专门用公关电影介绍丰田汽车生产线的全过程以及严格的工艺管理，并欢迎公众提出宝贵的意见，如得到采用的话可获得奖励。这种参观可使公众深刻地认识到丰田汽车公司的管理和技术水平。整个参观过程中，馆内的公关先生、公关小姐都彬彬有礼，热情解说，并再三感谢

参观者光临。临走时，参观者可得到一些纪念品，如印有各种各样丰田汽车的扑克牌。

一、开放参观的含义与作用

开放参观，顾名思义就是社会组织为了让公众更好地了解自己，将组织内部有关场所和工作流程对外开放，组织相关的公众到组织所在地参观和考察，以事实说服公众，赢得公众理解和支持的公共关系活动。

开放参观，越来越受到很多社会组织的高度重视。其作用主要有以下几点：

第一，有利于扩大组织知名度。随着开放的程度越来越高、开放的范围越来越广，就会有越来越多的公众进一步加深对本组织的了解。

第二，有利于促进组织业务发展。日本松下电器公司松下幸之助深有体会地说："让人参观工厂是推销产品的最好最快的方法之一。"该公司自 1982 年以来，每年都要接待 700 多万参观者。这些人参观后对该公司留下了深刻印象，成为该公司产品的忠实顾客。

第三，有利于和谐社区关系。苏联切尔诺贝利核电站发生事故后，香港各界对广东大亚湾核电站的安全状况纷纷表示担忧，一时满城风雨。为了消除香港市民的恐慌心理，大亚湾核电站组织香港市民代表前来参观，现场介绍安全情况，结果风波很快得以平息。

第四，有利于增强员工或家属的自豪感。北京长城饭店为了调动员工的积极性和工作热情，获得员工家属的支持和合作，决定在开业典礼半个月内，组织员工家属来饭店参观，并对这次参观活动作了精心安排。首先由饭店总经理和副总经理致欢迎词，介绍饭店情况；然后，由部门经理及各级主管与员工家属见面、交谈；最后，由两名导游带领员工家属以 50 人为一组，按事先计划好的路线和时间进行参观，气氛热烈，秩序井然。这次参观活动，使员工家属亲眼看到了饭店豪华的设施、高雅的气质、一流的服务、严格的要求，在饭店内外建立了一种和谐的人际关系和生活氛围，产生了强烈的向心力。

二、开放参观的组织与策划

（一）明确参观活动的目的和主题

对外开放不同于一般任意的参观游览。一般的参观游览，都没有明确的主题，随意性较强。而任何一次开放参观，都应确定一个明确的主题，并力图通过这次活动达到理想的效果，给参观者留下美好印象。例如，组织的科研生产技术先进，或该组织职工职业道德高尚，或该组织重视绿化、关注环境建设等，都可以是组织的某一次开放参观活动的主题。

（二）确定邀请对象

开放参观活动的邀请对象主要有三类：

（1）员工家属。社会组织邀请员工家属前来参观，让他们了解自己亲人所从事工作的重要性。

（2）逆意公众。邀请对社会组织持怀疑态度和抵触情绪的公众参加参观活动，力图改变他们对社会组织的原有态度，使他们由逆意公众转化为顺意公众，从而得到更多公众支持。

（3）新闻媒介。邀请广大新闻记者参加参观活动，以便取得他们对本组织的了解和信任，借助新闻媒体及时对外发布组织的有关信息，从而扩大组织的社会影响力。

（三）确定开放时间和参观路线

时间的确定，一方面要避开对组织不利的因素，如恶劣的气候；另一方面要尽可能争取对组织有利的因素，如本组织的喜庆日子，因为这时更能感染公众的心理情绪。参观活动不是一种自由、随便的活动，不能任由参观者随意走动，因此，要提前拟订好参观路线，如有保密和安全需要，应注意防止参观者越过界线，以免发生意外的伤亡事故和影响正常的工作秩序。

（四）做好宣传工作

社会组织可以通过适宜的传播媒介，告知公众本次开放参观活动的有关安排，如日期、告示牌、路线图和方向标志等。必要时可印制各种说明书、宣传品及纪念品。这样做，既方便了公众，也有助于增强开放参观效果。

（五）搞好接待工作

对参观者应热情周到地做好接待工作，不能怠慢。应有专门的接待人员负责登记、讲解、向导等工作；安排休息场所和茶水饮食；联系车辆以及解决来宾遇到的各种意外问题；组织负责人必要时要亲自陪同参观。

三、组织和策划开放参观活动的注意事项

组织对外开放参观时应注意以下事项：

（1）兼顾公众的参观意愿和组织的整体利益。组织公众参观活动，既要有针对性地安排参观项目，使参观者对组织有较为深入的了解，又要能适合公众的兴趣爱好。如有公众指定参观某些项目，但社会组织不能满足，应妥善解释。

（2）周密安排，谨防意外。事先安排好参观的先后顺序、持续时间等。介绍组织的相关情况，要综合运用多种手段，如文字、图形和模型等达到最佳传播效果。接待人员要妥善安排好参观活动的每一个细节，防止出现不必要的失误，并做好各种应急准备，以确保及时妥善处理。

（3）搞好食宿交通等后勤保障。组织对外开放参观活动，还要妥善安排宾客的就餐事宜，如就餐的时间、地点和规格等。对外地的参观者，还要安排住宿事宜。另外，为了确保交通安全，应对参观游览的出发时间、集合地点、车辆标志作出统一布置并告知全体参观人员。

（4）虚心征求参观者的意见和建议，积累经验，使开放参观活动产生更加积极的效果。

 课堂讨论

怎样才能使开放参观变得有意义？

 **综合测试**

一、单项选择题

1. 下列属于公关日常工作的是（　　　）。

A. 赞助活动　　　　　B. 开放参观　　　　　C. 展览会　　　　　D. 来访者接待

2. 下列属于公共关系专题活动的是（　　）。

A. 电话接待　　　　　　　　　　　B. 来访者接待

C. 新闻发布会　　　　　　　　　　D. 办理内部刊物

3. 某人在组织公关部中主要负责评估组织的形象和公关工作的效果，以寻找出现问题的原因。他属于（　　）。

A. 公关计划人员　　　　　　　　　B. 公关技术人员

C. 公关传播人员　　　　　　　　　D. 公关调查分析人员

4. 下列属于组织外部公共关系的是（　　）。

A. 员工关系　　　　　　　　　　　B. 董事关系

C. 股东关系　　　　　　　　　　　D. 科研教育关系

5. 下列特征中不是对外公共关系所应体现的组织形象的是（　　）。

A. 亲善　　　　B. 至诚　　　　C. 敬业　　　　D. 功利

6. 以下不属于公关专题活动的是（　　）。

A. 新闻发布会　　　　　　　　　　B. 赞助活动

C. 联谊活动　　　　　　　　　　　D. 社会问卷调查

7. 组织要想建立良好的内部公共关系，首要的问题是（　　）。

A. 掌握用人之道　　　　　　　　　B. 进行感情沟通

C. 理顺内部关系　　　　　　　　　D. 满足员工物质和精神需要

8. 目前，我国较为盛行的公关人员应急培养方式是（　　）。

A. 公关培训班　　B. 函授教育　　C. 大专培训班　　D. 见习培训

二、多项选择题

1. "全员 PR 管理"要求组织上下必须达到（　　）。

A. 领导有强烈的公关意识　　　　　B. 领导必须抓住每一公关环节

C. 全员加强公关配合　　　　　　　D. 每个员工都成为职业公关员

E. 营造良好的公关氛围

2. 下列属于公关专题活动的是（　　）。

A. 赞助活动　　　　　　　　　　　B. 开放参观

C. 展览会　　　　　　　　　　　　D. 来访者接待

E. 新闻发布会　　　　　　　　　　F. 联谊

3. 新闻发布会的功能体现在（　　）。

A. 提高组织形象　　　　　　　　　B. 传达领导意见

C. 信息反馈　　　　　　　　　　　D. 协调公共关系

E. 引导舆论倾向

4. 组织自我形象分析一般包括（　　）。

A. 组织实态的调查分析　　　　　　B. 组织拟态的调查分析

C. 员工阶层的调查研究　　　　　　D. 管理阶层的调查分析

E. 决策阶层的研究分析

5. 进行赞助活动必须注意以下 （   ） 原则。

A. 全局考虑与整体策划　　　　　　　　B. 传播目标明确

C. 活动合法性　　　　　　　　　　　　D. 受资助者的声誉和影响

E. 本组织的经济承受能力

6. 公共关系人员职业道德和工作准则的主要内容是 （   ）。

A. 公正和正派　　　　　　　　　　　　B. 知识和创造性

C. 对社会负责　　　　　　　　　　　　D. 经验和技能

E. 真实和保密

7. 公共关系人员的职业素质包括 （   ）。

A. 强烈的公关意识

B. 良好的心理素质

C. 高尚的职业道德

D. 合理的知识结构以及全面的工作能力

8. 处理员工关系的主要途径有 （   ）。

A. 开展各种联谊活动　　　　　　　　　B. 开展员工教育和培训

C. 建议领导改进工作作风　　　　　　　D. 建立正常的沟通渠道

三、判断题

1. 公共关系专题活动是组织以公共关系为主题，有计划、有步骤地开展的各种有特定目的和内容的社会活动。（   ）

2. 内部公共关系是社会组织公共关系的重要组成部分，也是开展各类公共关系活动的前提。（   ）

3. 公众舆论在公共关系过程中是一个确定不变的因素。（   ）

4. 企业内刊的对象是社会公众。（   ）

5. 组织形象受损的内在原因有误解、谣言，甚至人为的破坏。（   ）

6. 展览会是社会组织通过实物的展示和文字、图表等的示范表演来配合宣传组织形象和推广产品的专题活动。（   ）

7. 开放参观实际上是一个组织的公开展览。它有助于提高组织经营管理的透明度，增进外界公众对组织的了解和认同，形成组织良好的公共关系。（   ）

8. 赞助活动是社会组织向社会表示其承担的责任和义务，以扩大组织影响，提高知名度和美誉度的公共关系活动形式。（   ）

四、名词解释

1. 公共关系专题活动

2. 新闻发布会

3. 展览会

4. 赞助活动

5. 开放参观

6. 联谊

五、简答题

1. 公关专题活动的特点有哪些？
2. 公关专题活动的基本要求是什么？
3. 如何召开新闻发布会？
4. 如何制订社会赞助活动计划？
5. 如何策划和组织展览会？
6. 如何组织联谊活动？
7. 如何参加宴请？
8. 如何组织和策划开放参观活动？

六、案例分析题

1. 阅读下面案例，回答问题。

1957 年 10 月 14 日，是美国总统艾森豪威尔的 67 岁生日。华盛顿街道彩旗飘扬、标语醒目，白宫周围人山人海，华盛顿市万人空巷，等候着一个时刻的到来，这一刻，人们已经等了很久。

按照美国人的脾气，爱好自由、民主的公民们是不屑于为总统的一个区区生日而特意来凑热闹捧场的。

可是这一天，美国人却显得异乎寻常地热情、激动，到底发生了什么事？

一个月前，法国人就在各种媒介上广为宣传，为了感谢在"二战"中美军对法国人民的恩情，为了表示法美人民永远的友谊，法国人决定，在艾森豪威尔总统 67 岁寿诞之时，向美国总统敬赠两桶酿造已达 67 年的法国白兰地。这两桶极品白兰地将由专机运送，并在总统生日这天，举行盛大的赠酒仪式，向全世界表明法国人民对美国人民的友好之情。

法国白兰地？！美国人似乎一下子想了起来，那不是扬名全世界的美酒佳酿吗？我们以前怎么就没有想起来尝一尝呢？一时之间，白兰地的历史、趣闻、逸事，陆续地出现在各种媒体上。

久盼的时刻终于到了。上午 10 时，四名英俊的法国青年，穿着雪白的王宫卫士礼服，驾着法国中世纪时期的典雅马车进入白宫广场，由法国艺术家精心设计的酒桶古色古香，似已发出阵阵的美酒醇香。全场沸腾了，当四个侍者举着酒桶步入白宫时，美国人唱起了《马赛曲》，欢声雷动，掌声轰鸣，人们沉浸在欢乐的气氛中。各大新闻机构毫无例外地派出了记者。关于赠酒仪式的报道文字、图片、影像，充斥了当天美国的各大媒体。

借白兰地共叙法美友谊，缩短了白兰地与美国公众的感情距离，这是法国白兰地制造商们举行的极为成功的公关活动。它直接为白兰地进入美国市场扫清了障碍。赠酒仪式不久，一向不为美国人重视的白兰地酒，迅速成为市场上的抢手货，在人人以喝上法国白兰地为荣的背景下，法国白兰地成为供不应求的俏销产品。

（1）请指出本次活动属于什么类型的公共关系专题活动。

（2）这种专题活动的特点是什么?

2. 阅读下面案例，回答问题。

美国 IBM 公司每年都要举行一次规模隆重的庆功会，对那些在一年中作出过突出贡献的销售人员进行表彰。这种活动常常是在风光旖旎的地方，如百慕大或马霍卡岛等地进行。对 3% 的作出了突出贡献的人所进行的表彰，被称作"金环庆典"。在庆典中，IBM 公司的最高层管理人员始终在场，并主持盛大、庄重的颁奖酒宴，然后放映由公司自己制作的表现那些作出了突出贡献的销售人员的工作情况、家庭生活，乃至业务爱好的影片。在被邀请参加庆典的人中，不仅有股东代表、工人代表、社会名流，还有那些作出了突出贡献的销售人员的家属和亲友。整个庆典活动，自始至终都被录制成电视（或电影）片，然后被拿到 IBM 公司的每一个单位去放映。

IBM 公司每年一度的"金环庆典"活动，一方面是为了表彰有功人员，另一方面也是同企业职工联络感情、增进友情的一种手段。在这种庆典活动中，公司的主管同那些常年忙碌、难得一见的销售人员聚集在一起，彼此毫无拘束地谈天说地，在交流中，无形地加深了心灵的沟通，尤其是公司主管那些表示关心的语言，常常能使那些在第一线工作的销售人员"受宠若惊"。正是在这个过程中，销售人员更增强了对企业的"亲密感"和责任感。

（1）IBM 公司的庆功会在公司内部究竟有哪些重大意义?

（2）这种活动对其他公司有何借鉴? 为什么?

 实训项目

实训一：赞助活动的策划与实施

[情景设计]

某公司为了提升品质、形象，董事会决定对×××学校进行赞助。请结合本次赞助活动明确社会赞助的程序。

[角色扮演]

班级里的学生按照 6~8 人为一小组，进行角色扮演，组织策划与实施赞助活动。

[实训要求]

1. 每一小组安排写一篇赞助计划。

2. 每小组选派 1 名代表说明赞助计划的实施过程。

[效果评价]

教师教学点评、打分。见表 4-1。

表 4 – 1　　　　　　　　　　　公关专题活动评分表

专业		班级		学号		姓名	
考评场所							
考评内容	赞助活动的策划与实施						
考评标准	项目内容			分值		评分	
	赞助活动的目的与内容			10			
	赞助活动的组织与安排			10			
	活动中各单位的协作			10			
	赞助活动的时机选择			20			
	时间进度			10			
	工作流程			10			
	工作预算			10			
	合作能力			20			
总计				100			

实训二：新闻发布会的组织

[情景设计]

某企业拟在春节前在北京举办新产品发布会，准备邀请首都各大媒体的记者莅临，请模拟新闻发布会的现场，做好安排。

[工作程序]

1. 会前筹备。

2. 会议程序。

3. 会议效果检测。

[实训要求]

1. 以 8 人为一小组，扮演相关角色。

2. 确定新闻发言人。

3. 选择会议主持人。

4. 准备发言稿。

5. 制作会议费用预算。

[效果评价]

教师教学点评、打分。见表 4 – 2。

表4-2   公关专题活动评分表

专业		班级		学号		姓名	
考评场所							
考评内容	新闻发布会的组织						
考评标准	项目内容			分值		评分	
	新闻发布会的目的与内容			10			
	活动组织与安排			10			
	活动中各单位的协作			10			
	活动的时机选择			20			
	时间进度			10			
	工作流程			10			
	费用预算			10			
	合作能力			20			
总计				100			

实训三：展览会的组织与实施

[情景设计]

某企业为新产品上市，拟在国庆前在北京举办展览会，扩大影响。

[工作程序]

1. 让学生以6～8人为一小组，扮演不同角色。
2. 拟订展览会的程序。
3. 确定人员分工。
4. 费用预算。
5. 善后工作处理。

[实训要求]

1. 以组为单位撰写一篇展览会的策划报告书。
2. 每组选择1名代表阐述举办展览会的目的、计划、安排等。
3. 每组提交一份PPT文件。

[效果评价]

教师教学点评、打分。见表4-3。

表 4 – 3　　　　　　　　　　公关专题活动评分表

专业		班级		学号		姓名	
考评场所							
考评内容	展览会的组织与实施						

考评标准	项目内容	分值	评分
	展览会的目的与内容	10	
	活动组织与安排	10	
	活动中各单位的协作	10	
	活动的时机选择	20	
	时间进度	10	
	工作流程	10	
	费用预算	10	
	合作能力	20	
总计		100	

实训四：庆典活动的组织与实施

[情景设计]
某高职院校要组织30周年校庆活动，请策划并承担庆典活动的组织与实施工作。

[工作程序]
1. 让学生按6~8人为一小组，成立筹备组、接待组，模拟校庆活动的组织与实施。
2. 准备邀请嘉宾名单。
3. 准备庆典开幕词。
4. 发放邀请书。
5. 选择场地。
6. 准备纪念品。
7. 安排接待。
8. 测算基本费用、拟订书面计划。

[实训要求]
1. 每组拟订一篇校庆活动策划书。
2. 每组选派1名代表阐述策划方案。

[效果评价]
教师教学点评、打分。见表4 – 4。

表 4 − 4　　　　　　　　　　　**公关专题活动评分表**

专业		班级		学号		姓名	
考评场所							
考评内容	庆典活动的组织与实施						
考评标准	项目内容			分值		评分	
	校庆的目的与内容			10			
	校庆活动的组织与安排			10			
	活动中各单位的协作			10			
	活动的时机选择			20			
	时间进度			10			
	工作流程			10			
	费用预算			10			
	合作能力			20			
总计				100			

 课外阅读

1. 弗兰·R. 麦特拉，雷·J. 阿尔提格. 公关造势与技巧. 欧阳旭东译. 北京：中国人民大学出版社，2005.

2. 林友华，杨俊. 公关与礼仪. 北京：高等教育出版社，2008.

模块五　公关技能

学习目标与任务

　　了解公关技能的特点、作用；掌握公关技能的方法和技巧；有针对性地进行实用的公关技能训练。

项目一　公关写作

向李小龙学习公关写作

　　看过展示李小龙辉煌一生的电视剧《李小龙传奇》的朋友，一定会记得，李小龙创立的武学门派"截拳道"（源于咏春拳），其攻防之道在于"摆脱那些无谓的花架子，直截了当，将对手打倒"。好一句"直截了当"，用于公关写作上是最好不过的。

　　"直截了当"是一种追求效果的态度，传统武术有许多表演、作秀的成分，武术若过于"摆花架子"很容易流为杂耍，于格斗没什么助益，而武术战斗的真谛是："打倒对手，争取成功！"而传统文书、文体写作就是存在很多装饰、摆场面、开场白等花架子，这种中文写作的风气流传至现在，表现在公关写作上就是啰唆、冗余、无谓地绕路子等。

　　真正有效的公关写作就是"直截了当"，一如文学创作中的"开门见山"。当然，前提必须是言之有物。为什么公关喜欢将自己的稿件归类为新闻稿？原因就是新闻稿写作的中心思想就是"直截了当"，那些无谓的装缀、文学上的花哨笔法，在成功的新闻稿中很难找到。

　　把公关写作喻作打拳是挺恰当的，武功讲究内练功底，外练招数，功底与招数双管齐下才能有进步。而公关写作的功底就是你的"文学功底""哲学逻辑""艺术想象力"等，招数就是公关文体（稿件文本，如新闻稿、分析稿、方案、串词、讲话稿、产品稿等），前者是无形的，后者是有形的，将无形练就成气、成神，有形才有力而出彩，不然写出来的公关稿就徒有形而无神，说白了就是没有灵魂。

　　不要以为只有公关人员才涉及公关写作，公关写作其实流通于每个人的生活、工作当中，比如博客软文、博客介绍稿、BBS帖子、图片说明等，因要将确切的信息有效传达给受众或消费者，均可谓之公关写作。

就算是一本书的序言也可以归结为公关写作，因为只要有信息沟通、宣传的意态或动作，都可称之为公关写作。那么，想把公关写作做成功，我想，像李小龙之于武术所倡导的"直截了当"，去伪存真，直奔主题，直接达到信息传达、消费者沟通的目的，总比绕来绕去，这装那缀，这粉那墨……来得更有效。

（资料来源：中文地平线网，作者：汤树东）

 任务引入

1. 你认为上面说得有道理吗？为什么？
2. 公关写作与一般写作有何不同？为什么？

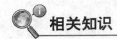 **相关知识**

一、公关文书写作

公文有广义和狭义之分。一般地说，公关类公文是指广义的公文。广义的公文是指国家机关、社会团体、企事业单位传达贯彻党和国家的方针政策、布置任务、报告情况、商洽工作、联系事务的公务文件。在公共事务活动中，公文是一个组织表达意图、陈述意见、记载事务的书面材料，是上传下达的指挥工具，也是沟通左右的联络工具，具有领导和指导、传达和教育、桥梁和纽带、凭证和依据的作用。因此，公文在公关活动中被广泛的运用。

（一）公文的种类

公文这种形式由来已久。中国最早的公文可追溯到被称为"神州古籍，以此为先"的《书经》。公文的种类十分繁复，历经演变。1951年，中央人民政府政务院颁发的公文程式分为7类。2000年8月24日，国务院发布的《国家行政机关公文处理办法》，把公文分为13种。

（1）命令（令）。适用于依照有关法律公布行政法规和规章；宣布重大的强制性行政措施、嘉奖有关单位及人员。

（2）决定。适用于对重要事项或重大行动作出安排，奖惩有关单位和个人，变更或者撤销下级机关不适当的决定事项。

（3）公告。适用于向国内外宣布重要事项或者法定事项。

（4）通告。适用于公布各有关方面应当遵守或者周知的事项。

（5）通知。适用于批转下级机关的公文，转发上级机关和不相隶属的机关的公文，传达要求下级机关办理和需要有关单位周知或者执行的事项，任免人员。

（6）通报。适用于表彰先进，批评错误，传达重要精神或者情况。

（7）议案。适用于各级人民政府按照法律程序向同级人民代表大会或人民代表大会常务委员会提请审议事项。

（8）报告。适用于向上级机关汇报工作，反映情况，答复上级机关的询问。

（9）请示。适用于向上级机关请求指示、批准。

（10）批复。适用于答复下级机关请示事项。

（11）意见。适用于对重要问题提出见解和处理办法。

（12）函。适用于不相隶属机关相互商洽工作、询问和答复问题，请求批准和答复审批事项。

（13）会议纪要。适用于记载、传达会议情况和议定事项。

此外，在实际工作中，常用的还有：批转、批示、公报、章程、条例、办法、规定、协议、合同、纪要、计划等。外交方面还有照会、声明、备忘录、抗议等。这些虽未列入国务院的 13 种公文的范围，但在实际工作中却经常用到。

以上可以看出，在公关活动中，除了命令（令）、公告、议案等几种体式不用外，大部分都要运用到。其中请示、报告、函、会议纪要等更是公关活动必须运用的文体。

（二）公文写作的要求

公文作为公关活动中的一种正式联系形式，具有一定的严肃性和规定性。在内容上，必须符合党和国家的方针政策，符合法律规范，符合实际；结构上，要层次清楚，符合逻辑；文字上，要准确、朴实、简明，符合工作需要；体式上，要符合规范。根据这些特点和要求，在公文写作中，必须做到准、实、简和专。

1．准

准，即准确。包括准确地表达和传达贯彻党和国家的方针政策；准确使用文件名称；准确填写文件的组成部分，如主送、抄送机关等；准确使用材料，包括人名、地名、时间、数据、事例等；准确引用文件、规范语言和进行准确的判断推理。总之，从内容到文字、格式，都要准确，不得马虎从事。

2．实

实，首先是内容实事求是。情况要真实，材料应选实，措施需切实，文字要朴实。不能主观臆断，闭门造车；也不能感情用事，照抄照转；或官腔十足，乱发指示。叙事要确切通俗，直截了当。说理要求清晰、实在，但不必详细论证。

3．简

简，就是指言简意赅。不使用假话、空话，不必重复众所周知的大道理，把一切可有可无的段、句、字删去。做到：和主题无关的话不讲；不能说明观点的材料不用；不是必不可少的引用材料不引用；意思反复、不必要的字句不写。

4．专

专，要求公关公文的词语，应用规范化的书面词语。词语要用确切的含义，以双音节为主。注意使用一些常用的公文专用词语，如你公司、该处、我部等称谓用语；经、业经等经办用语；前接、近接、悉等引叙用语；即请查照、希即遵照、拟等期请用语；照办、同意、可行等表态用语；当否、可否、是否可行等征询用语；请批示、请回复、请指示等期复用语；为此、对此等过渡用语；为要、为盼、为荷、特此函达等结尾用语。公关公文的语句含义完整确切，在文章中具有较强的独立性，关键性文句脱离上下文之后仍不会产生歧义。陈述句较多，祈使句次之，疑问句、感叹句再次之。一般都有专门表达公关公文主题的主题句。在公关公文语句中，大量使用介词结构。公关公文中所用的修辞方式，基本上属于消极的修辞范围，不求生动，而求明确、通顺、简洁与平允。

当然，由于公文的种类繁多，具体到一份文件来说，应该说什么，不说什么，怎样说，用什么词句，用什么语气，要根据每份文件的特定对象、目的与条件来决定。如简报、报告、经验介绍要鲜明生动；函件则要委婉平和，富有人情味；有的文件（如条例、办法），只说"应该做什么"、"应该怎样做"，却不说"为什么要这样做"。从行文关系来看，上行、平行、下行的写法也不同：下行文既要明确要求、庄重严肃，又要说明道理，切忌模棱两可；平行文需要态度谦逊，用商量的语气，不能强加于人；上行文一般要求观点明确、说理充分。

（三）公文的体式

公文都有自己的格式，要求各种格式符合规范，这不单单是个形式问题，而是为了保证文件的合法性、准确性和完整性，加快文件的运转速度，提高工作效率。

1. 公文的格式

公文的格式由眉首、主体和版记三部分组成。包括：公文份序号、秘密等级和保密期限、紧急程度、发文机关标识、发文字号和签发人，公文标题、主送机关、公文正文、附件说明、印章、成文日期和附注，主题词、抄送机关、印发机关和印发时间。

标题起着准确概括文件内容的作用，在具体写作时可能会出现以下几种情况：标题中应写明发文机关和文件名称，如《××集团公司关于召开销售工作会议的通知》；使用专用公文纸（上面印有发文单位名称，如"××集团公司文件"）时，可不写发文机关名称，写明内容和文件名称即可；有的文件，内容比较简单，可以只写发文机关和名称，或只写名称，不写文件内容，如《紧急通知》《命令》等。

主送机关是发文的主要对象。

公文的一般格式如下：

<table>
<tr><td></td><td>秘密
紧急</td></tr>
<tr><td colspan="2" align="center">×××××文件</td></tr>
<tr><td></td><td>签发人：×××</td></tr>
<tr><td colspan="2">××× ［2010］ ×号</td></tr>
<tr><td colspan="2" align="center">××××请示</td></tr>
<tr><td colspan="2">××××：</td></tr>
<tr><td colspan="2">　××××××××××××××××××××××××××××××××
××××××××××××××××××××××××××××××××
××××××××××××××××××××××××××××××××
××××××××××××××××××××××××××××××××××。</td></tr>
<tr><td colspan="2">　附件：1. ×××××××××
　　　　2. ×××××××××</td></tr>
<tr><td colspan="2" align="right">发文机关印章
二〇一〇年二月一日</td></tr>
<tr><td colspan="2">（××××）</td></tr>
<tr><td colspan="2">主题词：×××××</td></tr>
<tr><td colspan="2">抄送：×××××，×××××，×××××，×××××，×××××。</td></tr>
<tr><td>×××××××××</td><td align="right">2010 年×月×日印发</td></tr>
</table>

2．文件的书写方法和用纸

文件的书写均应由左到右、横写、横排，公文用纸一般采用国际标准 A4 型（210mm×297mm），左侧装订。

3．文件的名称与格式、行文关系必须一致

文件的名称、行文关系，既反映了文件的不同目的、要求和作用，又体现了机关间的相互关系、发文的权限和发文的范围。因此，公文写作时必须准确地选用文件的名称和适合文件性质的语言表达形式。比如，一般基层单位，不要使用"命令""指示"；企业有事通知顾客、用户，可以用"通告"，而不要用"公告"，因为只有国家机关才能发"公告"，不要把"函件"称为"报告"；"请示"和"报告"要分开，"请示"是要求上级机关答复的，而"报告"是不需答复的。"报告""请示"必须一事一报、一文一事，不要越级呈文。呈文时要注意党政分开，避免互相交叉。另外，主送单位和报送单位一定要十分明确，不要把单位和个人连在一起，也不要同时报几个部门和几位领导，避免重复指示。有的单位在呈文时，往往写上"××公司转市政府并转××市长"，这是不符合要求的。

（四）几种通用公文的撰写

1．通知

通知是公关人员使用频率最高的公文，具有多种功能，其主要特点有：

（1）应用广泛。

（2）内容单纯，行文简便。一个通知一般只用于布置和知照一项工作与事项，在写作的格式上也较其他公文灵活简便。

（3）具有执行性。通知常多用于下行文，要求下属单位予以办理和执行。

通知的结构包括标题、主送机关、正文、制发机关与行文日期。

通知在写作上要求主题集中、重点突出、讲究实效。

2．请示

请示属于下级机关向上级机关请求指示和批准的呈请性公文，其主要特点是：

（1）请示属于上行文，应向直属的上级领导机关和直属的上级主管业务部门报送，而不能向同级机关或不相隶属的机关报送请示公文。

（2）请示是要求领导机关予以回复的公文，具有强制回复的性质。要求批复是请示的显著特点之一。

（3）请示的内容必须是属于本机关职权范围内无权或确实难以处理的问题与事项，自己经过努力能够解决也有条件解决的问题不应请示。

请示的结构包括标题、主送机关、正文、制发机关与行文日期。

请示的写作要求观点明确，申请的理由与事项清楚；主题集中，一个请示就申请解决一个问题，以免由于内容复杂而拖延批复的时间；要正确选择请示的主送机关与抄送机关。

3．函

函是一种比较常见的公共文书。函以形式为标准，可划分为公函和便函；以往来关系为标准，又可分为去函和复函；以内容为标准，又可分为商洽函、请求批准函、询问函和通报函等类型。

函具有以下特点：

（1）具有特定的对立性，函以双向对应的形式出现，有来函就必须有复函，有问函就必须有答函。

（2）具有鲜明的商讨性，即发函双方具有平行的或不相隶属的公务商洽、询问答复、信息交流关系，不存在指挥与被指挥关系。

（3）具有简便性，即大体应按照公文格式行文，但要求并不严格，某些函可不设文头、编号，不写标题，行文自由。

函在写作上，要求明确具体，力求切实可行，切忌含糊不清，以免对方无法及时答复。复函内容要有针对性，同时要严格遵循"一文一事"的原则，议论说理适度，语气谦恭朴实。

4. 会议纪要

会议纪要是在会议记录基础上概括、提炼写成的，是摘要反映会议精神和情况的纪实性和指导性的公文。会议纪要有沟通情况、交流经验、统一认识、指导工作的作用。会议纪要有议决性会议纪要和周知性会议纪要两种。

会议纪要的正文包括会议的基本情况、会议的主要精神和结尾三部分。常见的写法有三种，即归纳法、概述法和发言记录式写法。

撰写会议纪要，一要突出中心，抓住重点，真正地写出会议的"要"来。二要注意真实地反映出会议的情况和与会者的观点，条理要清晰，语言要准确，表达要简明扼要，防止含糊其辞，产生歧义。

二、公共关系新闻

新闻是公共关系活动中最重要的沟通工具，也是最为广泛的社会传播媒介。任何组织要想形成某种舆论，树立其在公众心目中的形象，都要经过新闻传播来实现。因此，新闻传播媒介在公共关系业务中具有非常重要的地位。对于公共关系人员来说，撰写新闻报道稿件既是公共关系人员一项最基本的工作，也是组织与新闻界保持密切联系的纽带。因此，公共关系人员有必要掌握撰写公共关系新闻报道的知识和技术。

（一）新闻的定义

什么是新闻？通常认为，新闻就是对新近发生的，具有传播价值的事实所作的报道。

每时每刻，世界各地都发生着许许多多事情，但不可能每件事都能成为新闻，都拿出来报道。一般来说，司空见惯的事情就不能成为新闻。比如，你今天要请朋友吃饭，而这些朋友在社会上又没有什么名气，那么这件事就不可能成为新闻。如胡锦涛总书记在人民大会堂设宴招待国民党主席连战，这件事就是新闻，就值得报道。为什么前者不能成为新闻而后者却会受记者瞩目以至竞相报道呢？这就牵涉到一件事的新闻价值这个问题了。所谓新闻价值，就是要求报道的事实本身所具有的、能引起公众共同关注的各种要素。

（二）新闻的特点

一件有新闻价值的事情，通常具备以下几个特点：

1. 时效性

新闻首先强调的是"新"，也就是所报道的事情必须是新近发生的事情。新，包括两个方面的含义，一是反映的事实要新，这是新闻的基本特征。所以，新闻作者要从事实的最新变动中去抓新闻。二是选择的角度要新。新闻要引人注意，使人读后得到新的收获和启示。

2. 奇异性

新闻要奇特，才能引起人们的阅读兴趣。一件事与众不同，或者很少见，或者很奇特，它的新闻价值才高。不寻常的事情才是新闻。"物以稀为贵"，很少发生的事情其新闻价值就很高。例如，某公园里雌雄铁树同时开花，这是千载难逢的事件，一定会成为当地报纸、电台的新闻。所以编写新闻要善于抓住极其偏离人们日常生活经验和想象的事件，作为新闻的内容报道。但必须注意，决不能因为追求新奇而失实。

3. 重要性

重要性是指某一件事对某个地区或国家的政治、经济和社会生活产生一定的影响，那么这一重大事件就具有很高的新闻价值，就会成为报纸的头版新闻。可见，事件的重要性是评估新闻价值的重要标准。一篇新闻在社会上传播，会产生各种影响，有积极的，有一般的，也有消极的。我们要求公共关系人员编写新闻稿的内容应对社会公众产生积极的影响，就是说对企业的发展有促进作用，对公众个人有教育、鼓励作用，这样才会达到撰写新闻稿的目的。

4. 接近性

接近性即事件发生的地点与准备接受这一信息的公众在空间距离或心理距离上越近越好。一般人都关注其周围的事情，特别是与其密切相关的事情，最能引起他们的兴趣。比如，2005年春节前后出现的流行性脑炎，这是SARS和禽流感后出现的急性传染病，对于青少年学生的家长来说，是最重要的、最想知道的新闻。如果他们事先知道播出时间，他们一定会守候在电视机、收音机旁，唯恐错过这一报道。所以公共关系人员在写新闻稿时，必须考虑这一特性，因为具备这一特性的新闻稿被采用的机会很大。

（三）撰写新闻稿的方法

普通新闻稿必须具备六大要素（5W1H）：事件发生的时间（When）；事件发生的地点（Where）；事件牵涉何人（Who）；发生了什么事（What）；为什么会发生此事（Why）；整个事件经过如何（How）。

新闻稿结构的形式多种多样，但大多数是采用"倒金字塔"结构，它一般由标题、导语、主体、结尾四个部分组成。它的特点是头重脚轻，即把新闻的重点或结论放在最前面，然后按照事实的重要性递减的次序，逐次展开，最后把文稿的主题或重点再强调一下，给人文章结束的感觉。这种结构好处在于：一是它能够帮助写作者按次序安排材料，同时也有利于编辑的删改；二是方便读者的阅读，这种结构的新闻稿，读者不必从头到尾地阅读，只要阅读导语或其中主要段落就可以了解事件的大致情况了。其具体写法如下：

1. 精心拟题

标题通常被称作新闻的眼睛与旗帜，既能传情达意，表达出新闻的核心内容，又能帮助读者掌握精神，吸引读者了解详情。根据内容需要，新闻可拟定三种不同类型的标题，第一种是"多行标题"，含量丰富；第二种是"双行标题"，它们虚实结合，互为补充；第三种是"单行标题"，简洁、鲜明、易记。比如：

多行标题：质量、信誉、管理、服务皆求一流（引题）

奇瑞集团十年磨一剑（正题）

今年引领民族工业新潮流（副题）

双行标题：交际性、宣传性、社会性、服务性

海螺大酒店开展"四性"公关

单行标题：紧急！两架客机突遇大雾　安全！幸有海军热情导航

2. 提炼导语

新闻是以最直接、最简练的方式迅速地告诉读者发生了什么事情。导语就是新闻的开头，它的作用主要是告诉读者这条新闻的内容是什么，以制造适当的气氛，使读者乐意读下去，它要求用简洁、生动的语言，把最新鲜、最重要的时事放在前面，以便先声夺人，"立片言而居要"。导语的常见方法有下面几种：

第一种，叙述法：用直接叙述的方法简明扼要地写出新闻中最新鲜、最主要的事实。

第二种，疑问法：先把问题提出来，以引起读者关注，然后引入下文，展开叙述。

第三种，描写法：对新闻里的人和事，或现场环境，或某一侧面，作出简洁描绘，渲染气氛，以吸引读者读下去。

第四种，结论法：先作结论，然后再作叙述。

3. 展开主体

导语提出的事实或问题，要靠主体部分作具体的阐述或回答，是新闻的主干部分，是发挥主题的核心部分。主体内容的表达，有下列三种方法：

第一种，按新闻事件发生、发展的顺序表达。

第二种，按新闻事件内部的逻辑关系表达。

第三种，纵式结构和横式结构交织。现实生活的复杂性，决定了新闻结构的复杂性。

撰写新闻主体要注意以下几点：

第一，要精选材料，按事实的重要性顺序排列，做到去伪存真，去粗取精，层次清晰，观点鲜明。

第二，要交代新闻事件发生的背景，说明事件的来龙去脉。背景材料是对新闻主体的说明和解释，是新闻稿中不可缺少的内容。

所谓新闻背景材料，简单地说就是与该新闻事件的历史和环境有关的材料。如为了阐明事件的意义，从它的发展变化中温故而知新，就需要交代历史背景。有的新闻涉及国内外有关城市和地区，而读者又不一定知道，就有必要介绍一下有关地区的自然环境、风土人情等。适当介绍一下背景材料，可以正确揭示新闻事件的原因与结果、现象和本质、全局与材料、偶然与必然的关系，使读者从事件发生中，更好地了解它的社会意义。比起一般的新闻报道，公关新闻稿更重视新闻背景材料的运用，这是因为：①公共关系新闻所反映的并不是孤立的事件，它往往与社会其他行业和部门有着千丝万缕的联系，不反映这种关系，公众往往看不出事件的意义。②公共关系新闻反映本组织的业务对局外人来说，往往是十分生疏的，加上背景材料的介绍，人们对新闻事件就会有更进一步的认识。③公共关系部门所发的一般都是新闻媒介的通用稿，多提供背景材料，可供不同的新闻媒介自由选择。

在一条新闻中，背景材料没有特定的位置，一般都是在叙述事件发展过程中穿插交代背景。它可以独立成段，也可以化整为零，在新闻事件的叙述过程中，作画龙点睛的交代。

4．重视结尾

结尾是整篇新闻的收笔之处，它的作用是阐明事实的意义或指出事件发展的趋向，给读者以完整的感觉，也可以给读者留下思考的余地，应做到"凤头豹尾"。新闻的结尾，可以采用小结式、启发式、感叹式、评论式、展望式等多种形式。

（四）公共关系新闻的写作要求

1．让真实的事实说话

新闻就是要以事实来说明问题，以事实来揭示观点。新闻的来源是事实，事实是新闻的基础。用事实说话，是新闻的特点和优势。新闻的真实性包含两层含义：第一，构成新闻的"五要素"，即时间、地点、人物、事件和因果关系必须是真实的，具体到每一个人名、每一个数字、每一个细节都必须完全真实；第二，是能够反映事物本质的真实，而不是个别的、偶然的现象。

2．让新鲜的事实说话

有人说"狗咬人不是新闻，人咬狗才是新闻"，这种说法虽然有失偏颇，却道出了一定的道理，即新闻一定要新奇，一定要吸引人。写作时突出"新"字，公共关系人员要善于发现自己组织中涌现出来的新成就、新人物、新经验、新知识、新发明、新创造，要不断地把事实的最新变化、最新发展介绍给公众。有时一则成功的新闻对社会的影响比广告要深远得多。

3．让时效抓住读者

在新闻文体中，新闻界对时效性有这样的说法，"当天是金子，隔天是银子，第三天只捡得了石子"。因此，公共关系人员一定要学会随时发现、随机采集、随时写作，及时加以报道，具备"立等可取"的本领，培养新闻工作者的职业敏感，为组织树立良好的形象。

4．让典型和现场融合

要善于选取能撞击读者心灵的材料，提炼出富有新意的主题；要调动多种表现手法，着重表现人物的精神世界，着力反映他们的美好心愿；力求把读者带到现场，要有生动的画面、典型的细节。

三、公共关系简报

简报是用于各机关、单位内部和某些重要会议的一种反映情况、汇报工作、沟通信息、帮助领导及有关人员掌握情况的文书。从性质上讲，它属于一种介绍情况、交流信息的应用文。在各类文体中，简报是一种最灵活、最常见、最普遍、使用范围最广泛的文体。简报的名称很多，它可以叫"综合简报""公关简报""专题简报""××动态""××工作通讯"，还有"内部参考""情况反映"等。简报不是正式公文，不具备法律效力和行政效力。

在当今的信息社会里，简报更是起到了传播、交流、反馈信息的"轻骑兵"的作用。因此，简报也是公关活动中必不可少的工具。

从刊出的时间看，它可以是定期的，也可以是不定期的。

从刊登的内容看，它可以是专题的，也可以是综合的；可以是动态性的，也可以是经验性的。

从行为的关系看，它可以是上行的，也可以是平行的或下行的。

从阅读的范围看，有的是专供领导参考的（内部机密件），有的是有关人员都可以看到的。

（一）公关简报的制作

公关简报是公关活动中使用的一种简报形式。一般说来是一种定期出版的综合性文书，它经过良好的设计，用简明的词句及时地把社会动态、信息、本组织的经营成果和经验、作风等反映出来。对公众来说，它是一个重要的信息源，起着传播信息、沟通情况的作用。对领导来说，可以通过它提供的信息、反映的情况，更清楚地了解本组织所处的社会环境、政治环境、文化环境，为决策提供依据，从而使组织的经营建立在科学的基础上。对本单位的员工来说，可以使大家的想象力和创造力不至于因无法记载而消弭于无形，从而起到洞察形势、鼓舞士气的作用。

在公关简报上可以反映如下内容：

（1）有关组织形象的材料，文字检索，调查了解到的内部和外部公众的意见、评价和要求。

（2）组织内部工作生产情况和思想情况等方面的动态、经验和趋势。

（3）公共关系部门开展的一些公共关系活动。

（4）公共关系部门对各项工作的咨询意见和建议。

（5）公共关系有关会议。

公关简报与一般简报一样，虽然是一种传播载体，可以登载各种文体的文章，但一旦形成简报，就必须符合简报的写作要求，主要是：

（1）必须使用第三人称。

（2）必须重点突出，有明确的主题思想，做到主题单一、内容集中。

（3）必须及时、准确、客观，内容真实，据实直说，不夹杂评述性意见，但"编者按"除外。

（4）必须简短、通俗，有可读性、指导性。

（5）格式规范。

公关简报和其他简报的制作基本相同。格式分报头、正文、结尾三部分。如是综合性简报，内容较多，在报头之下还有目录（如图）。

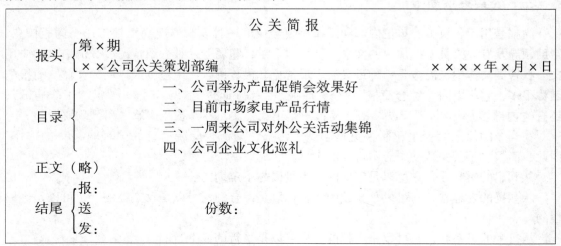

另外，如果是带有机密性的简报，还可以在首页右上角标明密级，或在末页注明发送

范围。

有些公关简报可以集中报道组织的重大事件，如公司举办产品展览会，可以随着工作进展情况，从全公司动员、产品征集、制作过程、展览效果等分阶段编报。有的公关简报可在某阶段内按照不同发展情况分别编制几次。如与外商谈判进展情况，可每天编一次简报，供领导和本单位有关员工掌握情况，以便在谈判间隙进一步商讨对策。又如样品展销会，可以把推销订货等情况汇总起来，编成简报，在客户和外商中散发，进一步扩大影响。总之，编报方法可以不同，但必须把某一件事中的重要信息、公众的情绪、主要经验体会、存在问题、采取的措施、下步安排等全面反映出来，以便领导及有关部门作参考。对某些重要问题或带倾向性的问题，公关简报可以加上按语，阐明意义，强调重要性，以引起读者的注意。

（二）公关简报的特点

公关简报的特点是由公关工作的性质和任务所决定的。综合起来，主要有四个方面：

1. 实

公关简报所用的材料必须十分可靠，如实地反映组织自身和外界的客观情况，不可靠的、道听途说的材料不能作为简报的内容。因为这不仅关系到本组织的工作问题，而且涉及声誉问题，所以编写公关简报的人员必须严肃认真，最好是身临其境，直接采写。对文中涉及的内容，切忌弄虚作假、张冠李戴。语言表达必须准确，特别是牵涉本组织外的情况，必须注意分寸，既不夸大，也不缩小，更不可讲空话、假话。如发现内容有错误，不符合事实，必须在下期简报中及时给予更正或补正。为了做到责任明确，在简报上都要署上撰稿人的姓名，选取外单位的材料，要注明材料出处。

2. 快

公关简报有很强的时限性。它的任务是把情况迅速地、及时地反映给上级部门和有关部门，或传达到下层单位和有关人员。公关简报能否发生作用，快慢是个重要因素。在竞争激烈的现代社会，一个重要信息将会决定一个组织的命运和前途，如果在问题刚发生的时候，就把简报送到领导和有关部门手中，可以及时防止事态的扩大和蔓延。当一个新事物、新创造在萌芽状态就被敏锐地抓住，就能得到支持和扶植。与此相反，若是错过了时机，竞争就会失败，问题就会发生，新事物就会夭折。当然，快的前提是尊重事实，绝不是粗制滥造。

3. 新

公关简报要反映新情况、新问题、新信息，能给人以启发和借鉴。刊登一般化的东西、过时的东西、陈腐的东西，就失去了简报"轻骑兵"的作用。在这方面，简报和新闻有共同之处。

4. 简

简报就是要简。搞得冗长、烦琐，必然拖延时间，就失去了简报迅速传递的功效。简报文字越长，看的人越少。因此，简报的文字最好在千字以下，最多不超过两千字。至于简，是在说明问题的前提下的简。简而明，是简报赖以存在的根基。因此，要求在写作时，必须做到内容集中、篇幅简短。

课堂讨论

如何才能写好公关新闻稿？为什么？

项目二　公关演讲

案例导入

林语堂的公关演讲艺术

幽默大师林语堂对演讲特别重视。首先，他认为演讲，尤其是对群众演讲，必须像女孩子穿的迷你裙一样，越短越好。其次，他认为，一篇成功的演讲，必须在事前有充分的准备，但在演讲时又让人觉察不到有准备的工夫。因此，林语堂最反对令人措手不及的临时演讲。

有一次，林语堂到一所大学参观。参观之后，校长陪同他到大餐厅和同学们共进午餐，校长深感机会难逢，临时请他对学生讲几句话。林语堂十分为难却又推无可推，于是即景生情地讲了一个笑话。他说："罗马时代，皇帝残害人民，时常把人投到斗兽场中，人活生生地被野兽吃掉，这实在是一种残忍不堪的事。有一次，皇帝又把一个人投进斗兽场里，让狮子去吃。岂料此人浑身是胆，只见他慢腾腾地走到狮子身旁，在它耳边讲了几句话，那狮子掉头就走，并不吃他。皇帝看在眼里，倍感诧异，于是再放一只老虎进去，那人依然无所畏惧地走近老虎身旁，同样和它耳语一番，那只老虎也悄悄走开了，照旧不吃他。皇帝百思不解，就把那人叫出来盘问：'你到底对狮子和老虎说了些什么，竟使它们不吃你而掉头就走呢？'那人答道：'简单得很，我只是提醒它们，吃我很容易，不过吃了以后，你得演讲一番。'"讲罢，博得满堂喝彩，然而，那位校长却被弄得啼笑皆非，显得十分尴尬。

另有一次，纽约某林氏宗亲会邀请林语堂演讲，希望借此宣扬林氏祖先的光荣事迹。他深知这种演讲是背儿媳过河——费力不讨好。因为不说些称颂祖先的话，同宗会大失所望；倘若过于吹嘘，又有失学人风范。于是他认真思索，策划了一篇短小精悍的演讲稿。他说："我们姓林的始祖，据说有商朝的比干丞相，这在《封神榜》里提到过；英勇的有《水浒传》里的林冲；旅行家有《镜花缘》里的林之洋；才女有《红楼梦》里的林黛玉。此外，还有美国大总统林肯，独自驾机飞越大西洋的林白，可谓人才辈出。"林语堂这段简单而精彩的演讲，令台下宗亲雀跃万分，禁不住鼓掌叫好。然而，当我们仔细回味他的话时，就会发现他所谈的不是小说中虚构的人物，就是与林氏毫不相干的海外名人，并未对祖先歌功颂德。

（资料来源：口才网，佚名）

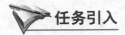任务引入

1. 你认为林语堂的公关演讲成功吗？为什么？
2. 公关演讲的准备应当如何做？

 **相关知识**

演讲又称讲演或演说，是人们为阐明事理、说服听众而进行的一种针对性很强的传播活动。演讲在公共关系活动中能激发公众形成某种意识，鼓励公众的某种行为。西方有人将演讲、原子弹和金钱并称为当代三大武器。演讲要素主要有：演讲主体——演讲者，演讲客体——听众，演讲的沟通手段——语言，演讲环境——演讲场所的时空环境和人文环境。演讲四要素缺一不可。

一、公关演讲的特点

（一）时代性

演讲是对现实社会的判断和评价，是帮助或指导公众怎样面对错综复杂的社会现实的活动，在演讲内容上和信息价值上具有时效性。

（二）说理性

演讲具有说理性，无论何种演讲都以说理为主。生动活泼的演讲总是以雄辩的事实使人折服。演讲有着严密的逻辑性，并有形象、亲切的事例，更有理中含情的魅力，动之以情，晓之以理，导之以行。

（三）针对性

演讲大都是有感而发，针对某一个问题或某一个倾向，针对某种事情而表明自己的看法和态度，抒发自己的情感，而且演讲中所涉及的人或事大都发生在自己身边，使人感到可信，容易接受。

（四）鼓动性

演讲有很强的鼓动性。首先，演讲者能旗帜鲜明地说出广大听众想说、想听并爱听的话。尤其是当听众对演讲内容已经有了某种期望时，演讲者又和听众的期望相一致，那么，听众就会被鼓动起来。其次，演讲者大都有一种激情，能感召和振奋听众。演讲者总是褒贬分明，歌颂时总是怀着激情，讽刺时总是带着辛辣，赞扬时总是亲切，鞭挞时总是愤怒。这种演讲的激情，常常会使听众被吸引、被感染，从而也被激情所鼓动。最后，演讲者所展现的演讲风采、运用的修辞手法、语音的高低变化、语调的抑扬顿挫以及一些有感召力的手势表情，都能对听众起到鼓动作用。

（五）艺术性

演讲，顾名思义，有演有讲，既需要有声语言，又需要无声态势语言，这样才能使演讲生动活泼，发挥作用。讲，要求发音准确，咬字清楚，要求充分运用语言语调和节奏的变化来提高讲的水平。演，要求表情自然、举止大方、双目有神。各种姿态，包括站相、手势、表情，都要配合演讲内容，恰到好处，优雅美观，这样才能以情动人。

二、公关演讲的作用

作为一种交流活动，优秀的演讲能震撼人们的心灵，唤起人们的思考。作为公共关系演讲，必须产生如下效果：

（一）"使人知"

这是一种以传达信息、阐明事理为主要功能的演讲。它的目的在于使人知道、明白。它的特点是知识性强、语言准确。

（二）"使人信"

这种演讲的主要目的是使人信赖、相信。它从"使人知"演讲发展而来。它的特点是观点独到、正确，论据翔实、确凿，论证合理、严密。

（三）"使人激"

这种演讲意在使听众激动起来，在思想感情上与你产生共鸣，从而欢呼、雀跃。

（四）"使人动"

这比"使人激"演讲进了一步，它可使听众产生一种欲与演讲者一起行动的想法。它的特点是鼓动性强，多以号召、呼吁式的语言结尾。

（五）"使人乐"

这是一种以活跃气氛、调节情绪，使人快乐为主要功能的演讲，多以幽默、笑话或调侃为材料，它的特点是材料幽默、语言诙谐。

三、公关演讲词及其结构

演讲词的结构要求层次分明、脉络清楚、重点突出。一般主要包括开场白、主体和结尾三部分。讲稿内容编排以"龙头、猪肚、豹尾"为宜，即开头要有生气，内容要充实，结尾要刚劲有力。

（一）开场白

开场白要精彩，开门见山。演讲需要一个好的开头来吸引听众注意，然后再清晰地阐述主要观点，得出强有力的结论。演讲一开始就要抓住听众的注意力和兴趣。

许多人喜欢以笑话开头，并在演讲中用一些笑话。幽默是好的，但是选择适合听众的笑话却是件难事。如果对笑话的合适性有所怀疑的话，还不如不说。

（二）主体

主体部分要生动严密、情理交融。主体是演讲的主要部分，要紧扣演讲主题，观点明确，逻辑严密，通过真挚的感情构筑演讲的"高潮"，入情入理，论理充分自然。

（三）结尾

结尾要画龙点睛、含蓄深刻。演讲的结尾要圆满，或总结全篇，或号召呼吁，或重申重点，或引用名言警句，抑或颂扬式结尾，要首尾呼应。例如，郭沫若在《科学的春天》中是这样结尾的："春天刚刚过去，清明即将来临。日出江花红胜火，春来江水绿如蓝。这是革命的春天，这是人民的春天，这是科学的春天！让我们张开双臂，热烈拥抱这个科学的春天吧！"

四、公关演讲词撰写规范

（一）演讲词开场白撰写要求

（1）从形式上说，要力求新颖别致、有趣味性，一下就能紧紧地抓住听众、吸引住听众。

（2）从内容上说，要有新意，出奇制胜，使人耳目一新。

（3）要有容量，意境深远，内涵丰富。

（4）要有声势，起调高亢，不稀松平常。

（二）演讲词高潮部分的处理要求

（1）思想深刻，态度明确，最集中地体现演讲者通篇演讲的思想观点，是思想内容的凝聚点，是其精华所在。

（2）感情强烈，演讲者的爱憎、喜怒哀乐在这里得到尽情宣泄。

（3）语句精练。

（三）演讲词结尾的撰写要求

（1）揭示主题，加深认识。演讲结尾不应当是内容的重复，而应当总结全篇，突出重点、深化主题。亦可以说结尾是演讲内容的高度浓缩，是主题的发挥和升华，是画龙点睛，是思想认识的飞跃。

（2）收拢全篇，统一完整。演讲结尾，是把全篇集中到一点，恰到好处地一收，即撒得开，收得拢。这样，使整个演讲显得结构完整、首尾呼应，通篇浑然一体。

（3）充满激情，促使行动。在结尾处，要以巨大的感情力量，把听众的情绪推向高潮。

（4）促人深思、耐人寻味。演讲结尾应给人意犹未尽、回味无穷的感觉，引发听众进一步思索。

五、演讲应该注意的事项

（一）演讲前的准备

首先要确立演讲的目的和主题，确保信息性、说服性和娱乐性；了解分析你的听众，充分调研所需材料；认真撰写演讲稿，准备直观辅助工具；要排练演讲，恰当使用一些幽默技巧，力求准确地向公众传达信息。没有足够的时间作准备就别指望会有好的演讲效果。如果要用幻灯机之类的设备的话，事先预演一遍是最为理想的。会场辅助设施出毛病常令人不愉快，在演讲前要认真检查。

（二）演讲时的状态

演讲也是一门艺术。在演讲中要有节奏感，掌握好时间节奏、内容节奏、语言节奏和动作节奏。掌握好语言和非语言的运用技巧，注意吸引听众注意力。演讲过程中要有良好的自我控制。在公共场合的演讲规则如下：①调整好语调，保持低音。②调整好嘴与麦克风的距离，以便坐在后面的人能听到，也没有刺耳的杂音。不要打口哨或手拍麦克风，正常说话，问问后面的人能否听到。③确定麦克风的高度正好，以便能自然站立。④演讲要说到要点上。即使是出色的即席演讲者，加入未经练习的说明也会跑题。⑤在讲台上，可以抓住边角，或做几个手势，或翻翻纸。不要编造事情，不要把口袋里的东西弄得叮当响，不要让手在面前发抖，注意使手保持静止。为表示强调，手势很重要，但到处晃动胳膊会起分散作用，听众也会分散注意力。⑥千万不要用手抓麦克风。这样会发出声响，并会使您表现出紧张状态。⑦如果感到要打喷嚏或咳嗽，只管打，但不要对着麦克风。如果连续地咳嗽，要道歉。暂停，喝口水，清一清嗓子。应该带着手绢以备用。

（三）演讲结束

如果时间到了或已经讲完了，总结性的讲话会给听众一个准备。如果您在他们开始坐立不安之前和他们希望您能讲得更多的时候结束演讲，您的听众会认为您是个出色的演讲者。演讲结束语应有力、简洁，给人以激情和回味，使之成为一个含蓄的意味深长的省略号——余音袅袅、耐人寻味。结束时要干脆，不要拖拉，要对听众表示感谢，离场时要注意自己的风度。

六、公共场合演讲中回答问题

通常演讲之后要接受提问。通过将问答阶段与几个简单的规则结合起来会更好。

首先，招呼场内所有的人，不要让他们不经点名就说话。请他们起立，如果合适，在他们提问之前要说出自己的名字和单位。重复他们的问题以便所有的人都能听到。

如果有人是在描述而不是在问问题，可插入讲话并礼貌地说："请问您的问题是什么？"

如果有人问了不能回答的问题，演讲者不必因为承认不能回答而感到为难，可以建议："也许这个屋子里有人比我知道得多，可能更适合回答您的问题。"

如果有人问了不友好的问题，演讲者可以避免回答，指出这里不是争论的地方。也可以将回答延迟，建议与他私下会谈。

如果有人一个接一个地问，不管别人，可建议会后私下谈，并说："我很欣赏您的兴趣，但其他人也有机会提问才公平。"

七、演讲准备自检清单

（1）听众是谁？我怎样才能更多地了解他们？演讲的地点如何影响着演讲的内容？是否有其他特殊事项应加以考虑？

（2）我的目的是什么？提供信息？取悦听众？说服劝诱？

我的演讲应采用哪种结构形式？字母顺序？因果关系？时间顺序？数字顺序？问题——解答？空间顺序？主题顺序？

（3）我应运用哪种方法来打动听众？逻辑祈求？情感祈求？

（4）我是否已经调整了风格以适应听众、目的和场合的需要？遣词？语气？修辞？句长？

（5）我的提纲是否完整准确？我是否有一个好的开头？正文是否有充足的材料作为支持？逸闻趣事？比较与对比？例子？事实？统计数字？权威证言？

（6）我的结论是否完整有力？我是否修改了我的讲稿？题目是否合适有趣？幽默的运用是否恰当？我是否添加了相关的、吸引人视觉的辅助手段和道具？排练是否充分？为获得成功是否要精心打扮？是否要最大限度地利用嗓音条件和身体语言？

这里需要强调的是，假如公司负责人要在一个企业论坛上发表演讲，在他进行演讲前及其演讲过程中，作为一名公关人员，你要做的工作是：检查麦克风；随身携带演讲稿；把演讲内容用录音机录下来。注意在企业内部演讲之后，公关人员不必把演讲稿寄给竞争对手。作为公关人员，如果组织一次演讲活动，演讲前准备的工作包括：了解演讲的规划、范围、规格、参加人数、演讲内容；做好宣传工作，收集有关资料；选择和布置会场；准备演讲器材等。

 课堂讨论

公关演讲应注意什么？为什么？

项目三　公 关 谈 判

 **案例导入**

艾柯卡成功秘诀

　　美国汽车业"三驾马车"之一的克莱斯勒汽车公司拥有近70亿美元的资金，是美国第十大制造企业，但自进入20世纪70年代以来该公司却屡遭厄运，从1970年至1978年的9年内，竟有4年亏损，其中1978年亏损额达2.04亿美元。在此危难之际，艾柯卡出任总经理。为了维持公司最低限度的生产活动，艾柯卡请求政府给予紧急经济援助，提供贷款担保。

　　但这一请求引起了美国社会的轩然大波，社会舆论几乎众口一词：克莱斯勒赶快倒闭吧。按照企业自由竞争原则，政府决不应该给予经济援助。最使艾柯卡感到头痛的是国会为此而举行了听证会，那简直就是在接受审判。委员会成员坐在半圆形高出地面八尺的会议桌上俯视着证人，而证人必须仰着头去看询问者。参议员、银行业务委员会主席威廉·普洛斯迈质问他："如果保证贷款案获得通过的话，那么政府对克莱斯勒将介入更深，这对你长久以来鼓吹得十分动听的主张（指自由企业的竞争）来说，不是自相矛盾吗？"

　　"你说得一点也不错，"艾柯卡回答说，"我这一辈子一直都是自由企业的拥护者，我是极不情愿来到这里的，但我们目前的处境进退维谷，除非我们能取得联邦政府的某种保证贷款，否则我根本没办法去拯救克莱斯勒。"

　　他接着说："我这不是在说谎，其实在座的参议员们都比我还清楚，克莱斯勒的请求贷款案并非首开先例。事实上，你们的账册上目前已有了4090亿美元的保证贷款，因此务请你们通融一下，不要到此为止，请你们也全力为克莱斯勒争取4100万美元的贷款吧，因为克莱斯勒乃是美国的第十大公司，它关系到60万人的工作机会。"

　　艾柯卡随后指出日本汽车正乘虚而入，如果克莱斯勒倒闭了，它的几十万职员就得成为日本的佣工，根据财政部的调查材料，如果克莱斯勒倒闭的话，国家在第一年里就得为所有失业人口花费27亿美元的保险金和福利金。所以他向国会议员们说："各位眼前有个选择，你们愿意现在就付出 27 亿呢还是将它一半作为保证贷款，日后并可全数收回？"持反对意见的国会议员无言以对，贷款终获通过。

艾柯卡所引述的材料，参议员们不一定不知道，只是他们没有去认真地分析过这些材料。艾柯卡所作的一切只是将议员知道的一切再告诉他们，并让他们真正明白他们所知道的。成功的奥妙就在这里。

任务引入

1. 你认为艾柯卡在谈判中取得成功的秘诀是什么？为什么？
2. 公关谈判应当把握哪些成功的要素？为什么？

相关知识

公共关系谈判是一项以语言为载体，运用人际传播手段进行的活动，它是公共关系实务的重要内容。组织的公关人员需要掌握公共关系谈判的语言技巧及其相应的原则和策略，运用谈判手段，协调和沟通组织与公众的关系，以实现组织的各项管理目标。

一、公共关系谈判的作用

公共关系运用谈判协调各种人际关系、组织关系，促使参与的各方共同受益，这是公共关系谈判的作用。它有利于消除和避免组织与上级部门、政府机构、合作者以及竞争者等各类公众之间的误解、纠纷与损害。它不仅是公共关系活动的重要方面，也是实现公共关系目标的必要手段。

谈判实质上是一种双方都致力于说服对方接受其要求时所运用的一种交换意见的技能，是人们旨在改变相互关系而进行的一种积极行为，其最终的目的是要达成相对于双方都有利的协议。

二、公共关系谈判的特征

（一）共同性与目的性

没有利益就没有谈判，谈判的目的是要满足自己的需要，寻求自己的利益。公共关系谈判的出发点和落脚点都体现了组织与其公众之间的利益，谈判的目的就是寻求、获得、满足利益，且是双方的利益。

（二）排斥性与合作性

谈判同时含有合作与冲突两种成分。由于谈判双方的目的是相对独立的，利益和立场上的主观性与自私性，必然导致谈判中发生分歧、冲突与矛盾。然而谈判双方都明白，谈判一旦突破临界点，就会导致破裂。谈判需要从分歧、冲突与矛盾中找出各方的利益合作点。公共关系谈判本身就是相容与合作的，没有合作就没有谈判。

（三）差异性与竞争性

谈判是说服与拒绝交织在一起的一种行为方式。在谈判过程中，谈判双方为了获得各自的利益和目标，每时每刻都存在着激烈的竞争。然而，一味地去追求得到更多的利益，往往会使谈判破裂，最终一无所获。只有双方都作出一定的妥协和让步，消除或缩小差异性，才能带来谈判中一系列精彩的竞争表演。

（四）互惠性与均等性

谈判是施与受兼而有之的互动过程。尽管每一方都想从对方那里得到最大的利益和好处，但是，如果哪一方侵害了对方的利益，同样会进入谈判的临界点，致使谈判失败，双方均一无所获，因此，应使谈判呈现出利益上的互惠与对等关系。追求自己的需要是谈判的目的，但同时又要适当满足对方的需要，这是谈判得以成功的关键。为此要求同存异，缩小分歧，寻求互惠互利的最佳结局。应该说，成功的谈判不是两败俱伤，而是每一方都是胜利者，各自满足的是差异利益，或是对方"妥协"的利益。

（五）多变性与随机性

组织利益是受多方因素制约的，有政治、经济、文化、科技等客观因素，也有谈判主体的情绪、性格、知识、文化等主观因素。这种多变性给谈判带来随机性，随机性越大，变量就越多，谈判的可控性就越低。因此，公共关系谈判只有因势而变、因机而变，才能把握主动权，控制局面。

三、公共关系谈判的原则

遵守谈判的原则是谈判成功的基础。许多事实表明，谈判应建立在互惠互利的基础上，谈判时必须在不损害国家利益、组织利益的前提下，遵循谈判的共同原则。

（一）互惠互利的原则

成功的谈判能够满足谈判各方的需求，是利益均沾，体现各方都是胜利者的新格局。谈判只有建立在互惠互利、共存共荣的基础上，才是健康的谈判。

谈判，是由双方共同利益所驱使的。各方都要从对方那里获得自己利益需要的满足，关键是争取更有利于己方的谈判。互惠互利的谈判结局对双方来说都应是有利的，但绝对的公平合理是不存在的。事实证明，有半块"面包"总比没有"面包"要好，这是谈判中的一个原则！

（二）求同存异的原则

公共关系谈判要使谈判各方面都有收获，大家都是胜利者，就必须要坚持求大同存小异的原则。古人云："将欲取之，必先与之"，"有所不为而后可以有为"，在谈判中要善于看到各个方面的共同利益和发现对方利益要求中的合理部分，并以对方的合理要求作为自己让步的依据，这样才能推动双方作出同等程度的让步，才能以存小异求得大同，才能够保证双方的基本权利和要求的实现。

（三）实事求是的原则

所谓的实事求是的原则，就是各方围绕某一问题洽商时将自己提出的要求作一番掂量：是否是客观的、符合实际的或者是强人所难、想入非非的；对于对方的要求也要作一番研究，哪些是符合实际的、真实的、公平的要求，哪些是不客观的或者是过分的要求。在分析时，应认真地为对方着想。进行换位思考，区分不同的要求，采取相应的对策。

（四）平等相待的原则

谈判是在双方平等和互相尊重的基础上展开的，谈判双方以平等地位参与洽谈协商，对于谈判中出现的不同意见分歧，要以协商的方法妥善解决，以适当的让步寻求一致，坚持平等相待的原则。谈判是智慧的较量，更是以理服人。谈判桌上，那种争雄斗气、压倒对方的谈判作风，是与谈判的真谛相悖的，只能将谈判引向破裂，只会搬起石头砸自己的脚。

除了上述的四个原则以外，还有开诚布公的原则、冷静和蔼的原则、以理服人的原则等。

四、公共关系谈判的程序

从谈判的程序上来看，公关谈判通常包括导入阶段、试探阶段、明示阶段、交锋阶段、妥协阶段和协议阶段。

（一）导入阶段

这个阶段是谈判的前奏和"序幕"，是通过介绍和被介绍使参与谈判双方相互认识的过程。在这一阶段误之一厘，在下一阶段就有可能失之千里。在开局阶段，要努力创造一个互谅互让、积极宽松的融洽气氛，这是影响整个谈判过程气氛的关键。

（二）试探阶段

这个阶段是认识双方想法的"第一印象"阶段。双方简要阐述各自的谈判目的、意图和设想，了解对方的基本想法。一般而言，概述阶段时间短，双方都较为慎重，不会出示关键资料或意见，双方是利用这段时间摸底。"投石问路"或虚张声势的策略不妨一试。

（三）明示阶段

这是谈判各方明确地表达不同立场和意见，充分暴露出分歧点并初步开展讨论的阶段。谈判各方此时会根据前一阶段表述的意见，及早确认双方的分歧，进一步明确各自的立场、观点和想法。为了解决双方的不同意见，达成协议，必须以坦诚的态度对待自己和对方的需要，外表的需要以及不易觉察的内心需求，将彼此不同的意见纳入公共利益的轨道。

（四）交锋阶段

这是双方为了获取利益、争夺优势而处于对立状态的阶段。双方的真正对立、竞争状态在这个阶段才明显展开。彼此就其观点、目标的对立进行实质性会谈，双方为达到自己的目的运用一切准备好的手段影响对方，争取使对方接受自己的条件，同时用足够的证据反驳对方提出的要求。在这种情况下，谈判人员要坚定自己的立场，既要尽可能地保证自己的利益，也要显示双方妥协的可能范围；既要用事实说明自己的观点，找出各方面的分歧和差异所在，又要运用谈判技巧和合理的妥协来缓和气氛，使谈判心平气和地进行下去，最终消除分歧差距，寻求一致，达成协议。

（五）妥协阶段

这是谈判的关键阶段。双方在经过交锋后，权衡利弊，对可能达到的目的作出让步。交锋、相持一般不可能永无休止，双方的最终目的还是渴望谈判成功。正因为如此，谈判各方都会在会谈中适当地调整目标，作一些必要的妥协和让步。各方应在坚持基本要求的基础上，寻找出共同点，寻求各方面所能接受的折中方案，使争议得到合理解决。但妥协是有范围和限度的。善于打破僵局是谈判成功的一个不可忽视的环节。

（六）协议阶段

这是谈判的最后阶段。通过洽谈，双方本着求同存异的原则，认为已基本实现了自己的目标，便拍板同意，然后由双方谈判者各代表自己一方在协议上签名、盖章，握手言和，以保持相互之间的亲切感，为下次谈判创造良好的感情基础。

在协议阶段，谈判人员要特别注意：拍板定案时，要将协议的主要条款陈述一遍，以防有误；谈判协议书文字表达要准确，内容要全面，不能产生歧义和遗漏；谈判者应熟悉谈判协议的条文，严格履行协议；握手言和，再创亲切、和谐、协调的情感气氛。

五、公共关系谈判的策略

（一）以静制动策略

以静制动策略是谈判人员有针对性地诱发对方的意图，并根据对方的意图有的放矢地寻找双方都感兴趣之处的一种策略。参加谈判者在谈判一开始就要注意观察分析，留心倾听对方的陈述，从中捕捉对方语言中透露出的信息，掌握对方的谈话内容，领会其真正意图，并从对方的谈话中寻求向对方发问的线索，以明确掌握对方的话中之话和弦外之音，并据此提出自己的观点，提出相应的问题。这样沉着应战，可以寻求有利的机会，向对方发起攻势，掌握谈判的主动权。如前所述，双方在谈判过程中各有所求，应该看到双方依存的范围越广，双方各自需求就越容易得到满足，从而要求双方要有更多的共鸣之处。双方的共鸣来自于启发所引起和明了的内在需求。双方共同努力，在满足自己需求、追求自身最大利益的同时，尽量满足对方的需求，这是妥协阶段要采取的重要策略，也是谈判取得成功的最佳选择。

（二）驾驭语言策略

公共关系谈判有赖于信息交换，而信息交换离不开语言作为媒介。谈判各方立场和利益的冲突、纷争，不仅表现为谈判者智慧和意志力的较量，而且往往直接反映为谈判桌上"唇枪舌剑"的斗争。有成就的谈判者，往往是那些成功地驾驭语言、谙熟语言技巧的艺术大师。

公共关系谈判的语言技巧主要有以下几点：谈判中聆听的技巧；谈判的修辞逻辑技巧；谈判中巧避锋芒或沉着应对；谈判中巧用模糊性语言。谈判双方表明观点和意图，彼此产生对立情绪，相互争论不休时，告诉对方"对这个问题我只有这么大的权力，如果再让步，只能去同上司谈判"，这样可以让对方感到继续争论下去是没有结果的。从某种意义上说，权力只有受到限制时才会成为真正的力量，而一个大权独揽的谈判者并不一定总是处于有利地位的。

（三）曲径通幽策略

当谈判在交锋阶段，双方相持不下出现横眉冷对场面，场内已无法打破僵局时，此时暂时休会，采取"私下接触"策略，也许能够找到新的突破口，出现"柳暗花明又一村"的局面。通过私下接触，一方面，可以调整自己的情绪，寻求自己观点的依据，重新考虑一下让步区间；另一方面，也可以认真分析一下对方的观点是否有道理，以便采取新的对策。

（四）绵里藏针策略

绵里藏针策略是指掌握一定的弹性来应付真真假假、虚虚实实的种种伎俩的重要对策。在谈判交锋阶段，谈判者要善于随着谈判过程的发展，根据时间、地点、条件的不同来精心考虑动的方向和动的区间。一般来说，买方应采取缓慢让步的方式，先慢慢开始，吝于让步，在长时间内作出一定的妥协；卖方把握"以动应变"是建立在可让区间的基础上，先作出较大的让步，然后作较长时间的缓慢让步。寻求国家的方针、政策、法律法令，以及其他具有科学性、权威性的文献、文字材料，在谈判中引以为据，能够增加说服力，会不知不觉地对对方产生一种威慑力量，使得对方能够接受协议的相应条件。在谈判中，卖方常常采取这种策略来束缚对方。面对这种束缚，有经验的买方也可以摆脱束缚，寻找更有说服力的依据，改变卖方的原有条款。

（五）掌握时机策略

谈判过程中，要有效地掌握谈判时机，准确把握和选择最佳时间，以争取收到最理想的效果。要善于忍耐，等待有利于自己的最佳时机，出其不意予以反击。更要见好就收，适可而止。如果把某一方置于死地，那么双方都将一无所得。谈判妥协阶段已经到了再没有回旋余地的时候，可以作出最后通牒："要么接受，要么就算了。"这种策略实际上是把对方逼到毫无选择的境地，容易引起对方的敌意，不到万不得已，不要轻易采用这种策略。

（六）扭转乾坤策略

尽管满足双方的需要是谈判的前提，但无论哪方总是希望谈判最后的结果对自己有利。因此各执一词，相持不下，谈判出现僵局是常有的事。一旦出现这种情况，为了使谈判不破裂，就要善于运用扭转乾坤策略，打破僵局。

从语言角度来说，转换一下话题，调节一下紧张的气氛，是一种有效的扭转乾坤策略。这种转移话题扭转僵局的方法，如运用得当，常常使谈判绕了一个圈子后，成功地达成双方都能接受的协议。但转移话题必须注意：

（1）必须视具体情况、具体对象因地制宜就近转移，不能不着边际，随心所欲，风马牛不相及。

（2）转移的话题主题，必须围绕预定的目标。预定的目标不变，话题也不能变，虽然不涉及正题，但必须与正题有关。

（3）话题展开要循序渐进、环环相扣、自然而然地向正题靠拢，在对方不知不觉中，使彼此话题重新纳入正题。

（4）语言的表达必须做到情理交融，刚柔相济。

 **课堂讨论**

如何在公关谈判中运用掌握时机策略、扭转乾坤策略？

项目四　公关广告

 **案例导入**

蒙牛变心，"快男"如何复制"超女"

在"超女"成功后，湖南卫视今年又推出了"快男"品牌，然而此时"超女"系列品牌已经结束了和蒙牛的蜜月期，而"快男"的名称也不具备"超级"特色，因此"快男"的冠名也变得如此复杂。

"周六不要离开湖南，我来长沙，请你们吃饭。"7月3日，湖南卫视总编辑兼广告部主任樊旭文收到了一条来自客户的短信。发信者是仁和闪亮副总裁、仁和集团的媒介总监方立松。就在不久前，这家客户所冠名的《快乐男声》已成为同时段收视率和市场占有率最高的节目。

樊旭文说这话的时候，不免骄傲："与仁和闪亮谈定冠名赞助只花了一周的时间。客户相信，我们会想尽办法去传播他们的品牌，而且做起事来八九不离十。"

选择赞助商偏爱快企业，连续两届"超女"的冠名，蒙牛的边际效应开始递减，双方不再打算继续下去。最初对《超级男声》的冠名，湖南卫视一直在与百事可乐谈。但是，名称变了，"快男"能否延续"超女"的品牌？又能否为市场接受？这是意外的风险。百事可乐出现了迟疑，需要重新评估冠名的价值。而此时，因为批文下得迟，湖南卫视的时间已经很紧，虽然欧阳常林声称并不担心冠名商，但是，"速度"已经成为寻找冠名商的一个关键词。

对"快男"来说，冠名赞助是商业链条中最重要的一环了。就如樊旭文所言，赞助商将与湖南卫视一起搭建"快男"的传播平台，不仅是广告客户的关系，更是品牌合作伙伴。在蒙牛成为"超女"的赞助商后，除了对湖南卫视的资金投入，还投入了若干倍于冠名费的资金在自有销售渠道上推广"酸酸乳"与"超女"。

既然是合作伙伴，对"快男"来说，选择什么样的赞助商其实也是在选择影响力。但在"快男"之前，仁和并非大品牌企业，这家地处中部江西的企业，在当地也非龙头。

但是樊旭文并不这么看。"你知道，我们做节目常常是非常规打法，在创新中异军突起。所以我们在选择合作伙伴的时候，除了品牌企业，还偏爱那种像蒙牛一样快速成长的企业。我们不仅仅卖广告，更是给对方策划、创意、执行的'一揽子'提供者，并且这是重中之重。"

不过樊旭文也有条底线，赞助商与节目必须有契合度，他认为，这是双方合作最终共赢的基础。双方有了结合点，大家就好配合，宣传起来也能结合得很自然，植入广告中才能贴切。不过，契合点则可以通过策划与创意来灵活获得。"酸酸乳"是针对女生的，所以产品能与"超女"契合，"酸酸甜甜就是我"；吉列的锋利与"谁是英雄"是契合的，这是产品属性的契合；还有当地一款"开口笑"的酒类产品，在元宵灯会节目时，就把客户的广告设置成密码，"元宵喜乐会，我要开口笑"。

湖南卫视与仁和的合作，从仁和冠名"闪亮新主播"开始，仁和产品也从消费者毫不知晓，达到了市场占有率第三。

所以湖南卫视与仁和在合作"快男"时，就淡化滴眼液的产品实体，而强化闪亮的品牌属性。

樊旭文说，最初"快乐男声，唱得响亮"的口号，也变更为"快乐男声，唱得闪亮"。而在"快男"赛事期间，仁和也推出了仁和闪亮牙洁素。

"不能把冠名只当做广告看，我们是在活动中互相融合，互相关联，不仅体现在屏幕、现场、主持人话语上，还体现在我们的推介上，譬如我接受采访，也会为仁和作推介。在户外、公交站牌、平面、网站、电台的沟通上，我们也会为合作伙伴推介。湖南卫视对'快男'的所有传播与推广，都必须带上'仁和闪亮'四个字。"

这一如湖南卫视与蒙牛在"超女"上合作的思路，当时欧阳常林的一句经典话语是"除了电视台的名称不能叫蒙牛，其他什么都可以用蒙牛"。

在"快男"与冠名商的商业链条上，仁和此次则重点在网站平台上做"快男"的宣传，同时仁和还在T字头的列车上做"仁和闪亮，快乐男声"的广告。

事实上，除了冠名商，插播广告对"快男"来说同样是一笔大收入。据工作人员介绍，"快男"的冠名收入与插播广告收入比例在6:7左右。而据欧阳常林台长在一次业内研讨会上透露，今年"快男"的营销收入在1.5亿元。另一种说法是，仁和以5000万元获得"快男"的冠名。

但对广告部来说，"快男"的重点客户必须聚焦。观看湖南卫视《快乐大本营》《变形计》《音乐不断》等栏目的观众也会发现，当"快男"们走入这些节目时，主持人和节目背景中都会出现仁和闪亮的植入式广告。这些传播在湖南卫视与仁和的冠名合同中并没有说明。但是只要有传播的机会，广告部都会去使用。

樊旭文说："插播广告对湖南卫视当然也很重要。但是，一个重点是，我们必须集中资源推一个品牌，一下把它做到极致。资源太分散了，就无法集中拳头。这种事情，我们是2004年开始做的，与发展状态有关系。集中做品牌，做大客户。我们做广告的思维是，如何给企业带去回报。在这方面，我们是'不遗余力'地做好，也会与节目组、总编室、台领导去进行沟通。"

其实樊旭文的观点，是湖南卫视品牌广告策略的延续体现，这家地方卫视在广告突破10亿元的势头下开始着重于广告环境，鲜有超过15～30秒的广告，哪怕到深夜，也不出售垃圾广告，而在这种诉求下，理性的选择是，必须将重点放在大客户的培养上。

在湖南卫视欧阳常林台长看来，"快男"属于特价营销。特价营销的概念始于"超女"，"广告部、总编室、节目生产部门、覆盖办四大部门密切合作，四轮驱动相互配合抓创收，从根本上改变过去广告部单一运作的生产营销模式。通过大品牌营销集中做好几个大的营销客户，然后把栏目、节目做特价营销"。在李浩的戏称中，特价营销是比常规广告更贵的广告。

（选自中国公关网，佚名）

任务引入

1. 你认为上面分析得有道理吗？为什么？
2. 公关广告与一般商业广告的联系与区别何在？

相关知识

广告是公共关系中的重要传播媒介，被人们称为第八艺术。把广告意识引入公共关系，则形成公共关系广告。公关广告是一种设法增进公众对组织的总体性了解，提高组织的知名度和美誉度，从而使组织的行动得到公众信任与合作的广告。密特朗能在竞选中获胜，当选为法国总统，同塞格拉为他做的那次成功的宣传广告有着密不可分的关系。塞格拉在他的著作《明天，他将是一位大明星》中论及此事。塞格拉首先为密特朗设计了一个"密特朗的一代"的公关广告："洛拉的手伸向未来，天真无邪的蓝眼睛盯着从伯伯（密特朗的昵称）四面八方射出的希望之光。"这一宣传广告起到了很好的作用，但仅维持了两个月。当密特朗正式出面表态参加竞选时，这一公关宣传广告的神奇作用已经发挥完了。塞格拉又开始为密特朗设计另一公关广告。经过了无数个不眠之夜后，塞格拉提出用"统一的法兰西"作为广告宣传的主题。为了使广告宣传画更引人注目，他们采用了 3 种广告牌：第一个广告牌为蓝色，第二个为白色，第三个为红色。这些公关广告对密特朗的竞选起到了很好的作用。

一、公关广告与商业广告的区别

公共关系广告又称"形象塑造广告"，它通过花钱购买大众或公众传播机会，传播产品之外的各种与公众有关的组织信息来扩大组织的影响，提高组织在公众中的声誉，以期树立一个良好的组织形象。

公共关系广告是一种特殊形态的广告，与一般的商业广告相比，具有不同的传播特征。其不同之处如下表所示：

比较项目 广告类型	广告行为	广告性质	广告内容	制作周期	费用	认识路线
公关广告	长期行为	公关内容	企业信誉	长	高	公众→企业→产品
商业广告	短期行为	促销内容	产品特色	短	低	公众→产品→企业

尽管公共关系广告和商业广告的最终目的都是促进产品销售，但商业广告推销的是商品，公共关系广告推销的是企业。要公众"买我"还是要公众"爱我"是商业广告与公共关系广告的本质区别。

（一）实力广告

实力广告是以提高企业的知名度和树立良好的形象为主要目标的广告形式。此类广告大多以介绍组织的人才、技术等实力为主，在广告中列举组织中的著名人物和高层次技术人员、管理人员，以及他们的研究成果、工作实际以及对社会的贡献等。例如，巨能钙的广告词是"8 位博士、16 位硕士，经过 48 位专家论证"，体现了巨能钙注重科技的特点。长治洗衣机厂的广告词是"产值过亿元，销量上百万，赢利超千万"，列举了多年来海棠牌洗衣机的产量、产值、利税数字，树立了企业形象。美国可口可乐公司经典广告语"永远的可口可乐"，最能表达该公司的实力和精神内涵。

（二）响应广告

响应广告是用广告形式响应社会生活中某一重大主题，说明组织与社会生活各方面的关联性和共同性。另一种常见的"响应广告"是祝贺性广告。如某公司新开业，以同行的身份刊登广告致以热烈的祝贺，这是表示愿意合作，共同繁荣，也是表示欢迎正当竞争。

（三）观念广告

观念广告是向社会公众宣传组织精神、价值观念或管理哲学，而不直接宣传组织信誉的广告。观念广告以塑造组织品格、建立和改善某种观念行为为目的。如长虹的"长虹以产业报国、民族昌盛为己任"、海尔的"真诚到永远"和 TCL 的"为顾客创造价值"等。

（四）公益广告

公益广告，顾名思义，是旨在为社会提供无偿服务，义务向公众宣传教育的非商业性广告。一般就某些观念、规则、道德或哲理向公众进行告知、劝导和提醒。其作用有两个：一是传播社会文明，弘扬道德风尚，提高公众的素质，以唤醒人们对社会问题的密切关注，促进社会健康发展；二是组织通过它树立自身良好的社会形象，巩固自己的品牌形象。

（五）赞助广告

赞助广告是利用具有社会轰动效应的各类社会活动，由组织出资赞助，从中取得刊登广告的机会，以说明其是赞助单位等，来博得公众好感的广告。例如，美国的可口可乐公司几十年来将其视角坚忍不拔地伸向体育世界，以致 1988 年国际奥委会主席萨马兰奇在瑞士洛桑亲自将一枚奥林匹克勋章授予可口可乐公司主席罗相图·敦思达，以表彰可口可乐公司对奥林匹克作出的贡献。由此可见，组织赞助广告是为了赢得企业声誉、建立产品信誉而做的战略性宣传，而不是为眼前利益所作的战术性宣传。

（六）创意广告

创意广告是宣传组织的形象，建立组织信誉的一种广告形式。可以选择组织的历史成就、政策主张，或开展社会活动等作为广告的内容，树立组织为社会发展、为广大公众谋福祉的良好形象。如诺基亚的"科技以人为本"的创意广告把其内涵发挥得淋漓尽致。事实证明，诺基亚能够从一个小品牌一跃成为移动电话市场第一品牌，正是尊崇这一理念，从产品开发到人才管理，真正体现"以人为本"的理念，赢得了社会公众的普遍赞同。

（七）倡议广告

倡议广告是以组织名义率先发起某种社会活动，或提供某种有意义的新观念的广告。这些公关广告语都是社会关注的热点，具有鲜明的思想性和艺术性，时效性强。例如，广州市汽车公司率先向全省其他行业和人民发出倡议："大家都来讲普通话。"广州牙膏厂在市内一些广场的草地上竖立广告牌："每公顷草地能吸收××二氧化碳，请爱护草地。"

（八）致意广告

致意广告是向广大公众表示感谢合作成功之意，提高组织知名度；或用于向公众承认错误，表示歉意；或向公众陈述事实真相，不隐瞒、不推卸责任，明确表示组织敢于承担社会责任，并提出改进措施，以求得公众的支持和谅解。这类广告的制作，并无多大窍门，关键在于是否真诚、是否有勇气。

二、公关广告的策划

想要很好地利用公关广告，首先应对公关广告的设计要求有所了解。第一，公关广告要真实、客观。人们喜欢和相信那些诚实说出自己缺点的人。公关广告也应这样，避免自我吹嘘和哗众取宠。第二，主题要明确、突出，不可含糊其辞。如麦克唐纳快餐连锁店的广告口号十分响亮："品质上乘、服务周到、地方清洁。"第三，构思要新颖、独特。要使自己的公关广告不至于淹没于现代广告战的汪洋大海中，就必须标新立异、独辟蹊径。第四，标题要醒目、鲜明。标题在广告中非常重要，它既能提示广告作品的主题，又能概括广告的内容，还能起到引起公众兴趣、美化广告版面的作用。第五，语言要简练、易记。公关广告语言只有简明扼要、生动新颖、通俗上口，才能易被公众记忆。第六，妙用插图、色彩。据调查，广告中有插图，那么阅读插图和说明的人是阅读正文的人的两倍。广告的色彩可以开拓文字的意义，吸引读者的注意力，引导视线的移动方向与创造愉快的气氛，从而扩大读者对广告信息的感知度。第七，在发布时要注意选择适当媒介，适当时机。同时还要加强效果检测，与其他传播方式配合使用。

影响公关广告效果的因素很多，任何组织要想制定出成功的公关广告，就必须在策划公关广告时，既遵循公关广告的创作原则，又体现公关广告的个性特征。

（一）以特定的思想选题

公关广告应以特定的思想选题，融思想性于艺术性之中。例如，美国的戒烟广告告诫人们："为了使地毯没有洞，也为了使您的肺部没有洞——请不要吸烟。"

（二）以倡导的方式交流

如丰田汽车公司在台湾的代理商——和泰汽车股份有限公司，就曾发起过一个公关广告运动，宣传交通安全，并在报上刊登系列广告，主要用漫画形式提醒司机注意几种危险。此广告创意颇佳，画面活泼流畅，给人以深刻印象。广告运动持续了一个半月，其后进行的市场问卷表明，公众对和泰的认知率上升了 23.2%，支持率上升了 19.6%，营业额亦有显著提高。由于该广告运动创下的佳绩，使和泰继续居于台湾最大汽车销售企业之一的地位。

（三）以情感的手段表达

公关广告如能把观念依附在较易被人接受的情感成分上，则容易引起公众共鸣。美国BBDD 广告公司，支持发动了一个募捐的广告运动，援助那些失去依靠的孤儿。它以报刊广告为主，最突出的一幅，是两个偎依在一起的孤儿，那可怜的目光注视着读者，一只有力的大手伸向他们，标题是"GIVE"（给予），主题鲜明，震撼力强，结果 2200 个社会福利团体得到了充足经费，而且 BBDD 广告公司的业务量也骤然猛增，一直居全世界最大的广告公司前列。

（四）以新闻的眼光观察

公关广告只有具备时效性特征，才会吸引更多的人给予关注。海湾战争爆发以后，美国商业界共有 1.127 万家公司，不远万里地向部署在沙特阿拉伯沙漠中的军队赠送物品，而且都是无偿的。例如，士兵们最需要的饮料和香烟，百事可乐公司、可口可乐公司和香烟老板就整箱整箱地送；维尔登体育用品公司向部队提供了 100 根高尔夫球棒和 1000 个高尔夫球；有的公司则赠送纸牌、飞盘和太阳镜；有的公司还邀请知名度较高的人员作为代表专程陪送。舆论界认为：任何一次战争都没有像海湾战争那样——士兵们收到本国商业界送来如此之多的礼物。老板们如此慷慨大方，恐怕除了对自己的国家和士兵真诚的爱以外，这也是一种高明的公关手段。因为在海湾战争爆发的几周里，任何人在电视上出现的次数都比不上美国士兵多，电视台日日夜夜都在报道："我们在海湾的小伙子们……"人们最关心海湾战争，收视率最高的也就是报道海湾战争的节目。人们通过电视屏幕看到了士兵手中的可乐饮料和万宝路香烟，这无疑是这些公司最佳的公关广告。

（五）以一贯的形象展示

广告主题应注意一贯性，但宣传的内容、角度和手法等则应不断创新。当美国的麦当劳快餐店打到了中国的首都，在北京繁华地段安营扎寨后，不仅给北京人带来一股清新的气息，也带来了一种全新的价值观念——全国人大开眼界的求实工作作风。麦当劳在北京选择了适合自己特色的公关广告传播方式——打扫公共卫生。在宽阔的长安街上，在幽静的中山公园里，在游人如织的崇文门地铁车站，身穿麦当劳服装的快餐店职员们，手持清洁工具，又擦又扫，一丝不苟，令过往行人赞叹不已，使北京掀起了一股旋风——麦当劳热！这一具有鲜明公关广告色彩的活动，充分体现了麦当劳一贯的经营理念：Q、S、C＋V，即品质、服务、清洁＋价值。

公共关系广告制胜的技巧是：主题鲜明、简洁，受众明确、有针对性，讲究诚实，力戒虚浮，确定必要与可能性，选准并把握时机，制定媒体传播策略，制作系列广告并体现其特征，还应配合其他广告并定期评价广告的效果。

三、公关广告创作的原则

公关广告创作应遵守以下四个原则：

（一）吸引注意的原则

消费者对商品的爱好具有较强的选择性，一般说来，广告中大量宣传并引起消费者注意的产品大体有以下特征：质优价廉或优质名牌；价格适中，消费者可以接受；时髦性产品；休闲性产品；促进健康的产品；省时省力的产品；售后服务好的产品。所以广告创作时要注意这些特征，做广告时要注意突出其中的个性才能引起消费者注意，如做药品广告，如果称此药无病不治，百分之百有效，那实际上就是从反面说明此药无效，充其量只相当于"万金油"，消费者是不会相信的。只有根据消费者的选择设计，并针对消费者的需求层次和兴趣，运用艺术手法进行特殊设计，才能取得最好的宣传效果。

（二）通俗易懂的原则

广告必须被人理解，才能在吸引消费者注意力的基础上，对消费者产生刺激，使公众在心理上产生较深的印象。因此要尽量使用浅显易懂的广告文字和风趣的语言，使人容易理解和记忆。尽量避免消费者不认识，又不理解的晦涩、难认和怪僻的广告用语，在广告创作中要尽量使用情感化、生活化的艺术画面，使公众在接收广告信息的同时获得精神的享受，增强认同感。

（三）诚实信任的原则

广告宣传要赢得信任感，在广告创作时就必须以客观事实为依据，坚持实事求是，如实向公众宣传产品的性能、质量，而不能搞虚假或失实的广告欺骗消费者。为推销新开发的太阳神生物保健口服液，广东太阳神集团有限公司上海分公司，于1994年7月19日在上海某大报上刊登通栏产品广告。广告中为衬托该口服液能"为您体内装一台空调"的宣传，以醒目的字体宣称："本市高温天气还将持续20多天！"而根据上海市中心气象台提供的有关气象资料记载，1994年7月19日至8月19日的31天期间，上海市35℃以上高温天气仅为7天。广东太阳神集团有限公司上海分公司的上述行为不仅与事实不符，而且违反了《广告管理条例》的有关规定，上海市人民政府也有过明文规定，任何单位或公司不得利用过时失效的虚假的天气预报做广告。徐汇区工商局依法责令其在同一报纸上以相同的版面和篇幅刊登更正启事，并处以数万元人民币的罚款。

（四）亲和召唤的原则

消费者对广告宣传的产品的判断原则是：一是此产品是否需要；二是购买此产品是否对自己有利。因此，广告宣传的重点和要点是刺激消费者的需要。心理学把需要分为五个层次，即生理的需要、安全的需要、爱的需要、地位的需要、成就感的需要。例如，化妆品就要利用"爱美之心，人皆有之"的心理以爱的需要进行刺激；价格高昂的精品就选用地位和成就的需要进行刺激；日常生活中的必需品如米、面、盐则以购买价廉、方便、实惠的生理需要进行刺激；易燃易爆物品的容器，如液化气瓶、灭火剂之类则以安全的需要进行刺激。

任何一种新产品面世，都可能有多种号召力，广告创作就是要通过研究，找出最具号召力的方面，例如"脚癣一次净"就是以30分钟快速治愈脚气作为号召力取得了巨大成功。

四、公关广告创作的要素

广告作品的创作要素有五个，即主题、创意、语言、形象和衬托。成功的广告把五个要素有机地结合起来，成为一个完整的广告作品。五个要素中的后四个要素是为表现主题服务的。

（一）主题

俗话说："题好一半文。"主题是广告的灵魂和核心，是向公众宣传的主要问题。一个成功的广告一定要有鲜明的主题，使公众在接收到广告的信息以后，明白广告告诉给他们的是什么，对他们有什么好处，力求为他们做些什么，明白这则广告给他们提供了什么信息。作为一个产品，需要告诉公众的内容很多，而作为广告主题只能选择最重要的有鲜明的个性特点。例如，"××洗发精，价廉物美"，突出一个"廉"字；"好马配好鞍，好车配风帆"，突出产品质量好；"IBM就是服务"，突出服务，这三则广告主题鲜明，给人留下深刻的印象。

广告主题必须体现广告策略。广告主题的创作技巧各异，实践中应坚持为目标市场消费者服务，按照不同地域的民族习惯、语言习惯、公众的消费心理进行构思，使之有鲜明的思想性、明确的目标市场和高超的艺术性，新颖而不落俗套，能激起公众的兴趣，引起公众的共鸣，以期引起购买行为，所以广告主题可用下列公式来表示：

广告主题 = 广告决策 + 信息内涵 + 消费者心理

（二）创意

创意是表现广告主题的构思活动，通过创造意境来表现主题，广告的创意能否表现主题，直接关系到广告效果。创意的原则是摆脱旧的意识和经验的约束，抓住灵机一动的火花，用新的观念创作别具一格的广告。

（三）语言

语言是广告传递信息的手段和工具，它必须以文字稿为基础，充分强调产品的优点和特点，加强权威机构评议的宣传，以达到诱导公众购买的目的。一幅广告的语言，应包括以下内容：使用商标、商品名称、商品性能和特点、商品的用途和办法、对消费者有什么好处、售后服务、购买地点等。

语言的基本要求是准确、真实、简洁、鲜明、生动、感人、有趣、口语化、短而精、发人深思，迎合公众需要，解除人们的顾虑，触动人的意识，使文稿可读性强，读后不感到乏味，有一种亲切感、可信感，能在心中引起激情，得到艺术上的享受，从而导致对商品产生好感。成功的广告在表现商品性质时，不说"用户第一，质量至上，实行三包"之类的套话，更不说"誉满全球"之类的大话，制作药品广告时也不说"无效退款"之类的无法实现的话，因为药已吃了，有效无效谁来鉴定？谁又会为几块钱的药费花几百元的路费找厂家退款？

（四）形象

广告形象要生动别致，充分调动各种艺术手段，为产品树立优美的形象，引人注目，增加消费者的信任感，使消费者留下美好而深刻的印象。例如，"梁兴记"牙刷广告形象就十分贴切、生动有趣。新中国成立前，上海报纸和市区的许多广告牌上，经常可以看见一幅有趣的广告画，一位胡须飘拂、神采奕奕的老人，他脚踩在一根牙刷把上，手里拿着一把老虎钳，夹住牙刷上的毛，做用力拔毛的姿势，老人头上大汗淋漓，牙刷被他拉弯了，可牙刷上的毛就是拔不下来。广告上方是醒目的大字：梁兴牌牙刷——"一毛不拔"。这里把一毛不拔贬词正用，取得了令人难忘的印象。总之，广告中的形象要紧扣广告主题，为主题服务，不可出现与主题无关的杂乱无章的形象。

（五）衬托

"红花虽好，也要绿叶扶持。"用衬托来表现广告，可以使广告主题更突出，强化广告的号召力和感染力，提高广告的注意度和记忆度。例如，荣事达洗衣机的电视广告画面就十分有趣，在家喻户晓的黄梅戏乐曲声中，在青山绿水的衬托下，牛郎挑着担子，前面是荣事达洗衣机，后面是两个孩子，让人忍俊不禁，感到新鲜有趣，产生美好的联想，有力地衬托了产品的主题，使人经久难忘。

在衬托运用上要时刻注意的，就是衬托不得干扰主题的表现，不可喧宾夺主，在广告活动中，广告的创造是通过对广告五要素的创造而实现的。

五、公关广告的创意

所谓广告创意即广告构思，指广告设计人员，按照广告提供的信息和要求，经过形象思维和精心策划，将所掌握的材料塑造成广告艺术形象和形成某种意念的过程。

一个广告的成功与失败，决定于创意的强弱，一则有创意的广告，能够获得意想不到的效果。在计算机行业中，IBM是绝少第一个把先进的科技产品推上市的，但它往往后来居上，奥妙何在？国际商用机器公司（IBM）总裁托马斯·丁·沃森说："'优良服务'，在国际商用机器公司，已经成为一种自动反射式习惯。他们曾经登出一份广告，上面只简简单单用粗体字印着'国际商用机器公司就意味着服务'，这应是公司最好的一份广告。因为它十分清楚地表明：公司是要在为用户提供最佳服务方面独步全球；国际商用机器公司的合同，所提供的不是机器，而是机器服务，也就是设备本身以及由本公司职工所继续提供的建议和咨询。"衡量广告创意的标准是：广告给消费者以一种愉快的感觉；广告要显示具有首创、革新、改进的精神；广告能列出商品和服务的真正优点（个性），能为消费者解决问题；广告要有明确的承诺；广告含义要有潜在的推销力量；广告内容符合国家法律规范，遵守职业道德，无副作用。达到以上标准，就可以说是一则有创意的成功的广告。如何使广告有创意并达到上述标准呢？具体办法有：

（1）广告内容必须新奇而又贴切。新奇和贴切是创意广告的最高境界和最高目标。经常挖掘产品的新意，推陈出新。例如，保险公司的一则广告：金鱼缸里金鱼优哉游哉，突然鱼缸坠地、破碎，鱼在地上扑腾、挣扎，生命垂危。没有想到画面从金鱼扑腾、鱼缸坠地，渐渐地完好如初。随即出现"参加保险、化险为夷"八个大字，人们恍然大悟，这才明白这是保险公司宣传业务用的广告。十分复杂、十分抽象的道理用十分简易的形象比喻来表现，给人以深刻的启示，留下了难忘的印象。

（2）必须使自己宣传的商品具有个性，在公众中留下与众不同的独一无二的形象。有人不明白这个道理，在制作广告时，过分强调"共性"的东西，如电视机图像清晰，钟表走时准确，洗衣机省时省力……结果是为市场所有同类产品作了广告，为他人作了嫁衣。

（3）广告内容形象化。在创意广告策划时要时时想到公众在接收广告信息时，所记住的基本上是他们最有兴趣、最为关心的内容。成功的广告都有一个概括产品中心内容的主信息，这个主信息应让观众一看，就在头脑中留下深刻印象。主信息的出现有多种方法，有的是开门见山、强调主题，和盘托出；有的巧设悬念、曲径通幽，最后交代主题。两种方法可根据商品个性，分别使用。

（4）广告形式简单化。广告形式要简洁，做到恰到好处，一切与主题无关、可有可无的语言、画面、音乐、情节，要毫不犹豫地摒弃，否则广告就是无中心，无中心就是多中心的具体表现。这种广告在公众的头脑中好像大街上的烟酒、杂货店，尽管店里商品应有尽有，但却没有精品，没有一样商品能让人经久不忘。

（5）表现手法要具有生动性、艺术性、趣味性，为此可采取以下手法表述：

①示范型。由广告演员和名人现身说法，说明商品的优越性。

②情节型。把广告内容编成一个小故事，模仿在观众中影响大的戏曲和电视剧情节。如"镇脑宁"广告就是借用《渴望》中的刘大妈的口吻加以宣传，使人感到生动、有趣。

③对话型。让广告演员在广告中相互对话介绍商品的商标、性能、用途、质量、效果。例如，威海木工机床厂广告宣传中的对白："柱子?""工友牌"。"好，那我也去买一台"。接着推出广告口号："工友，工友，木工之友。"使人感到亲切自然。

④歌谣型。以歌曲和音乐来表现主题，塑造商品形象。如小霸王牌中英文电脑学习机，推出歌谣型广告词："你拍六，我拍六，小霸王出了486……"

⑤推荐型。请社会上名人出面推荐。例如，香港明星汪明荃为"万家乐"做广告："要买热水器呀，我告诉你吧，我用了许多热水器，万家乐是最好的。"

⑥漫画型。运用夸张虚构的手法做广告。

⑦精选广告口号。把广告中最有价值、最能满足消费者需要的内容，用生动准确的语言概括出来，这就是广告口号。一个成功的广告，离不开绝妙有趣的广告语。好的广告语，不仅给人以美的享受，也是激发消费者购买的催化剂，会给组织带来无穷的财富。不生动的口号无法吸引公众，不准确的口号，容易使广告失实，产生副作用，有时甚至会起到反面效果。

广告口号在短短的时间里，提醒人们注意广告的主信息，广告口号有字幕、歌谣、旁白……使人产生联想，经久不忘。

现将近年来从电视报刊上收集的部分广告口号附录于后，供设计广告时参考。

家用电器广告：

格力电器，创造良机（格力电器）

天上彩虹，人间长虹（长虹电视机）

只要你拥有春兰空调，春天将永远伴随着你（春兰空调）

万家乐，乐万家（万家乐热水器）

春花吸尘器，开辟新天地（春花吸尘器）

菊花电扇，风凉世界（菊花电扇）

默默无"蚊"的奉献（华立牌驱蚊器）

日用品广告：

蓝色的爱，清清世界（海鸥高级洗衣粉）

酸甜冷热都不怕（上海防酸牙膏）

几度风华在蜂花（蜂花洗发液）

今年二十，明年十八（白丽香皂）

食品广告：

臭名远扬，香飘万里（王致和臭豆腐）

味道好极了（雀巢咖啡）

晶晶亮，透心凉（雪碧饮料）

维维豆奶，欢乐开怀（维维豆奶）

孔府家酒，叫人想家（孔府家酒）

凤凰泉啤酒，酒中的凤凰（江苏凤凰泉啤酒有限公司）

自行车及车锁广告：

独立，从掌握一辆凤凰车开始（凤凰牌自行车）

一旦拥有，别无"锁"求（广东固力制锁公司）

金狮自行车，"骑"乐无穷（金狮自行车）

安琪儿，自行车王国的天使（安琪儿自行车）

其他：

古有毕昇，今有方正（北大方正彩色出版系统）

车到山前必有路，有路必有丰田车（日本丰田汽车公司）

拥有桑塔纳，走遍天下都不怕（桑塔纳轿车）

不打不相识（佳友牌打字机）

千山万水隔不断，伊达电话传真情（伊达电话）

万事皆具备，成功靠东风（东风汽车）

看电视离不了，不看电视也需要（《中国电视报》）

 课堂讨论

你认为公关广告的创意体现在何处？举例说明。

一、单项选择题

1. 演讲又称（　　）或演说。

A. 表演　　　　　　　B. 讲演　　　　　　　C. 说话　　　　　　　D. 演出

2. 演讲词一般包括开场白、（　　）和结尾。

A. 中间　　　　　　　B. 核心　　　　　　　C. 主体　　　　　　　D. 导论

3. 公关谈判是一种（　　）谈判。

A. 生动性　　　　　　B. 简单性　　　　　　C. 一般式　　　　　　D. 特殊式

4. 公关谈判是一种（　　）谈判。

A. 输—赢　　　　　　B. 赢—输　　　　　　C. 赢—赢　　　　　　D. 输—输

5. 采取私下接触策略应当在谈判的（　　）阶段进行。

A. 明示　　　　　　　B. 协议　　　　　　　C. 试探　　　　　　　D. 交锋

6. "广告"一词是20世纪（　　）由西方传入我国的。

A. 20年代　　　　　　B. 30年代　　　　　　C. 40年代　　　　　　D. 50年代

7. "中国人的生活，中国人的美菱"属于（　　）广告。

A. 公益　　　　　　　B. 实力　　　　　　　C. 祝贺　　　　　　　D. 征询

8. 公文用纸一般采用国际标准（　　）型（210mm×297mm）。

A. A3　　　　　　　　B. A5　　　　　　　　C. A4　　　　　　　　D. A6

二、多项选择题

1. 公关文书的特点是（　　）。

A. 传播的实用性　　　　　　　　　　　B. 格式的规范性

C. 使用的广泛性   D. 法定的权威性

E. 表达的艺术性

2. 公关广告的作用是（   ）。

A. 扩大社会影响   B. 争取社会支持

C. 提高公信力   D. 消除误会

E. 留下永恒的印象

3. 公关谈判的原则包括（   ）。

A. 互惠互利原则   B. 求同存异原则   C. 实事求是原则

D. 平等相待原则   E. 真诚和善原则

4. 演讲词的结构要求是（   ）。

A. 层次分明   B. 主题通络   C. 脉络清楚   D. 重点突出

E. 首尾连贯

5. 公关谈判需要从（   ）中找出利益的合作点。

A. 分歧   B. 冲突   C. 矛盾   D. 斗争

E. 友好

6. 广告标题形式有（   ）。

A. 新闻式   B. 建议式   C. 设问式   D. 对比式

E. 告诫式

7. 确定正式谈判对象，要把握（   ）。

A. 知己   B. 知彼   C. 平衡分析   D. 利益权衡

E. 矛盾冲突

8. 演讲前的准备工作包括（   ）。

A. 确立目的和主题   B. 精心选题，广集材料

C. 认真撰稿，准备工具   D. 真挚感人，态势传情

E. 反复修饰，排练演讲

三、判断题

1. 公关演讲是一种针对性不强的传播活动。   （   ）

2. 公文的格式由眉首、主体和版记三部分组成。   （   ）

3. 找准传媒渠道是广告策划的关键。   （   ）

4. 公关广告正文一般由"起、承、合、分"四个层次构成。   （   ）

5. 公关谈判是施与受兼而有之的互动过程。   （   ）

四、名词解释

1. 新闻

2. 慷慨激昂式

3. 公益广告

4. 互惠性与对等性

五、简答题

1. 简述公关简报制作内容。
2. 简述公关演讲的撰写规范。
3. 简述公关谈判的程序。
4. 简述公关广告应遵循的原则。

六、案例分析题

1. 阅读下面案例，回答问题。

金六福广告案例及解析

画面：都市，高楼林立的街道。下水道由里向外推镜头：井盖被推开。俯视：井盖空着，就像一个黑黑的陷阱；一个西装革履的男性白领边打手机［画外音：OK（脚步声）］边从一座五星级宾馆里走出来。［画外者：OK（脚步声）］前面就是没有井盖的下水口了，男子仍打着手机。［画外音：OK（脚步声）］他对即将到来的危险一无所知。就在男子的一脚踏向空洞的井口时，突然一个戴着头盔的脑袋冒了上来正好顶住了男子踏空的一只脚。［画外音：OK（脚步声）］男子安然无恙地继续前行。男子和两三个好友一起品尝福星酒，品牌标版：金六福，中国人的福酒。（画外音：喝福星酒，运气就是这么好！）

金六福广告策划分析：

（一）广告目标——品牌

品牌的打造关键是品牌主题的设计，一个品牌没有明确的主题，品牌形象就会模糊不清，广告传播效果也会大打折扣，品牌资产的积累将成为更大的问题。福星酒天生与好运关联。一系列的定位市场策略、品牌形象确立等工作之后，品牌自然而然地就呈现出"喝福星酒，运气就是这么好"的主题，而且和主品牌金六福的定位"中国人的福酒"一脉相承。

金六福能喝出全家福，这一策略既强化了其品牌文化和内涵，又深入人心，以简胜繁。打造成功的品牌形象需要长期的全方位的市场策略，如果在最初的光环中昏昏欲睡，终将会像一颗流星一样，只会留给人们瞬间的美好回忆。尽管在道理上谁都懂，但事实上并不是每家企业都能很好地执行。

金六福的高明之处在于，它是在不断地演绎着福运品牌形象，将个人的福提升到民族的福，品牌形象的塑造一步一步向前推进，烘托的气势是一浪高过一浪，让人们真正感受到福运的气氛在袭击过来。

北京申奥成功，金六福酒被中国申奥代表团高高举起，以示成功的喜庆，金六福成为人们为民族喜事欢呼雀跃之时的庆功美酒，其意义已远远超出了酒的范畴，而成为一种象征，即人们为国事举杯祝贺的佳酿。金六福在这时就不失时机地将其福运文化品牌的塑造推到了一个新的高潮。

金六福就是这样不断地提升福文化的范围，它不仅象征着个人的福，而且还是全中国人的福、民族的福。这时候，金六福的广告语也变成了："金六福，中国人的福酒。"这种定位已将金六福的品牌文化提升到一种民族的福。

（二）广告定位——福文化

古往今来，关于白酒的诗句可谓多如牛毛："人生得意须尽欢，莫使金樽空对月"；"酒逢知己千杯少"；等等，这些国人几乎都已耳熟能详的诗句，无不折射出白酒在中国这个已有几千年文明历史中曾有的重要地位。无疑，白酒业是我国历史悠久的传统民族工业，酒是中华五千年的文化产物，它积淀了历史，积淀了品牌。但随着近年来白酒市场竞争的日益加剧以及人们消费品位的日益升迁，白酒遭受到了前所未有的冷遇与落寞。就连许多白酒知名企业也深感举步维艰。寻找白酒新的生机使其焕发更美的光彩，成为白酒业人士的头等大事。

以文化作为营销点来运作的一些白酒企业取得了不错的效果，值得深思和借鉴。比如在这方面做得不错的泸州老窖、全兴等，运用"文化"二字就成功地提升了其产品的内在价值。不过，对文化的理解，许多企业却过于肤浅。例如，提到文化，就等同于源远流长、吉利、交友等内容。做文化的文章，更重要的是应该结合时代节奏对其进行深度细分。在未来10年内，或许更短，白酒品牌的价值定位应该以传统文化为支撑，以人文意识、人格化与某种生活情趣的象征为突破点来展开。这是一种趋势，是时代发展的必然。换句话说，也就是企业要在挖掘传统文化的基础上，对品牌及市场进行细分，确立能引发特定目标消费群体共鸣的品牌价值，使品牌具有鲜明的个性。

无疑，金六福是一个中高档白酒品牌，它的消费人群在于那些富裕起来过上好日子的中高档收入者（它的广告词"好日子离不开金六福"已经很明白无误地传达了这一信息），因此，普通质次低廉的促销品既不符合产品特点，也不符合企业形象；更重要的一点是，消费金六福，购买金六福，消费购买的不仅是身具五粮液贵族品质平民化价位的酒类产品本身，而且更是吉祥、如意、喜庆和福气，是寿（寿比南山的寿），是富（荣华富贵的富），是康宁（安康和宁静的康宁），是好德（品行和德行），是佳和合（家和才能万事兴），是子念慈（儿女孝顺），所谓金酒一开，六福至矣。这才是金六福反复诉求和告诉人们的。这一点也是金六福本身的真正内涵。

（三）广告主题——勤吆喝

金六福尽管出道时间不长，然而知名度却高得出奇，靠酒吃饭，哪个不知道旋风小子金六福？提起金六福，几乎人人都能说上那句"好日子离不开金六福"的广告词。看来前一段时间，金六福从中央台到地方台的广告轰炸还是见了效。据悉，现在的金六福系列酒中，三星的金六福和六福酒销得极为火暴，在中档酒中大有一边倒的趋势。

金六福走红的秘诀是什么？通过金六福的热卖我们不能不有所思考。好酒也怕巷子深、酒好还得勤吆喝，金六福人深深懂得吆喝的哲学和技巧。尽管金六福诞生在酒市萎缩、竞争激烈的90年代，而且工商联合买断经营的方式又使金六福带有先天性的缺陷和不足，然而它却知道在品牌营销的年代里，品牌是巨大的无形资产，一个新品牌要想在短期内被公众认知和接受就必须借助媒体的力量，时间就是生命，依托媒体，使得金六福赢得了时间上的优势，抢在了同一起跑者的前面。然后广告宣传版本的成功运用又使金六福把时间上的优势发挥到了极致。先卖产品，再树形象的广告策略符合事物发展的一般规律，符合人们认识事物的一般规律，同时也极大地配合了产品的销售。从好日子篇，到神仙篇，再到卓尔不凡篇，层进式的广告诉求不仅提升了金六福酒的品质和形象，更显示出其背后操作者的良苦用心。

可见，在金六福的前期市场运作中，吆喝与坚挺有着密不可分的联系，吆喝在金六福的坚挺过程中也发挥了极为重要的作用。然而，透过这个表层，我们还应看到，金六福人做市场有着独特的风格和个性。不拘泥于常理，不按陈规旧俗，使得金六福这匹黑马格外引人注目，庞大的直销队伍，超常规的高额返利，不仅没有使市场一派混乱，相反倒更井井有条，这似乎是令许多人感到不可想象的一个奇迹。

吆喝即广告促销只是坚挺的一个要素，除了丰富的市场操作经验，产品畅销还有诸多的因素，在这诸多因素中，其中不能不提到的是酒质。酒质是基础，这一点在今天争夺消费者比争夺经销商更激烈的酒界里已成为一个共识。

（四）广告组合——体育组合

2001 年金六福在大手笔的动作下，实施体育营销的策略，创作围绕着金六福 2001 ~ 2004 年中国奥委会合作伙伴、第 28 届奥运会中国代表团庆功白酒、第 24 届大学生运动会中国代表团唯一庆功白酒、第 14 届亚运会中国代表团唯一庆功白酒、第 19 届冬季奥运会中国代表团唯一庆功白酒、中国足球队 2001 年出线唯一庆功酒等称号展开。在体育营销这个平台上面，金六福福星酒又分两条线路有条不紊地走着。国足出线后，媒体将米卢誉为中国足球的神奇教练和好运福星，米卢的好运和福星的大众形象与金六福公司的品牌文化定位不谋而合，金六福公司力邀其担当福星酒的形象代言人。一身红色唐装的米卢端起福星酒，笑眯眯地向观众说："喝福星酒，运气就是这么好！"

虽然米卢平时很少喝酒，对中国白酒更是滴酒不沾，但他还是接下了中国队进军 2002 年世界杯唯一庆功白酒金六福的这段广告，成为了金六福企业形象代言人，这也是米卢生平拍摄的第一个广告片。

都说 2001 年是中国年，申奥成功、国足出线、APEC 会议的举行都是中国人的大喜事。刚刚在上海举行的 APEC 会议上，国家元首们的唐装形象可谓轰动，现在又借势将它用在米卢身上。

广告片和平面广告匆匆出台，遗憾一堆。但广告效果却出奇的好。米卢说："喝福星酒，运气就是这么好！"谁能不信呢？谁又能拒绝福星酒带来的好运气呢？这更加证明：在广告创作中最重要的首先是策略，即使创意和制作稍许差强人意，但只要策略正确，成功总是能够保证的。

金六福还利用 2001 年中国足球队出线而不失时机地开展公关活动，向国足们献上庆功酒。在庆功酒的新闻发布会上指定：金六福酒为国足世界杯出线专用庆功酒，并授权北京金六福酒有限公司生产销售 9999 瓶庆功珍藏酒。金六福在会上算是大出风头，米卢从金六福总经理吴向东手中接过期号珍藏证书时，还迫不及待地询问什么时候才能真正拿到那瓶属于自己的酒，已是满面春风。

（根据网络佚名资料改写）

（1）你认为案例分析得正确吗？为什么？

（2）倘若让你来重新策划金六福的公关广告，你如何做？

2. 阅读下面案例，回答问题。

各位领导、各位评委、各位来宾：

大家好！我演讲的题目是：平凡岗位寄深情，双手铸就文明城。

鸠兹山鸠兹水，鸠兹风光惹人醉。市民广场人如织，城关夜色美如画。××县历经数十载的风雨历程，从泥泞和坎坷中走来，正抖落一身的风霜，微笑着，毅然前行……江河在奔腾中书写着它的恢弘，蓝天在宁静中袒露着它的旷远，而岁月就在悄然中见证着它的历史。在这儿，激情与浪漫在冲撞，心愿与憧憬在热动。不必走遍中华大地，身居此地，就能感受翻天覆地的变化。

一座座花园式住宅小区拔地而起；一条条亮堂堂的柏油马路宽广平整；不久前还是荒芜贫瘠的土地，如今工业园区已经勃然兴起；不久前还是沟壑纵横的荒地，如今一座风景秀丽的公园已经崛地而起。清晨，鸟语花香，到处是晨练的人群；傍晚，万家灯火美不胜收，一派祥和安宁！

多么和谐美丽的一幅图画呀！

每当清晨的第一缕阳光洒向这座城市的时候，此时的你或许正在享受它的宁静和温暖，享受着它的清新和浪漫，享受着它的整洁和美丽，你可知道是谁把我们这座城市装扮得如此美丽、如此灿烂夺目？是他们，是那些披星戴月日夜辛勤劳作的环卫工人。

是他们，用一把扫帚扫出了城市的文明；是他们，用一个簸箕端出了城市的整洁；是他们，每天清晨奏响了劳动乐章的第一个音符。

无论是数九寒天还是炎热三伏，哪里有污垢，哪里有垃圾，哪里就有他们劳动的笑声。虽然他们灰土满身，虽然他们两手黑染，虽然他们两脚污泥，但他们的心灵却放出五彩的光芒，他们宁愿用双手去涂染美丽的天空！

是的，环卫工人们是平凡的，平凡得不被人看重，平凡得不被人知晓，可是他们却在自己的轨道上发出一束束的光和热，去无私地照耀别人。正是有了无数颗不知名的星星，才组成那壮丽的银河；正是有了无数颗不知名的星星，才会聚成那样璀璨的星空！

诗人艾青有一句诗："为什么我的眼里常含泪水，因为我对这片土地爱得深沉。"面对这片养育了我们的热土，可曾意识到，我们也有维护城市文明卫生的义务和责任？城市是我家，创建靠大家！作为一名城管卫士，我该做些什么呢？

城市形象就是城市最大的"名片"，而赋予名片生命的，其中就有我和我的同事们。为精心擦亮城市这张最大的"名片"，我甘愿做"马路天使"。坚持科学发展观，创建和谐社会，维护市容整洁，这不仅仅是我们的一种责任，更是一种肩负的使命。任重而道远，是我不懈追求的目标；奉献青春和热血，是我不懈追求的梦想！

"经济要发展，文明必先行。"作为有悠久历史的××县正在轰轰烈烈地开展创建活动，努力没有白费，安徽省文明县城的称号已经收入囊中。为了给广大市民营造一个更加干净、整洁、舒适、优美的生活环境和工作环境，县委、县政府站在推进城市化的战略高度，发出了争创全国文明县城的号召。为了争创成功，党政班子一本经，四大领导一条心，打响了轰轰烈烈的创建总体战。人心齐，泰山移，作为这个城市的主人，我感到骄傲和自豪，我为自己是一名城管卫士感到骄傲，我为自己能给这个世界增光添彩感到自豪！我们应齐心协力，共同唱响文明创建的凯歌！

如今，县城正显现出城新景靓、水净路畅、树绿花香的新景象。身为一名热血青年，我要付出自己的实际行动，为我们和我们的下一代创造出更加美好的生活图景。

"长风破浪会有时，直挂云帆济沧海！"既然选择了城市管理事业，选择了为人民服务，哪怕再苦再累，我们也无怨无悔。我坚信有了我们的共同努力，头顶的天会更蓝，脚下的地会更绿，眼前的景会更美，孕育生命的水会更清！

让我们在经济发展和社会进步的时代浪潮中，乘风破浪，排礁远航，愿我们的家乡——××县更加美丽辉煌！

（资料来源：中国口才网，佚名）

（1）这篇公关演讲稿成功之处何在？为什么？

（2）从公关演讲的角度分析这篇演讲稿存在哪些不足并说明原因。

 **实训项目**

实训一：撰写庆祝活动的新闻稿

[情景设计]

某大学刚刚毕业的李阳到某大型电子产品销售公司工作，正赶上公司即将举行18周年的庆祝活动。公关部要求他参与组织并写一篇庆祝活动的新闻稿。

[角色扮演]

班级按6~8人为一小组，分别扮演不同角色，模拟全过程。

[实训要求]

1. 确定庆祝活动的程序、邀请嘉宾、客户代表、供应商、媒体记者、同行单位领导、员工代表等。

2. 布置会场，要求有特色、喜庆、热闹。

3. 确定庆祝活动的费用安排。

4. 每组写一篇庆祝活动新闻稿。

[效果评价]

教师教学点评、打分。见表5-1。

表5-1 公关文书评价评分表

专业		班级		学号		姓名	
考评场所							
考评内容	撰写庆祝活动的新闻稿						
考评标准	项目内容				分值		评分
	庆祝的目的与内容				10		
	庆祝活动的组织与安排				10		
	活动中各单位的协作				10		
	活动的时机选择				20		
	工作流程				10		
	费用预算				10		
	新闻稿写作				30		
总计					100		

实训二：撰写演讲稿

[情景设计]

某单位即将举办一场"树新风"演讲活动。小王作为某高职院校的实习生，被安排在该单位公关部，部长交给他一项任务，协助举办演讲会，写一篇演讲稿。

[工作程序]

1. 安排演讲场地。
2. 确定布置会场的人员，各司其职。
3. 确定主持人、点评人。
4. 安排音响。
5. 草拟演讲稿。

[实训要求]

1. 以6～8人为一小组，确定各人的任务、目标。
2. 确定演讲会主持人、演讲人。
3. 布置会场。
4. 安排演讲程序。
5. 每组写一篇演讲稿，确定一人模拟演讲。

[效果评价]

教师教学点评、打分。见表5-2。

表5-2　　　　　　　　　公关文书评价评分表

专业		班级		学号		姓名	
考评场所							
考评内容	撰写演讲稿						
考评标准	项目内容			分值		评分	
	演讲的目的与内容			10			
	演讲活动的组织与安排			10			
	活动中各部门的协作			10			
	活动的时机选择			20			
	工作流程			10			
	费用预算			10			
	演讲稿写作			30			
总计				100			

实训三：撰写谈判书

[情景设计]

某公司已经与 G 公司决定就某生活用品的项目达成相关协议，可是，围绕价格、供货期限等没有最后敲定，于是，两公司定于下周在某会议中心谈判。小刘是某高职院校的应届毕业生，刚刚被录用，公关部决定让他协助参与谈判活动，草拟一篇谈判文书。

[实训要求]

1．以 6~8 人为一小组，确定谈判的角色模拟。

2．安排谈判的程序。

3．确定谈判的策略。

4．确定谈判的让步技巧。

5．每组写一篇谈判文书。

[效果评价]

教师教学点评、打分。见表 5-3。

表 5-3　　　　　　　　　　　公关文书评价评分表

专业		班级		学号		姓名	
考评场所							
考评内容	撰写谈判书						
考评标准	项目内容			分值		评分	
	谈判的目的与内容			10			
	谈判活动的组织与安排			10			
	活动中各部门的协作			10			
	活动的时机选择			20			
	工作流程			10			
	谈判技巧的运用			10			
	谈判稿写作			30			
总计				100			

实训四：广告制作与推广

[情景设计]

某企业的知名度、美誉度不够，小章刚刚被录用为某广告公司的员工，策划部决定让他参与某企业的广告制作与推广工作，请你帮助他完成此项任务。

[实训要求]

1．以 6~8 人为一组，确定广告策划的角色模拟。

2．安排广告制作的程序。

3．确定广告制作的基本原则。

4. 每组写一篇广告稿和策划书。

[效果评价]

教师教学点评、打分。见表5－4。

表5－4　　　　　　　　　　　公关文书评价评分表

专业		班级		学号		姓名	
考评场所							
考评内容	广告制作与推广						
考评标准	项目内容			分值		评分	
	广告的目的与内容			10			
	广告活动的策划与安排			10			
	活动中各部门的协作			10			
	活动的时机选择			20			
	工作流程			10			
	广告技巧的运用			10			
	广告稿写作			30			
总计				100			

 课外阅读

1. 何春辉. 中外公关案例宝典. 杭州：浙江大学出版社，2004.

2.《演讲与口才》杂志

3.《社交礼仪》杂志

4. 中国口才网

5. 中国公关网

模块六　公关礼仪

学习目标与任务

　　熟练掌握公关礼仪的概念，了解礼仪的历史发展、特点及重要性，重点掌握日常生活中及一些特殊场合的交际方法和技巧。

项目一　日常交往礼仪

案例导入

英国人日常交往礼仪

　　英国人在正式场合注重礼节和风度，极强调所谓的"绅士风度"。它不仅表现在英国人对妇女的尊重与照顾等方面，而且也见于英国人的仪表整洁、服饰得体和举止有方。

　　在交际活动中，握手礼是英国人使用最多的见面礼节。在一般情况下，与他人见面时，英国人既不会像美国人那样随随便便地"Hi"上一声作罢，也不会像法国人那样非要跟对方热烈地拥抱、亲吻不可。英国人认为，那些做法，都有失风度。

　　在进行交谈时，英国人，特别是那些上年纪的英国人，喜欢别人称呼其世袭爵位或荣誉的头衔。至少，也要郑重其事地称之为"阁下""先生"或是"小姐""夫人"。

　　英国人喜欢饮酒，酒吧在英国比比皆是。英国的威士忌酒，与法国的白兰地和中国的茅台酒并列为世界三大名酒。除酒以外，大多数英国人嗜茶如命，特别喜欢饮红茶。

　　英国人十分喜爱玫瑰、月季、蔷薇花。而百合花和菊花被视为死亡的象征，英国人十分忌讳。

　　英国人平时十分宠爱动物，尤其是狗和猫。只是对于黑色的猫，他们是十分厌恶的。此外，他们也不喜欢大象。

　　在色彩方面，英国人偏爱蓝色、红色与白色。它们是英国国旗的主要色彩。英国人所反感的色彩，主要是墨绿色。

　　英国人在图案方面的禁忌甚多。大象、孔雀、猫头鹰等图案，都会令他们大为反感。

英国人忌讳的数字主要是"13"与"星期五"。当二者恰巧碰在一起时，不少英国人都会产生大难临头之感。

与英国人打交道时，需要了解英国人的主要民俗禁忌还有下列几条：一是忌当众打喷嚏；二是忌讳用同一根火柴连续点燃两支香烟；三是忌讳把鞋子放在桌子上；四是忌讳在屋子里撑伞；五是忌讳从梯子下面走过。

在英国，动手拍打别人，跷起"二郎腿"，右手拇指与食指构成"V"形时手背向外，都是失礼的动作。

（根据网络佚名资料改写）

任务引入

1. 你认为英国人的日常交往礼仪对我们的公关交往有哪些启迪？为什么？
2. 日常交往礼仪中有哪些失礼的举动？如何纠正？

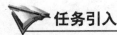 相关知识

构成礼仪最基本的三大要素是：语言（包括书面、口头和体态的）、行为表情和服饰配物。据此，我们可以将礼仪分为静态礼仪和动态礼仪两种。

一、静态礼仪

（一）服饰礼仪

英国前首相撒切尔夫人是当今世界上出类拔萃的政治家，她十分注重自己的仪表风度。她的仪容顾问戈登·里斯，素有"撒切尔夫人塑造师"之称。人们评论说：撒切尔夫人雍容而又不过度华贵，庄重但不显老相，内心是"铁女人"，而仪表谈吐却温善柔和。这一切与戈登·里斯的贡献、与她本人注重仪表打扮是分不开的。公共关系人员要与各种人打交道，在各种场合露面，因此应重视修饰自己的仪容仪表。

一个人无论以什么身份在社会上活动，在仪容方面都要有起码的要求，第一是整洁，第二是得体。在社交场合如何穿着，是懂不懂礼仪的重要体现，也是文明教养的一个窗口。穿着不当，往往会降低一个人的身份，很难使周围的人对他有良好的第一印象。

1. 一般着装的原则

（1）与年龄协调。老年人服装应体现成熟、稳重的特点，应穿结构简单、色彩简洁、质地较好的服装；青年人则应突出活泼奔放的特点，选择色彩鲜艳、样式新颖、富有时代感的服装；少年儿童应选择适应自己年龄特点的独特的学生装。

（2）与身份协调。教师穿着朴素大方，样式不宜过于新颖，以免分散学生的注意力；医生宜穿浅色，显出清新、洁净，并力求稳重，给人以安全感；党政干部服装应力求简朴、庄重；青少年学生应保持纯真活泼，不要过于成人化。

（3）与个人条件协调。肤色深则穿较浅色，肤色白可穿深色等，用这种反衬突出形体的优势，遮掩不足。

（4）与环境、场合协调。通常在选择服饰时必须符合时间（Time）、地点（Place）、场

合（Occasion）即"TPO"三个要素，这是选择服饰千古不易的原则。在喜庆场合，不能穿得太古板，诸如联欢晚会、节假活动、庆典、婚礼、生日宴会等气氛欢快热烈的场合，服饰上应注意色彩丰富，款式新颖，式样活泼、轻松；在庄重场合，穿着不能太随便，如出席重要会议，举行重要活动仪式，一般应穿礼服或套装，不宜穿夹克衫、牛仔裤，更不能穿短裤、背心，女子不宜赤脚或穿凉鞋；在悲伤场合，穿着不能太艳丽，如在殡仪馆向遗体告别，在病房探视危重病人，气氛比较肃穆，为了表示自己对病逝者及家属的尊重和同情，服饰应注意穿深色或素色，切忌大红大绿、色彩鲜艳，服装款式要给人以庄重感，不要穿宽松式、便装，更不能敞胸露怀，不宜佩戴装饰物，不宜化妆。

2．具体穿着应注意的事项

任何服装均应注意清洁、整齐、挺直。衣服应烫平整，裤子烫出裤线。男子穿双排扣西装时一般应将纽扣都扣上；穿单排扣的西装，如是两粒扣的只扣上面一粒，三粒扣的则扣中间的一粒。在一些非正式场合，也可以不扣。但穿西装时衬衫袖口一定要扣上。另外，穿西装时，衬衫袖应比西装袖长出1~2厘米，衬衫领应高出西装领1厘米左右。同时，凡参加正式交际活动时，就应系领带，领带长度以到皮带扣处为宜；若不系领带，衬衫的领口应敞开。穿长袖衬衫要将前后摆塞在裤内，袖口不要卷起；穿短袖衫（港衫）时，下摆不要塞在裤内。长裤不要卷起。任何情况下都不应穿短裤参加涉外活动。西装应配皮鞋，庄重的西装要配深色的皮鞋。皮鞋要上油擦亮。袜子的颜色也应比西装深一些，花色要朴素大方。女子除军人、学生外，衣着尽量不要千篇一律，样式花色应有所差别。穿袜子时，袜口不能露在衣、裙之外。正式服装的外部衣袋里不应放东西，裤子背后的口袋里也不应放东西。皮夹、手帕、钢笔等应放在外衣里侧的口袋里。

参加各种活动，进入室内场所均应摘帽，脱掉大衣、风（雨）衣、套鞋等，并送存衣处。男士任何时候在室内不得戴帽子、手套。西方妇女的纱手套、纱面罩、帽子、披肩、短外套等，作为服装的一部分则允许在室内穿戴。

在室内一般不要戴黑色眼镜。就是在室外，遇有隆重仪式或迎送等礼节性场合，也不应戴黑眼镜。有眼疾须戴有色眼镜时，应向客人或主人说明，或在握手、说话时将眼镜摘下，离别时再戴上。

在家中或旅馆房间内接待临时来访的外国客人时，如来不及更衣，应请客人稍坐，立即换上服装，穿上鞋袜。不得赤脚或只穿着内衣、睡衣、短裤接待客人。

3．饰品礼仪

随着人们生活水平的不断提高，各类饰物逐渐走进人们的家庭，装点着人们的服饰，增添了新时代人们的神采。然而，饰品的佩戴也是有所讲究的。要注意与服装搭配，与自己的肤色、脸形、年龄、性别相吻合。这里提到的饰品主要包括项链、耳环、戒指和手镯等。一般来说，参加一些社交活动时可适当佩戴一些高质量的饰品，可显示出高雅的气质。比如，女士脖子较短可佩戴长而细的项链，身材小巧可戴小耳环，手腕较细的则选择较窄的手镯为宜。但戴手表时就不宜再戴手镯了。

4．服饰的配色原则

一般来说，服饰色彩要求鲜明开朗，富于变化而又协调统一，求得一种和谐美。这也是服饰色彩美的最高原则。具体搭配方法有同种色搭配、相似色搭配、主色调搭配以及对比色搭配四种。比如相似色中的一条基本原则就是——"三色原则",就是要求我们在正式场合,在服饰配色时,包括服装、饰品、配件等在内的一切服饰,不应当超过三种以上的颜色。

(二)仪容礼仪

1. 发型

在现代社会,男子留中、短发(5~7厘米)才是文明的标志。男子的发型有平头、分头、背头和波浪头等。女子的发型相对来说就比较复杂了。有直发、烫发、马尾辫等形式,一般应根据自己的年龄、脸形、体型、职业和活动场所来选择合适的发型。例如,体型高的人配上长发就显得活泼脱俗、飘逸自如。

2. 化妆

化妆既是一门综合艺术,又是一种技术、技巧。选择适当的化妆品和与自己气质、脸形、年龄等特点相符的化妆方法能显著增添自己的魅力。化妆要注意以下几点:

(1)化妆要自然。

(2)化妆的浓、淡要视时间、场合而定。

(3)不要在公共场所化妆。

(4)不要在男士面前化妆。

(5)不要非议他人的化妆。

(6)不要借用他人的化妆品。

(7)男士不要过分化妆。

二、动态礼仪

(一)见面礼仪

1. 问候与称谓

(1)问候。在我国人们相见时习惯说"你吃饭了吗?""你到哪里去?"……有些国家则不说这些话,甚至习惯上认为这样说不礼貌。

在西方,一般见面时先说"早安""晚安""你好""身体好吗?""最近如何?""一切都顺利吗?""好久不见了,你好吗?""夫人(丈夫)好吗?""孩子们都好吗?""最近休假去哪了?"对新结识的人常问:"你这是第一次来我国吗?""到我国来多久了?""这是你在国外第一次任职吗?""你喜欢这里的气候吗?""你喜欢我们的城市吗?"分别时常说:"很高兴与你相识,希望再有见面的机会。""再见,祝你周末愉快!""晚安,请向朋友们致意。""请代问全家好!"在社交场合,还可谈论涉及天气、新闻、工作、业务等事情。

最常用的礼貌用语有:请、您、您好(问候用语),早上好、再见、谢谢(致谢用语),不客气、对不起、没关系、请原谅(谢过用语)。礼貌用语要做到:"请"字开路,"谢谢"压阵,"对不起"不离口,"上午好""下午好""晚上好""晚安"这类的问候语天天说。我们应该养成礼貌用语的习惯。因为说"你好"可显示你的修养,表示对别人的尊重而拉近与人的关系;说"谢谢"可让别人感到心情愉快,对微不足道的事情也坦率表达谢意的人是广受欢迎的。

(2)称谓。指的是人们在日常交往应酬之中,所采用的彼此之间的称呼语。记住对方的名字，并把它叫出来，等于给对方一个很巧妙的赞美。而若是把他的名字给忘了或写错了，你就会处于非常不利的地位。在人际交往中，选择正确、适当的称呼，能反映出自身的教养、对对方尊敬的程度，甚至还体现着双方关系发展所达到的程度和社会风尚，因此千万不能随便乱用。选择称呼要合乎常规，要照顾被称呼者的个人习惯，入乡随俗。在工作岗位上，人们彼此之间的称呼是有其特殊性的，要庄重、正式、礼貌。

①日常生活中的称呼。a. 职务性称呼：在职务前加上姓或名，适用于正式的场合。如"李处长""张主任""×××主席""×××省长"等。b. 职称性称呼：在职称前加上姓或名，适用于十分正式的场合。如"张教授""刘工程师"等。c. 行业性称呼：对于从事某些特定行业的人，可直接称呼对方的职业，如老师、医生、会计、律师等，也可在职业前加上姓氏、姓名。如"王老师""赵律师"等。d. 性别性称呼：一般对男子称先生，对女子称夫人、女士、小姐。已婚女子称夫人，未婚女子统称小姐。不了解婚姻情况的女子可称小姐，对戴结婚戒指的年纪稍大的可称夫人。如"布莱克夫人""怀特夫人"。e. 姓名性称呼：一般限于同事、熟人之间。可以直呼其姓名；只呼其姓，要在姓前加上"老""大""小"等前缀；只呼其名，通常限于同性之间。上司称呼下级，长辈称呼晚辈，亲友、同学、邻里之间，也可使用这种称呼。对复姓（欧阳、司马、诸葛、西门等）可直接呼姓。

俄罗斯人的姓名未婚女性用父姓，已婚女性用夫姓，父亲和本人的名字不变，口头称呼一般可只称姓或只称名。对日本人一般可只称姓，熟人间也可只称名。对男士表示尊重，可在姓后加上"君"，如"冈村君"。口头称呼英、美人，一般只称姓，亲密的朋友间可只称名。女性结婚一般都不再用自己的姓，而改为丈夫的姓。

②称呼注意事项：a. 要区分不同对象和场合。如到同学或同事家，对其父母就不能称职务或同志，要称"伯父""伯母"或"叔叔""阿姨"。小名、昵称不宜在公开场合出现。称绰号要讲分寸，一般只用于同龄人之间，在非严肃场合显得亲切，但不能伤害对方的自尊心，更不能侮辱人格。b. 语言文明。如有些人开口就是"喂""老头子""卖菜的""当兵的"等，既贬低了别人，也抹黑了自己。c. 在多人交谈的场合，要顾及主从关系。称呼人的顺序，一般为先上后下，先长后幼，先疏后亲，先女后男。d. 要考虑习惯。如称"老大爷"，农民感觉亲切。又如天津人称年轻姑娘为"大姐"，陕西人习惯称"师傅"，山东农村的男子乐于被称为"二哥"。

2. 见面礼仪

（1）握手礼。一定要用右手握手。以手指稍用力，握住对方的手掌时间一般以 1～3 秒为宜，双目注视对方，微笑致意或问好，上身要略微前倾，头要微低。当然，过紧地握手，或是只用手指部分漫不经心地接触对方的手都是不礼貌的。握手的姿态要正确。右手握右手上下摇晃三下后松开，一般不用双手相握；握手时应站立，微笑，目光热情，握姿沉稳。双方的距离以一步为宜。

伸手的顺序：主人、年长者、身份高者、女士先主动伸手，然后客人、年轻者、身份低者、男士再伸手迎握。通常，长幼之间，长辈先伸手；男女之间，女方先伸手；上下级之间，上级先伸手；身份高的先伸手，身份低的立即回握；主客之间，主人先伸手，客人立即回握；接待来宾时，女主人主动先伸手；对年长者、职务高者都应稍稍欠身表示尊敬。在任何情况下，都不要拒绝他人先伸过来的手。无论什么人如果他忽略了握手礼的先后次序而已经伸了手，对方都应不迟疑地回握。

(2) 拱手礼。拱手礼，又叫作揖礼，在我国至少已有两千多年的历史，是我国传统的礼节之一，常在人们相见时采用。作揖的基本手势是右手握拳，左手搭于右手之上，表示左阳右阴；两手相抱，是以双手代表自己的头；双手以臂为轴，旋转运动下垂，表示叩头与点头之意，表示对别人的尊重。目前，它主要用于佳节团拜活动、元旦春节等节日的相互拱手致意祝贺等。

(3) 鞠躬礼。鞠躬的意思是弯身行礼，是表示对他人敬重的一种郑重礼节。一般只行一鞠躬，"三鞠躬"称为最敬的礼节。鞠躬时，两臂自然垂直或双手在体前搭好（右手搭在左手上），两腿并拢站直，以腰部为轴，上身向前倾斜，目光向下，弯腰鞠躬30度。有时还要在鞠躬的同时向对方问好。行鞠躬礼时忌不站立或站立不直，随意点头弯腰，边走边鞠躬或其他不礼貌的行为动作。一般情况下，鞠躬时必须脱下帽子，因为戴帽鞠躬是不礼貌的。鞠躬时目光应该向下看，表示一种谦恭的态度，不可以一面鞠躬一面翻起眼睛看着对方。鞠躬时，嘴里不能吃东西或叼着香烟，不能够把手插在衣袋里。鞠躬完毕在直起身时，双眼应该有礼貌地注视着对方，如果视线移向别处，即使行了鞠躬礼，也不会让人感到是诚心诚意的。若是迎面相遇，则在鞠躬后，向右边跨出一步，给对方让开路。鞠躬礼一般在下列场合使用：表演谢幕、演讲、发言、领奖、馈赠、婚礼、谢宴、悼念、辞别、表示谢意、迎送宾客、追悔、谢罪等。

(4) 拥抱礼。拥抱礼是流行于欧美的一种礼节，通常与接吻礼同时进行，也是世界各国政府首脑外交场合中的见面礼节。拥抱礼行礼方法：两人相对而立，右臂向上，左臂向下；右手搭对方左后肩，左手搭对方右后腰。双方头部及上身均向左相互拥抱，然后再向右拥抱，最后再次向左拥抱，礼毕。

(5) 亲吻礼。有关接吻由来流传最广的说法是，古罗马时严禁妇女喝酒，男子外出归来，常常要检查一下妻子是否饮酒，便凑到她的嘴边闻一闻，嗅一嗅，这样沿袭下来。夫妇把嘴凑到一起的举动逐渐成为夫妇见面时的第一道礼节。后来，这种礼节逐渐普及，范围逐渐扩大，演化成今天的接吻礼。

①吻手礼。男子同上层社会贵族妇女相见时，如果女方先伸出手做下垂式，男方则可将指尖轻轻提起吻之；但如果女方不伸手表示，则不吻。如女方地位较高，男士要屈一膝做半跪式，再提手吻之。此礼在英法两国最流行。

②接吻礼。多见于西方、东欧、阿拉伯国家，是亲人以及亲密的朋友间表示亲昵、慰问、爱抚的一种礼仪，通常是在受礼者脸上或额上亲吻。接吻方式为：父母与子女之间是亲脸，亲额头；兄弟姐妹、平辈亲友是贴面颊；亲人、熟人之间是拥抱，亲脸，贴面颊。在公共场合，关系亲近的妇女之间是亲脸；男女之间是贴面颊；长辈对晚辈一般是亲额头；只有情人或夫妻之间才吻嘴。

亲吻礼的注意事项：一般而言，长辈与晚辈之间，宜吻脸颊和额头；平辈之间，宜轻贴面；关系亲密的子女之间可吻脸；异性之间，宜贴面；男士对女士表示敬意可吻手。行亲吻礼时，动作要轻快，勿过重过长或出声；要注意口腔清洁无异味，不要把唾沫弄在对方脸上、额上或手背上；如果不是特殊关系和特殊场合，年轻、地位低者，不要急于抢先施亲吻礼。

（6）合十礼。合十礼又称合掌礼，流行于南亚和东南亚信奉佛教的国家。其行礼方法是：行礼时应面对受礼者，两个手掌在胸前合拢并齐，掌尖和鼻尖基本相对平齐，手掌向外向下倾斜，微微向下，以示虔诚，头略低，面带微笑。受礼者应以同样礼节还礼。

（7）脱帽礼。见面时男士应摘下帽子或举一举帽子，并向对方致意或问好；若与同一人在同一场合前后多次相遇，则不必反复脱帽。进入主人房间时，客人必须脱帽。在庄重、正规的场合应自觉脱帽。

（8）点头礼。点头礼是可与握手礼同日而语的最普遍的见面礼仪，盛行于世界各国和各民族。在剧院、会场、展览会、宴请等不宜随便走动的公共场所，朋友远距离相见时也可用点头致意，用右手打招呼，如果戴着帽子还应脱帽再点头示意。由于点头礼简单随意方便，不受时间、地点、对象的限制，故深得世界各民族的青睐，一直盛行不衰。

（9）举手礼。举手礼也是一种常见的见面礼仪，在学校、军队中使用频繁。举手礼起源于中世纪的欧洲。当时，骑士们常常在公主和贵妇面前比武，在经过公主的坐席时，他们还要唱歌来赞美公主，歌词往往把公主比作光芒四射、美丽绝伦的太阳。因而，武士们看到公主时总要把手举起来做挡住太阳的姿势。久而久之，就演变成举手到眉的"敬礼"了。

（二）介绍和交谈礼仪

1. 介绍

一般来说，介绍分三种形式：自我介绍、他人介绍和互相介绍。正确的介绍顺序应该是：把年轻的先介绍给年长的；把身份低的先介绍给身份高的；把与自己关系密切的先介绍给与自己关系较疏远的；把男士先介绍给女士；把晚辈先介绍给长辈。

介绍时要遵守以下原则：①记住被介绍人的姓名，至少要记住那人的姓。记住别人的名字是表示自己重视他了，他自然会对你表示好感。②表示出亲热和友善。当你被介绍给一位陌生朋友时，你一定要表示出热情、友善，体现出"认识你"很高兴的神态，为今后的交往铺平道路。

现在比较流行的见面介绍方式是送名片。递交名片时要注意双手奉上。

接受名片时通常也应双手呈接，接过后应看一看，最起码也应记住姓名。不要马上收起来或随意一放了事。不要乱发你的名片，不然你不是令你的名片贬值，就是使它们没有发挥应有的作用。你的名片应放在便于拿出的地方——放在兜里或公文包里。花钱买一个好的名片盒是明智的。为避免寻找名片时在衣兜或包里乱摸一气，你应该把它们放在固定的位置，西服或夹克衫上衣的内兜就是好地方。你出示的名片应有型有款，不能又皱又折。

2. 交谈

（1）必要的寒暄。诚恳的态度，能使人感到亲切自然，容易被人接受。无论是说还是听，神情专注，都是对对方最大的尊重。应以微笑、点头等动作或以"嗯""是"等表示认可。在对方需要理解、支持时，要用"对""没错""我有同感"等给予呼应。必要的话，还要在自己讲话时，适当引述对方刚刚发表的见解，或者直接向对方请教高见。这些都是用语言和对方进行合作。不要去迫不及待地直接陈述让对方不快或反感的事。另外，用语要含蓄、婉转。这样才有利于创造一个融洽的氛围。

（2）用语文明礼貌。我们要避免使用气话、粗话、脏话等。那些不但有失身份、让人反感而且不利于谈话气氛的营造。如"请""您""谢谢""对不起""别客气"。另外不要抢先说话、不要议论不在场的人、不要谈别人的缺点和不足、不发火、不说粗话、不造谣。

（3）注意语气语调，把握好分寸。交谈中，说话过快、过慢或是忽快忽慢都会影响交谈效果。另外少用方言土语，即使有一个人听不懂，也不要用方言土语，以免让人产生被排斥、冷落的感觉。同时要注意对方的思维习惯。比如在赞美女性的时候，我们要考虑国人的思维和意识，不能直接说对方"性感"，而只适合说"迷人"。另外说话时要认清自己的身份，说话要客观。

（4）注意说话方式，多用婉言表达。其功效是免除怨怒，促进尊重，让人与人之间充满友好和谐的气氛。

丘吉尔说："要让一个人有某种优点，你就要说得好像他已经具备了这种优点。"如果有人遇到困难畏首畏尾，或者办起事来犹豫不决，那么你不妨适时而委婉地对他说："这样前怕狼后怕虎的可不是你以前的表现呀"，"你是个很有决断力的人"。先给他戴上他应该具备的优点的帽子，予以鼓励。由于给了他一个良好形象的"定位"，所以他会为此而努力奋斗，从而改变目前的不好做法。而不要直接说："你这个人真笨，什么事都办不成"，这样一锤子把他给打死了，对方也就更加丧失了勇气和信心。此外，不要开门见山、直截了当地说："你错了，因为……"这就意味着完全否定了对方的能力，只能伤害对方的自尊心，使他觉得难堪，丧失了尊严。这时，他会为自己的态度找出种种辩驳理由，甚至强词夺理，很可能会使交谈陷入难以挽回的僵局。

（5）谈话的表情要自然，语气要和气亲切，表达要得体。说话时可适当做些手势，但动作不要过大，更不要手舞足蹈，不要用手指指人。与人谈话时，不宜与对方离得太远，但也不要离得过近，不要拉拉扯扯、拍拍打打。谈话时不要唾沫四溅。谈话要专注，忌在大庭广众之下耳语。异性之间交谈时眼睛不能老是盯着对方；在路上与妇女交谈应当边走边谈，不能停下站着说话。

（6）参加别人谈话要先打招呼，别人在个别谈话，不要凑前旁听。若有事需与某人说话，应待别人说完。有人与自己主动说话，应乐于交谈。第三者参与说话，应以握手、点头或微笑表示欢迎。发现有人欲与自己谈话，可主动询问。谈话中遇有急事需要处理或需要离开，应向谈话对方打招呼，表示歉意。

（7）谈话现场超过三人时，应不时地与在场的所有人攀谈几句。不要只与一两个人说话，不理会在场的其他人。也不要与个别人只谈两个人知道的事而冷落第三者。如所谈问题不便让旁人知道，则应另找场合。

（8）在交际场合，自己讲话，要给别人发表意见的机会；别人说话，也应适时发表个人看法。要善于聆听对方谈话，不轻易打断别人的发言。一般不提与谈话内容无关的问题。如对方谈到一些不便谈论的问题，不对此轻易表态，可转移话题。在相互交谈时，应目光注视对方，以示专心。对方发言时，不左顾右盼、心不在焉，或注视别处，显出不耐烦的样子，也不要老看手表，或作出伸懒腰、玩东西等漫不经心的动作。

（9）谈话的内容一般不要涉及疾病、死亡等不愉快的事情，不谈一些荒诞离奇、耸人听闻、黄色淫秽的事情，也不要涉及私人生活方面的问题。与西方人交谈时注意"八不问"（年龄、婚姻、收入、住址、信仰、经历、工作、身体）原则。男子一般不参与妇女圈内的议论，也不要与妇女无休止地攀谈而引起旁人的反感侧目。与妇女谈话更要谦让、谨慎，不与之开玩笑，争论问题要有节制。

3．接电话礼仪

（1）电话预约基本要领：力求谈话简洁，抓住要点；考虑到交谈对方的立场；使对方感到有被尊重的感觉；没有强迫对方的意思。

（2）打电话、接电话和挂电话的基本礼仪：

打电话时最好用自然音调，不必提高，更不能装腔作势、娇声嗲气。说话时口齿清楚，保持正常速度，使人听了清晰、明了。如果要找的人不在，可将自己的姓名、电话留给对方，以便于他转告要找的人。

接电话时一般在铃响后马上去接，最好不要超过五声。态度要彬彬有礼、和蔼可亲。应满足对方要求找到要找的人接电话，如人不在，应向对方说明并表示歉意。

挂电话时要有礼貌地说声："再见！"并轻轻地挂上。不能太重，否则会使对方产生疑虑而留下不良印象。

（三）姿态与举止礼仪

姿态与举止是一种人际交往中的"无声的语言"，要做到彬彬有礼、落落大方，遵守一般的进退礼节，尽量避免各种不礼貌、不文明习惯。古人主张，人的姿态要"站如松、行如风、坐如钟、睡如弓"，这是对姿态美的形象概括。

（1）站姿。挺拔、优美、典雅。站立时，上身要稳定，双手安放两侧，不要背后，也不要双手抱在胸前，身子不要侧歪在一边。

（2）坐姿。在社交场合，不论是坐在椅子上还是沙发上，最好不要坐满，上身应端正、挺直。这样显得比较精神。坐的时间长了如觉疲劳可靠在沙发背上，但不可把脚一伸，半躺半坐，更不可歪斜地倒在沙发上。男性可跷"二郎腿"，但不可跷得太高，不可抖动；女性可采取小交叉的姿势，但不可向前直伸。

（3）步态。上体应保持正直，抬头两眼平视，精神饱满，面带微笑，步履协调稳健、轻盈自然。

（4）动作。不要当着对方的面擤鼻涕、掏耳朵、剔牙齿、修指甲、打哈欠、咳嗽、打喷嚏，实在忍不住，要用手帕捂住口鼻，面朝一旁，尽量不要发出声音；不要乱丢果皮、纸屑等。女性最好不要在人前化妆。

（5）表情。美国心理学家梅拉别思总结出这么一个公式：感情的表达 = 7% 言语 + 38% 语音 + 55% 表情。可见表情在日常交往中的重要性。所以，交往时表情要自然真诚且要符合周围环境氛围。

（6）交际中的空间距离。一般分为 4 个层次：①亲密空间：15 ~ 46cm，这是最亲的人，如父母、恋人、爱人。②个人空间：0.46 ~ 1.2m，一般亲朋好友之间，促膝谈心，拉家常。③社交空间：1.2 ~ 3.6m，社交场合与人接触，上下级之间保持距离，从而会产生威严感、庄重感。④公众空间：大于 3.6m，社交场合与人接触，上下级之间保持距离。

（四）拜访和告别礼仪

登门拜访要注意时间、服装的选择。一般来说，访问某人，应事先选择好时间，不宜选择对方较忙或三餐时间，晚上不宜太迟。尽量不做不速之客，不请自到。预约好的拜访，宾主都要守时、守约、守信。衣服要整洁、朴素、大方，不必太过华丽。蓬头垢面、衣冠不整是对主人的不敬。

进门时先敲门或按门铃。敲门要有节奏感，不轻不重，不急不慢，敲两三下为宜。虚掩着或开着的门也不可破门而入，给主人一个措手不及则很失礼，进室后最好等要拜访的人来后再落座。如果需要较长时间等候，可先落座与接待者交谈或看些报纸、书刊之类的读物，要拜访的人来后应起立寒暄。对于约好的正式拜访，无论事情多急，拜访的时间多紧，在门口也只能寒暄问候，不要谈正题，等入室落座后再谈，否则会给对方留下不成熟的印象。

交谈过程中，谈话要简要，少说消极、沉闷的话。善于倾听，作出积极反应，不要随意打断别人的谈话。客人在主人家不宜东张西望。不要随便走进主人的卧室，除非主人主动邀请。

掌握好告辞的最佳时机。一般性拜访，时间不宜太长，也不宜太匆忙。一般以半小时到一小时为宜。若是事务性、公务性拜访，则可视需要决定时间的长短。客人提出告辞的时间，最好是在与主人的一个交谈高潮之后，或者是在又有新客人来时，交谈中主人若有疲劳感或有家人来提示有什么急事要办等情况时，适时告辞较为得体。告辞时应对主人及家人的款待表示感谢。如果主人家有长辈，应向长辈告辞。

综上所述，作为客人应遵守的基本礼节概括为：事先预约，不做不速之客；如期而至，不做失约之客；彬彬有礼，不做冒失之客；衣冠整洁，不做邋遢之客；举止端庄，谈吐文雅，不做粗俗之客；适时告辞，不做难辞之客。

如何进行介绍？应注意的礼仪有哪些？

项目二　特殊场合的礼仪

德国的习俗礼仪

1. 社交礼仪

德国人在待人接物方面所表现出来的独特风格，往往会给人以深刻的印象。

第一，纪律严明，法制观念极强。第二，讲究信誉，重视时间观念。第三，极端自尊，非常尊重传统。第四，待人热情，十分注重感情。

必须指出的是，德国人在人际交往中对礼节非常重视。与德国人握手时，有必要特别注意下述两点。一是握手时务必要坦然地注视对方；二是握手的时间宜稍长一些，晃动的次数宜稍多一些，握手时所用的力量宜稍大一些。

重视称呼，是德国人在人际交往中的一个鲜明特点。对德国人称呼不当，通常会令对方大为不快。

一般情况下，切勿直呼德国人的名字。称其全称，或仅称其姓，则大都可行。

与德国人交谈时，切勿疏忽对"您"与"你"这两种人称代词的使用。对于熟人、朋友、同龄者，方可以"你"相称。在德国，称"您"表示尊重，称"你"则表示地位平等、关系密切。

2．服饰礼仪

德国人在穿着打扮上的总体风格，是庄重、朴素、整洁。

在一般情况之下，德国人的衣着较为简朴。男士大多爱穿西装、夹克，并喜欢戴呢帽。妇女们则大多爱穿翻领长衫和色彩、图案淡雅的长裙。

德国人在正式场合露面时，必须要穿戴得整整齐齐，衣着一般多为深色。

在商务交往中，他们讲究男士穿三件套西装，女士穿裙式服装。

德国人对发型较为重视。在德国，男士不宜剃光头免得被人当做"新纳粹"分子。德国少女的发式多为短发或披肩发，烫发的妇女大半都是已婚者。

3．餐饮礼仪

德国人是十分讲究饮食的。

在肉类方面，德国人最爱吃猪肉，其次才是牛肉。以猪肉制成的各种香肠，令德国人百吃不厌。

德国人一般胃口较大，喜食油腻之物，所以德国的胖人极多。

在饮料方面，德国人最欣赏的是啤酒。

德国人在用餐时，有以下几条特殊的规矩。

其一，吃鱼用的刀叉不得用来吃肉或奶酪。其二，若同时饮用啤酒与葡萄酒，宜先饮啤酒，后饮葡萄酒，否则被视为有损健康。其三，食盘中不宜堆积过多的食物。其四，不得用餐巾扇风。其五，忌吃核桃。

4．习俗禁忌

德国人在所有花卉之中，对矢车菊最为推崇，并且选定其为国花。在德国，不宜随意以玫瑰或蔷薇送人，前者表示求爱，后者则专用于悼亡。

白鹳是德国的国鸟。

德国人对黑色、灰色比较喜欢。

对于"13"与"星期五"，德国人极度厌恶。他们对于四个人交叉握手，或在交际场合进行交叉谈话，也比较反感。因为这两种做法，都被他们看做是不礼貌的。

德国人认定，在路上碰到了烟囱清扫工，便预示着一天要交好运。

在德国，星期天商店一律停业休息。在这一天逛街，自然难有收获。

向德国人赠送礼品时，不宜选择刀、剑、剪、餐刀和餐叉。以褐色、白色、黑色的包装纸和彩带包装、捆扎礼品，也是不允许的。

与德国人交谈时，不宜涉及纳粹、宗教与党派之争。在公共场合窃窃私语，德国人认为是十分无礼的。

德国人不喜欢服装的花哨，但都很注重衣冠的整洁，穿西装一定要系领带。在赴宴或到剧院看文艺演出时，男士经常穿深色礼服，女士则穿长裙，并略施粉黛。在东部地区，已婚者都戴上金质戒指。

德国《联邦政府官员法》明确规定，政府官员收礼是违法行为，价值超过 15 欧元（1

欧元约合11元人民币）的礼品或酬劳必须上交。如何处理这些上交的礼品呢？通常情况下，一些政府部门在圣诞节前或本部门有重大庆祝活动时，每年或每隔几年采取抓阄的方式让下属分获这些礼品。不管抓到还是抓不到礼物，下属们都会非常开心，因为这是上司对他们的一份心意。

德国人不兴厚礼。一瓶香水、一条领带、一张贺卡，甚至自制的蛋糕、果酱都是送给亲朋好友的最好礼物。如果是为公事或外事送礼，他们就更注重礼品的意义了。本人在陪同国内代表团拜访德国新闻局局长时，对方赠送的礼物是一本介绍德国名胜古迹和城市风貌的画册；德国安联保险公司在华成立10周年，记者收到的是一个普通但又具有特殊意义的瓷杯，瓷杯上浇铸了本人撰写的一篇报道安联保险公司的文章和彩色照片。

在德国，下属向上级送礼、公司向官员赠礼的现象非常少见。因为个人的升迁、公司是否获得订单，都有法可依，并不由某位官员说了算。但有时也有例外，官员过生日时，会收到家人和知心朋友赠送的礼物。记得德国前总理科尔过65岁生日时，曾向外界宣布，不希望接受任何生日礼物，但可以向其夫人设立的一项基金会捐款，筹集的资金用于救助在意外事故中的大脑受伤者。

德国公职人员不能收礼，这是明文规定的。如果官员收了不该收的礼物，要受到法律的制裁或承担相应的后果。如德国央行行长在参加"欧元货币面世"庆祝活动时，顺便带了家属在柏林住豪华酒店并游玩了4天，结果花去了该活动主办方7600欧元。不久，这一丑闻曝光，德国央行行长迅速偿还了家属所用的3800欧元。不过，老百姓对此并不满意，认为他这样做，无论是从法律上还是从道义上都说不过去。最后，央行行长为此不得不宣布辞职。

（根据网络佚名资料改写）

 任务引入

1. 你认为德国人的礼仪特殊性表现在哪些方面？
2. 与英国一般礼仪相比，德国人的礼仪有何值得提倡、效仿与推广的？

 相关知识

一、宴会礼仪

（一）举办宴会礼仪

（1）较正式的宴请要提前一周左右发请柬；已经口头约好的活动，仍应外送请柬。

（2）在确定客人名单时，第一，不要有所遗漏；第二，不要邀请正在闹纠纷的人同时参加；第三，尽可能使出席的人数为偶数，男女客人数大致相等或男士多一些。

（3）正式宴会时，人数较多，主人在客人到达之前，要安排好座位以便客人来了入座。一般情况下，主人坐上座，然后按来宾的身份遵循右高左低的习惯依次排开。如遇主宾身份高于主人，也可为表示尊重，把主人和主宾的位置对调。关于男宾和女宾，按外国习惯是间隔安排；我国习惯则是按各人的职务、身份来考虑。另外，安排桌次时，最好将年龄、身

份、习惯、兴趣和语言相似的人安排在一桌。

（4）招待客人进餐时，要注意：①穿正式的服装，整洁大方。②要适当化妆，显得隆重、重视、有气氛。③头发要梳理整齐。④夏天穿凉鞋时要穿袜子。⑤宴会开始之前，主人应在门口迎接来宾。⑥宴会开始后，主人应及时招呼客人，并是第一位敬酒的人。⑦宴会即将结束时，主人应先行离席，并客气地对来宾说："各位慢慢吃。"然后走到门口站立，与一些已经吃完并准备离去的宾客握手告别。一定不能自顾自地大吃大喝。

（二）赴宴礼仪

接到对方请柬后，要及时告诉对方，自己是否能依时出席。一般情况下，要愉快地接受邀请。如因特殊原因不能出席，也应回电表示感谢和歉意。如当初答应后有急事不能赴宴，一定要及时告知对方，并婉言道歉。

出席宴会时要注意仪容和穿戴，男士要剃面刨须，女士要适当化妆。尽量做到仪容整洁、穿戴雅观大方。

不要过早抵达宴会厅，以免给主人增加负担。最好是在宴会开始前 10 分钟之内到达。当然也不能迟到，那表示对主人的不尊重。

就座进餐时，要注意对号入座，服从主人安排。同时要主动和周围的人打招呼；当主人敬酒时，要起身回敬；对美味可口的菜肴要适当赞扬；喝酒要适度，不能贪杯喝多，弄出笑话。进餐时要举止文雅，服务员送来第一道湿毛巾主要是用来擦手的，有的人一上来就擦脸，甚至连脑袋也擦一遍，显得很不雅观。

用餐时中餐用筷子，需要用汤匙时，应先放下筷子。使用筷子应文雅，不能乱舞，不能用筷子指点人，不能胡乱翻动菜肴。离席时，筷子不可插在碗里，而应当轻放在餐碟边或筷架上。西餐用刀叉，一般左手持叉，右手持刀，而且每用完一份菜，就换一副餐具。餐桌上刀叉往往很多，它们的摆放顺序一般是根据上菜的先后顺序，从外到内摆放，不要打乱顺序使用刀叉。在使用刀叉时，假如将刀叉呈"八"字形摆放在垫盘上，则表示客人已吃完或不想再吃这道菜，而在等待服务员撤下。

喝茶或咖啡时，送上的小茶匙是专为你加牛奶和白糖用的。加上以后可以用它搅拌一下，然后就将茶匙放回茶碟上，千万不能用它来啜咖啡。喝时右手拿杯把，左手端茶碟。吃水果如梨和苹果都不要整个拿着咬，应先去皮切开几块，用手拿着吃，面包要撕着吃。

注意进餐速度，不能自己"埋头苦干"，也不要不顾同桌人都已吃完，自己还在慢悠悠地吃。另外，宴会进行中要注意"女士优先"的原则。

宴会上应与大众交谈，不要独占某人，也不要对某人评头论足，更不要说那些与宴会主题无关的无聊话题。

用餐完毕，要等主人宣布散席后方可轻轻离座，并在离去前和主人握手言谢道别。

二、舞会礼仪

（1）参加舞会前应做好准备。要注意服装整洁、美观。男性要透露出稳重成熟的气质，而女性则应表现出高雅大方的气质。同时不要事先吃一些带有强烈刺激性气味的食物，如蒜、葱、萝卜等。

（2）邀请舞伴时应男方主动，可以向女方半鞠躬，轻声地说："请您跳舞。"或说："您喜欢随这支舞曲跳舞吗?"当女方接受邀请后,可以马上起身随乐曲同男方一起跳舞。舞曲结束后,不论跳的时间长短,男方都应说:"谢谢!"女方也可以说:"我很高兴。"表示谢意。

(3) 跳舞时要有良好的姿态。男方不可把女方的手握得太紧,更不要把女方的身体搂得过近或紧盯着对方的脸。以免引起女方反感,造成误会。女方跳舞时,态度应和蔼可亲,但却不能乱送秋波,有失自己的稳重。

(4) 患感冒或其他传染性疾病的不要去参加舞会。

(5) 舞会结束后,男舞伴可以送女舞伴回家。如果女方想拒绝他,这时可以礼貌地说"对不起",并告诉他已经有人送了。说话要婉转得体,使对方不会难堪,也不至于苦缠下去。

三、外事礼仪

(一) 外事礼仪含义

所谓外事礼仪,指的就是在参与涉外交往时公关人员所须遵守的基本礼仪规范。

(二) 外事接待礼仪

第一,了解来访者情况,索取必要的资料。为安排好接待工作,首先需了解来访者对这次访问的具体要求,弄清下述情况:代表团名称、性质、访问目的和要求,代表团生活习惯、饮食爱好和禁忌,有无亲属在本地,懂中文的程度,我方接待方针、礼遇规格、参观、座谈、专业考察、业务洽谈、生活接待等方面的要求,外宾抵离日期,火车、飞机班次,行李件数,陪同人员的姓名、性别及身份等情况。如系再次来访的外宾,要查阅档案,了解过去接待情况。

来访人员的名单,是安排接待工作的重要依据,各项礼仪活动以及住房、乘车安排都需有准确的名单。因此需请对方尽早提供全体人员按礼宾顺序排列、注明各人职务、性别的名单。

第二,根据上级主管部门的通知精神,结合地方的具体情况,制订接待计划。计划包括接待规格及各项主要活动的安排,通常为迎送、宴请、会见、会谈、晚会、签字仪式、参观游览、外地访问、交通工具、下榻宾馆等项目,以及日程的安排。参观游览和赴外地访问,不仅应考虑对方的愿望,还要考虑对方的风俗习惯和宗教信仰。

日程确定后,应译成外宾使用的文字,并印制好,届时放在外宾住房的桌上。接待规格高低表现在安排礼仪活动多少、规模大小、隆重程度,以及由哪些领导人出面等。接待规格反映对外宾的重视程度和欢迎的热烈程度。规格往往视政治需要而有所差异,但在国际交往中,都比较注重必要的平衡,不给人以厚此薄彼之感。

为保证接待方案圆满实施,在组织每一项活动中,要拟制周密计划,严密组织安排,定任务、定内容、定时间、定地点、定单位和人员,严格执行责任制,使各项活动都能落实。

第三,做好接待准备。在接待重要外宾的准备工作中,要抓住如下重点环节:①根据外事工作的特点和规律,准备工作的重点是组织欢迎队伍(含仪仗队)。②布置会见、会谈现场。根据礼宾规格和工作需要,要准备好必需的接待物品,现场要严肃庄重、整洁大方。③准备参观和游览项目。每个参观点要定内容、定人员、定路线、定时间。④安排接见、宴请。接见和宴请要定时间、地点、参加人员、座位安排和菜单。⑤搞好安全保卫。根据外宾身份和接待规格，制定警卫方案。⑥安排好住房、乘车及外出的交通工具。住房分配，由东道主根据来访人员身份作出安排，然后征询对方意见。有时由东道主将房图交给对方，请其自行安排。安排乘车要根据外宾身份、规格、人数确定。对重要代表团，派开道车，以示重视。除必要礼宾、安全官员安排在主车后外，其余人员原则上按礼宾顺序安排。对大型代表团安排乘坐大轿车。赴外参观访问时，根据需要，其交通工具通常由东道主负责提供。

接待准备除物质准备外，还要做好宣传方面的工作。首先是出访领导人和外事人员，要经常学习有关对外方针、政策，统一表态口径，掌握宣传依据；了解外宾基本情况，包括该国政治、历史、地理知识，对外政策，风土人情，来访目的和要求等，便于有针对性地做好工作。在宣传准备上，视情况和需要，还要做好摄影、录像等新闻报道准备工作。

（三）涉外交往礼仪

1. 礼宾次序的含义与方法

（1）含义。所谓礼宾次序，是指国际交往中对出席活动的国家、团体、各国人士的位次按某些规则和惯例进行排列的先后次序。一般来说，礼宾次序体现东道主对各国宾客所给予的礼遇；在一些国际性的集会上则表示各国主权平等的地位。礼宾次序安排不当或不符合国际惯例，则会引起不必要的争执与交涉，甚至影响国家关系。因此在组织涉外活动时，对礼宾次序应给予一定的重视。

（2）方法。第一种方法，按外宾的身份与职务高低顺序排列。在官方活动中，通常采用这种方法安排礼宾次序。第二种方法，按参加国国名的英文字母顺序排列。在国际会议和国际体育比赛中，一般都采取这种方法。第三种方法，按派遣国通知代表团组成的日期排列，若各国代表团的身份、规格大体相等，通常采用这种方法。有时，还可以按照各国代表团到达活动地点的时间先后，来排列礼宾次序。

2. 国旗悬挂的礼仪

国旗是一个主权国家的标志，它代表着一国的地位和尊严。

世界上各国国旗的颜色主要有红、白、绿、蓝、黄、黑等，这些颜色各有一定的含义：红色象征国家为独立和解放而斗争的精神，绿色是吉祥的标志，蓝色代表海洋、河流、天空，这三种颜色在各国国旗中出现得最为频繁。

悬挂国旗视不同的场合有不同的规范。在室外的旗杆或建筑物上挂旗，一般是日出升旗，日落降旗，司职人员表情应庄严、肃穆。升旗的时候，护旗人要托起国旗的一角，国旗触地是极不严肃的。在重要的场合，如一国政府所在地，升旗需有专职人员严格按升旗规范行事。重要的时刻，譬如外宾来访、国际体育比赛、国庆庆典，升旗时需以国歌相伴奏。

遇到一国元首来访时，外宾通过的主要街道应悬挂两国国旗，在其住所及交通工具上也应悬挂国旗。

悬挂双方国旗时以右为上，左为下，客在右，主在左。汽车上挂旗，以驾驶员为基准划分左右。在外宾所在的重要场所挂旗，升旗时应有专职仪仗兵负责，并要向其他国国旗行军礼。

举行国际会议、展览会、体育比赛，应悬挂所有参加国的国旗；即使没有外交关系的国家，只要它是所举办活动的组织成员，东道主都应悬挂该国国旗。悬挂的次序是从左至右，以英文国名的第一个字母为序。

国旗不能够倒悬，一些国旗因字母和图案原因，不能竖挂。有的国旗竖挂则另外制旗。

各国国旗的颜色长宽比例均由本国宪法明文规定，国旗图案不能在商品广告、产品宣传等非正规场合乱用。另外，撕扯、践踏、焚烧国旗的行为都是不允许的。

悬挂国旗，有并挂、竖挂、交叉挂几种。如果并排悬挂两面国旗时，其规格、尺寸应大致相等。国旗挂在墙壁上时应挂其正面，而不能用反面。

当某领导人逝世，为表示哀思，国旗要下半旗。下半旗时要首先把旗升至杆顶，再下降至离杆顶 1/3 处。

 课堂讨论

如何做好涉外礼仪？

 **综合测试**

一、单项选择题

1. 递接文件或名片时应当注意字体的（   ）。

A. 正面朝向对方   B. 侧面朝向对方

C. 反面朝向对方   D. 以上都对

2. 客人来访时，我们要为客人打开房门，当房门向外开时（   ）进。

A. 客人先   B. 我们先   C. 同时   D. 随意

3. 为他人作介绍时，方法不正确的是（   ）。

A. 先把男士介绍给女士   B. 先把长辈介绍给晚辈

C. 先把晚到的客人介绍给先到的客人   D. 先把年轻的介绍给年长的

4. 行握手礼时，礼貌地伸手方式是伸出右手（   ）。

A. 手掌与地面垂直   B. 掌心向下倾斜

C. 随意   D. 掌心向上倾斜

5. 介绍他人或为他人指示方向时的手势应该是（   ）。

A. 用食指   B. 用拇指   C. 掌心向上   D. 掌心向下

6. （   ）是人们在社会交往中由于受历史传统、风俗习惯、宗教信仰、时代潮流等因素的影响而形成，既为人们所认同，又为人们所遵守的。

A. 礼仪   B. 礼节   C. 礼貌   D. 规矩

7. 在正式场合，女士不化妆会被认为是不礼貌的，要是活动时间长了，应适当补妆，但要在（   ）补妆。

A. 办公室   B. 洗手间   C. 公共场所   D. 特定场所

8. 在社交场合初次见面或与人交谈时，双方应该注视对方的（   ）才算不失礼。

A. 双眉到鼻尖的三角区域内   B. 上半身

C. 胸部   D. 腰身以上

二、多项选择题

1. 对索取名片的方法，下列描述正确的有（　　　）。

A. 交易法：首先递送名片

B. 激将法：递送同时讲"能否有幸交换一下名片"

C. 平等法：递送时同时讲"如何与你联系"

D. 谦恭法：对于长辈或高职务者，递送时同时讲"希望以后多指教，请问如何联系"

2. 双方通电话，应由谁挂断电话（　　　）。

A. 主叫先挂电话

B. 被叫先挂电话

C. 尊者先挂电话

D. 不作要求，谁先讲完谁先挂，最好同时挂

3. 当您的同事不在，您代他接听电话时，应该（　　　）。

A. 问清对方是谁

B. 告诉对方他找的人不在

C. 问对方有什么事

D. 记录下对方的重要内容，待同事回来后告诉他

4. 在电话通话过程中，以下说法正确的有（　　　）。

A. 为了不影响他人，不使用免提方式拨号或打电话

B. 为了维护自己形象，不边吃东西边打电话

C. 为了尊重对方，不边看资料边打电话

D. 以上说法都不正确

5. 商务交往中女性佩戴首饰的原则是（　　　）。

A. 符合身份，以少为佳

B. 同质同色

C. 不佩戴珍贵的首饰

D. 不佩戴展示性别魅力的首饰（如胸针、脚链）

6. 下列对于汽车上座位描述正确的有（　　　）。

A. 社交场合：主人开车，副驾驶座为上座

B. 商务场合：专职司机，后排右座为上（根据国内交通规则而定），副驾驶座为随员座

C. 双排座轿车有的上座为司机后面那个座位

D. 在有专职司机驾车时，副驾驶座为末座

7. 下列关于语言礼仪正确的有（　　　）。

A. 交往中应该遵循"六不问原则"

B. 语言要正规标准

C. 商务语言的特点："少说多听"

D. 双方初次见面无话可说时，可以"聊天"——谈天气

8. 关于握手的礼仪，下列描述正确的有（　　　）。

A. 先伸手者为地位低者

B. 客人到来之时，应该主人先伸手。客人离开时，客人先握手

C. 忌用左手，握手时不能戴墨镜

D. 男士与女士握手时，男士应该在女士伸手之后再伸手

E. 不要戴帽子，不要戴手套握手

F. 下级与上级握手时，应该在下级伸手之后再伸手

三、判断题

1. 享用自助餐时，应遵守的基本原则是"多次少取"，还要注意不要围在餐台边进食。　　　　　　　　　　　　　　　　　　　　　　（　　　）

2. 在公共场所的礼仪要求中，有"禁止吸烟"标志的地方，没有人时可以吸烟。（　　　）

3. 观看文艺演出或体育比赛时，为了方便可以不关手机，不必考虑对他人有无影响。（　　　）

4. 递接物品时应该用左手递接。　　　　　　　　　　　　　　（　　　）

5. 行握手礼时，与多人同时握手时，可以交叉握手。　　　　　（　　　）

6. 接打电话时不能吃东西、喝水等。　　　　　　　　　　　　（　　　）

7. 仪表仪容在人际交往的最初阶段并不是最重要的，语言才是最重要的。（　　　）

8. 对一个国家来说，个人礼仪是一个国家文化与传统的象征。　（　　　）

四、名词解释

1. 礼仪　　　　　　　　　　　　　2. 礼节

3. 礼貌　　　　　　　　　　　　　4. 表情

5. 手势　　　　　　　　　　　　　6. 茶会

五、简答题

1. 简述礼仪、礼貌、仪表和仪式的联系与区别。

2. 简述公关礼仪与一般礼仪的区别。

3. 简述公关礼仪的原则。

4. 简述公关礼仪的特征。

5. 简述与人交谈的要诀。

六、案例分析题

1. 阅读下面案例，回答问题。

小李的口头表达能力不错，对公司产品的介绍也得体，人既朴实又勤快，在业务人员中学历又最高，老总对他抱有很大期望。可做销售代表半年多了，业绩却总上不去。问题出在哪儿呢？原来，他是个不爱修边幅的人，双手拇指和食指喜欢留着长指甲，里面经常藏着很多"东西"。脖子上的白衣领经常是酱黑色，有时候手上还记着电话号码。他喜欢吃大饼卷大葱，吃完后，不知道去除异味的必要性。在大多数情况下，根本没有机会见到想见的客户。有客户反映小李说话太快，经常没听懂或没听完客户的意见就急着发表看法，有时说话

急促，风风火火的，好像每天都忙忙碌碌的，少有停下来的时候。

你认为小李在哪些方面需要改进？如何改进呢？

2. 阅读下面案例，回答问题。

2007年4月，广州商品交易会，各方厂家云集，企业家们济济一堂。华新公司的徐总经理在交易会上听说伟业集团的崔董事长也来了，想利用这个机会认识这位素未谋面又久仰大名的商界名人。午餐会上他们终于见面了，徐总彬彬有礼地走上前去："崔董事长，您好！我是华新公司的总经理，我叫徐刚，这是我的名片。"说着，便从随身带的公文包里拿出名片，递给了对方。崔董事长显然还沉浸在之前与人的谈话中，他顺手接过徐刚的名片，回应了一句"你好"并草草看过，便放在了一边的桌子上。委屈的徐总在一旁等了一会儿，并未见这位崔董事长有交换名片的意思，便失望地走开了。

你认为双方问题出在哪里？如果是你你会如何做？

 实训项目

实训一：服饰礼仪

[情景设计]

张俊是某高校应届毕业生，即将到某用人单位工作。大家一致认为张俊穿西服套裙最为得体，于是就计划为她选择一套西服套裙。

[角色扮演]

1. 以6~8人为一小组，每组进行角色扮演。

2. 服饰搭配流程。

3. 选择合适的款式、面料和颜色。

[实训要求]

学生以组为单位表演着装礼仪。

[效果评价]

教师教学点评、打分。见表6-1。

表6-1　　　　　　　　　　　服饰礼仪评分表

专业		班级		学号		姓名	
考评场所							
考评内容	服饰礼仪						
考评标准	项目内容			分值		评分	
	西服套裙必须合体			20			
	衬衫选择合理			20			
	领带、鞋袜与西服套裙相协调			20			
	整套服装干净、整洁			10			
	系领带符合要求			10			
	皮鞋擦亮			20			
总计				100			

实训二：接待礼仪

[情景设计]

某企业要接待一英国客户代表团，公关部决定让章华参与接待工作，请你帮助他完成此项任务。

[实训要求]

1. 以6~8人为一小组，确定外事接待的角色模拟。
2. 安排外事接待的程序。
3. 确定外事接待的基本原则。
4. 每组写一篇接待计划稿。

[效果评价]

教师教学点评、打分。见表6-2。

表6-2　　　　　　　　　　　　　接待礼仪评分表

专业		班级		学号		姓名	
考评场所							
考评内容	接待礼仪						
考评标准	项目内容			分值		评分	
	外事接待的目的与内容			10			
	活动的策划与安排			10			
	活动中各部门的协作			10			
	活动的时机选择			20			
	工作流程			10			
	接待技巧的运用			10			
	接待计划稿写作			30			
总计				100			

📖 课外阅读

1. 林友华，杨俊. 公关与礼仪. 北京：高等教育出版社，2008.
2. 林友华. 社交礼仪. 北京：高等教育出版社，2007.
3. 历尊. 实用公关礼仪. 北京：中国纺织出版社，2006.

模块七　公关危机

学习目标与任务

认识公关危机的含义、特征、类型，掌握正确处理危机的原则、措施和技巧，积极预防与监控危机，将压力化作发展的契机。

项目一　公关危机概述

案例导入

强生公司泰诺药片中毒事件

美国强生公司因成功处理泰诺药片中毒事件赢得了公众和舆论的广泛同情，在危机管理历史上被传为佳话。

1982年9月，美国芝加哥地区发生有人服用含氰化物的泰诺药片中毒死亡的严重事故，一开始死亡人数只有3人，后来却传说全美各地死亡人数高达250人。其影响迅速扩散到世界各地，调查显示有94%的消费者知道泰诺中毒事件。

事件发生后，在首席执行官吉姆·博克（Jim Burke）的领导下，强生公司迅速采取了一系列有效措施。首先，强生公司立即抽调大批人马对所有药片进行检验。经过公司各部门的联合调查，在全部800万片药剂的检验中，发现所有受污染的药片只源于一批药，总计不超过75片，并且全部在芝加哥地区，不会对全美其他地区有丝毫影响，而最终的死亡人数也确定为7人，但强生公司仍然按照公司最高危机方案原则，即"在遇到危机时，公司应首先考虑公众和消费者的利益"，不惜花巨资在最短时间内向各大药店收回了所有的数百万瓶这种药，并花50万美元向有关的医生、医院和经销商发出警报。

对此，《华尔街日报》报道说："强生公司选择了一种自己承担巨大损失而使他人免受伤害的做法。如果昧着良心干，强生将会遇到很大的麻烦。"泰诺案例成功的关键是强生公司有一个"做最坏打算的危机管理方案"。该计划的重点是首先考虑公众和消费者的利益，这一信条最终拯救了强生公司的信誉。

事故发生前，泰诺在美国成人止痛药市场中占有 35% 的份额，年销售额高达 4.5 亿美元，占强生公司总利润的 15%。事故发生后，泰诺的市场份额曾一度下降。当强生公司得知事态已稳定，并且向药片投毒的疯子已被拘留时，并没有将产品马上投入市场。当时美国政府和芝加哥等地的地方政府正在制定新的药品安全法，要求药品生产企业采用"无污染包装"。强生公司看准了这一机会，立即率先响应新规定，结果在价值 12 亿美元的止痛片市场上挤走了它的竞争对手，仅用 5 个月的时间就夺回了原市场份额的 70%。

强生处理这一危机的做法成功地向公众传达了企业的社会责任感，受到了消费者的欢迎和认可。强生还因此获得了美国公关协会颁发的"银钻"奖。原本一场"灭顶之灾"竟然奇迹般地为强生迎来了更高的声誉，这归功于强生在危机管理中高超的技巧。

（根据网络佚名资料改写）

任务引入

1. 强生的危机处理有何值得肯定之处？为什么？
2. 危机公关中如何把握媒体是关键，你认为如何？

相关知识

一、公关危机的含义

公关危机是指在公关活动中，由组织内外的某种非常性因素所引发（起）的非常性或失常性事态。英文为 Public Relations Crisis，专指灾难或危机中的公共关系。在汉语中，危机含义有两种：一是指潜伏的祸根，如危机四伏；二是指严重困难或生死成败的紧要关头，如经济危机。从社会组织角度而言，危机是指由于组织自身或公众的某种行为而引起和导致组织环境恶化的突出性事件。

二、公关危机的特点

危机来势凶猛，一般具有如下特征：

（一）突发性

公关危机大多数是突发性的事件，一般在难以预料的时刻突然爆发。如 2004 年 9 月 17 日，在西班牙的埃尔切城，16 个集装箱的中国鞋被当地暴徒焚烧，造成直接经济损失约 800 万欧元。中国鞋城的 50 多位鞋商和鞋城仓库内价值几十亿欧元的温州鞋处于被焚烧的威胁之中。又如"非典"、禽流感等，这均让人在毫无准备的情况下感到意外、吃惊，以致带来一定程度的恐惧、混乱。

（二）未知性

未知性又称潜伏性，指危机中包含着诸多未知因素，具有不可预测的特点。诸如某航空公司可能遇到的空难事故，人们难以预测在何时何地会发生。某家企业在难以预测的关键时刻却遭受舆论、公众的批评、指责。1993 年美国百事可乐罐中发现注射针头事件，一周内又出现七例同类针头事件，导致谣言四起，使其蒙受 2500 万美元的经济损失。

（三）危害性

危机一旦发生，将对组织形象造成严重危害性。如俗语所说："好事不出门，坏事传千里。"

（四）普遍性

危机的发生大多带有普遍性，所有知名不知名的企业在其发展历程中都经历过或大或小的危机。1985 年，美国莱克西肯传播公司对美国主要企业领导的一项调查表明，89% 的领导人均认为"企业发生危机如同死亡和税收一样，是不可避免的"。

（五）关注性

危机事件由于事发突然，内容往往又与公众直接相关，常常成为社会舆论关注的焦点和热点。如 1984 年美国联合碳化物公司在印度博帕尔邦化工厂的毒气（甲基乙氰酸酯）渗漏事件，1986 年苏联的切尔诺贝利核电站的核泄漏事故，一夜之间成为全球关注的焦点。

（六）复杂性

危机的产生、爆发、影响均有较显著的复杂性。一旦发生，往往涉及方方面面，解决危机要耗费大量物力、人力和时间；倘若发生灾难事故，又造成相关人员伤亡，将牵涉相当多的单位、部门和人员。

三、公关危机的类型

危机降临，准确认识和判断其类型十分必要。一般来说，从不同角度可以划分出不同类别的危机，以便采取相应举措。

（一）从存在状态角度分类

从存在状态角度来看，可将其分为一般性公关危机和重大性公关危机。

（1）一般性公关危机。主要指常见的公关纠纷，从某种意义上看，这些纠纷还算不上真正的危机，仅仅是一种征兆、信号或暗示。诸如内部组织关系纠纷、消费者关系纠纷、同业关系纠纷、政府关系纠纷、社区关系纠纷等。

（2）重大性公关危机。主要指重大工伤事故、重大生产失误、火灾等造成的严重损失、突发性商业危机、劳资矛盾纠纷等。诸如产品或企业信誉危机、股市交易中突发性大规模收购等。

（二）从危机同企业的关系程度及归咎对象分类

从危机同企业的关系程度及归咎对象来看，可将其分为内部公关危机和外部公关危机。

（1）内部公关危机。发生在企业组织内部，主要由该企业的成员直接造成，责任主要由其成员来承担。范围不太广。

（2）外部公关危机。发生于组织外部，影响到多数公众利益的一种危机。范围广，不可控因素较多，一般较难处理。

（三）从损失的表现形态分类

从损失的表现形态来看，可将其分为无形公关危机和有形公关危机。

（1）无形公关危机。这种危机所引发的损失表现不够明显，易被忽略，损失是慢性的，但若忽略，将会逐渐增大。

（2）有形公关危机。这种危机所引发的损失较直接而明显，难以挽回，易于评估，只能采取其他措施来弥补。

（四）从公关危机产生的主客观原因分类

从公关危机产生的主客观原因来看，可将其分为人为公关危机和非人为公关危机。

（1）人为公关危机。指由于人的某种行为所引起的危机，具有可预见性和可控性的特征。

（2）非人为公关危机。指不是由于人的行为直接造成的某种危机，具有大部分无法预见、不可控性、损失有形性等特征。

（五）从公关危机外显形态分类

从公关危机外显形态来看，可将其分为显在公关危机和内隐公关危机。

（1）显在公关危机。指已发生的危机或危机趋势非常明朗，何时爆发仅是时间问题。

（2）内隐公关危机。指潜伏性危机，具有更大的危险性。

此外，还可根据公关危机的性质，将其划分为灾变性公关危机、商誉公关危机、经营公关危机、信贷公关危机、素质公关危机、形象公关危机、环境公关危机、政策公关危机等。

 **课堂讨论**

如何根据公关危机的特征，区分显在公关危机和内隐公关危机？

项目二 公关危机的成因与处理原则

 **案例导入**

巨人的浮沉：雀巢中国商业战略20年

2005年酷夏，热浪席卷神州大地。但对于雀巢人来说，比热浪更让他们焦躁不安的却是雀巢金牌3＋奶粉碘超标危机事件的发生。

声势浩大的雀巢危机虽然已告一段落，但不当的公关处理手法使雀巢在中国的品牌形象蒙上了阴影，这些阴影会对雀巢在中国未来的发展造成什么样的影响尚难估计。在雀巢危机的背后，许多人好奇地探究：作为世界最大的食品集团，雀巢在中国20年有着什么样的发展历程？

无论是在华的跨国企业还是本土企业，雀巢在中国的发展策略及其所采取的商业战略无疑都是一个值得研究的范本。

1987年，当肯德基在北京最繁华的地带开设其第一家餐厅时，雀巢却选择在中国最遥远的东北小城中建立第一家奶制品工厂；当市场调查公司研究报告称中国人饮茶习惯已是根深蒂固，咖啡制品在中国很难有大的市场时，雀巢却在广东东莞成立生产速溶咖啡的合资公司，通过广告、信息传播等方式慢慢培育中国年青一代对咖啡的喜爱，并以极大的耐心教导当地农民种植咖啡豆以解决原材料的供应。

从20世纪80年代初与中国政府谈判开始，雀巢进入中国已经整整20年。从扎根农村到包围城市，从小心翼翼地投资到大张旗鼓地扩张，雀巢走过了一条不平常的商业发展道路。

作为成立时间超过136年、世界最大的食品集团，雀巢的发展之路与其他跨国巨头一样充满了起伏与波折，危机事件的阴影一直与企业的发展相伴相随。经历过长达10年的世界性抵制雀巢奶粉运动，雀巢公司的危机公关意识与危机处理能力不可谓不强。但是，在不久前发生的雀巢奶粉含碘超标事件中，雀巢却采取了非常不适当的公关处理方式，使危机事件愈演愈烈。

稳健发展与大肆扩张、温情脉脉培育市场与无情排挤竞争对手、危机经验丰富与处理手法失当，种种矛盾的因素混合成了一个既令人敬畏又令人看不透的雀巢。

从南到北、从农村到城市，从咖啡制品、奶制品、鸡精、冰激凌、水再到早餐谷物，雀巢的名字与标志几乎印上了所有食品的种类——许多中国人可以不知道雀巢从何而来，但不可能没有吃过与雀巢相关的产品。

无论投资并购还是企业运作，雀巢在中国的发展绝对是令人瞩目的。我们所要解读的是，雀巢在正式进入中国20年的时间中，如何进行自己的中国战略布局？在本土市场壁垒与跨国企业的竞争面前，雀巢采取了什么样的商业策略以求发展？在复杂多变的市场环境中，雀巢又是如何作出每一个战略决策的？

对标杆企业的解读往往具有很强的参考意义，我们希望在对雀巢中国发展历程的探究中，可以从一个侧面解构20年来，跨国企业在中国的资本运作、市场策略、竞争博弈，从而给本土企业一些启示参考。

（根据网络佚名资料改写）

 任务引入

1. 雀巢的危机为何能够平息？是否与其20年来的公关策略有关？为什么？
2. 我们从其在中国20年的发展历程中应得到哪些启迪？面临危机，企业应当如何做？

 相关知识

一、公关危机的成因

美国危机管理专家诺曼·奥古斯丁说过："危机就像普通感冒病毒一样，种类繁多，难以一一列举。"诸如自身经营管理不善、市场信息捕捉不够、同行恶意陷害、谣言诽谤、不可抗力因素等，都能让某一组织处于四面楚歌的危机之中。因此，分析危机产生的原因就显得十分必要。

根据国外危机管理专家的调查统计表明，可能引发危机的因素主要有：

（1）生产性意外。

（2）环境问题。

（3）劳资争论及罢工。

（4）产品质量。

（5）股东信心丧失。

（6）具有敌意的兼并或股市上大股东的购买。

（7）谣言或向大众传媒泄露组织内的秘密。

（8）恐怖破坏活动。

（9）组织内人员的贪污腐化。

（10）安全因素。

当不可预测的危机来临，公关人员在弄清其形成原因的同时，应掌握处理原则，将矛盾化解，使损失降低，以收到事半功倍的效果。

二、公关危机的处理原则

危机事件的处理应遵循下列原则：

（一）及时

这是处理危机的首要原则。鉴于危机事件的突发性、危害性、严重性，处理时一定要迅速及时，包括迅速了解基本情况，迅速作出正确判断，迅速控制事态发展，及时向领导及有关部门汇报，快速与新闻媒体沟通，向相关部门和人员呼吁帮助，隔离危机，以便将可能的损害降到最低程度。

（二）诚恳

这是处理危机的关键。对问题要是非分明、冷静、客观、公正，一旦查清责任，就应当勇于承担，尊重事实，诚心向受害者及社会公众道歉，积极主动地消除不良影响，为最后解决问题奠定基础。

（三）准确

这是处理危机的前提。要率先弄清时间、地点、缘由、性质，对内对外宣传要准确，确保信息的真实、客观、精确，各种材料、数字要准确无误，禁止使用"估计、可能、大概、也许、差不多、左右"等模糊字眼，既不夸大，也不缩小。

（四）冷静

当危机发生后，公关人员应保持冷静、沉稳、镇静，切忌急躁、烦闷、信口开河。以积极、负责任的心态，沉着镇定，坚持不懈，应对自如。

（五）全面

危机将涉及或影响企业内、外等诸多方面，公关人员应遵循全面考虑的原则，既考虑内部公众，又兼顾外部公众；既注意监控公众目前的反响，又预防对公众未来或潜在的影响，全程跟踪，周密布置，防患于未然。

（六）公正

在处理危机过程中，要积极排除主观、情感因素的干扰，公正地对待受损害的公众，力求坦诚、客观、实事求是。

（七）灵活

鉴于危机事件可能随情况的发展而不断地发生变化，原定的预防措施、抢救方案可能不能尽善尽美，公关人员务必随形势变化而及时更正修订原计划、方案，确保组织形象和声誉不再受到损害，与时俱进，灵活变通，在发展变化中求完善。

在危机处理过程中，危机管理小组需要在一个设备齐全的危机控制中心办公，设备应当有：

（1）充足的通话线路。

（2）足够的内线电话。

（3）无线电设备。

（4）处在危险情况下的各种装置的显示图，应标明：

——危险物质方位；

——安全设备位置；

——灭火水源系统或其他水源；

——其他灭火器材的储备；

——工厂通道的最新状况，尤其需明了哪条路不通；

——伤亡处理中心；

——工厂四周社区方位。

（5）应能说明下列问题的显示图：

——危机影响波及范围或危险区域；

——应急车辆和人员调度；

——出现特别问题的区域；

——撤离区域；

——其他有关信息。

（上述显示图应用塑料或玻璃予以罩覆，以便于使用水笔随意书写、涂擦）

（6）用于记录信息或其他任何需要发出指示用的笔记本、钢笔、铅笔等。

（7）雇员名单。

（8）重要人物的地址及电话。

这说明在处理危机时，组织应掌握信息发布的主动权，不断将最重要的信息及时公布，确保全面、真实、准确，维护组织声誉。

总之，公关危机处理的总原则是真实传播，挽回影响，减轻损失，趋利避害，维护声誉。

 课堂讨论

我们在公关危机处理过程中，应如何把握基本的原则？

项目三　公关危机处理程序

 **案例导入**

麦当劳危机公关，跨国公司的败笔

危机缘由

2004 年 7 月 12 日，广州两位消费者到麦当劳用餐，点了两杯红茶后发现其中有极浓的消毒水味道。当时现场副经理解释，其原因可能是店员前一天对店里烧开水的大壶进行消毒清洗后，未把残余的消毒水排清。该副经理同时表示这两位消费者可以提出赔偿要求，并在 7 时 15 分通知该麦当劳店长和地区督导赶到现场以妥善解决此事。但结果却是店长和督导两人直到 9 点多才相继出现。而在期间长达两个多小时里，麦当劳的员工与两位消费者多次发生争执，即使工商局的工作人员赶到现场进行调停近一个小时，最终仍以破裂收场，从而导致消费者愤然报警。

两位消费者就此事向麦当劳提出要求，麦当劳应就事件向消费者作出合理的解释、合理的答复和合理的赔偿。麦当劳方面却作出向两人各赔偿 500 元的决定，如两天内当事人身体不适可以到医院诊治，医药费给予报销，但拒绝作出调查方案的决定。麦当劳的行为引起了消费者的不满，两位消费者（同时也是记者）一怒之下，在媒体上将此"消毒水"事件曝了光。南方某媒体记者在事发两天后与广东三元麦当劳公司取得联系想了解事情的相关情况，麦当劳公司则保持沉默，表示此事仍在调查之中，不发表任何看法。

事隔一周之后，麦当劳才发表了区区数百字的《声明》，用主要文字描述事件过程并一再强调两位消费者是媒体记者，同时声明麦当劳一向严格遵守政府有关部门对食品安全的所有规定和要求，并保证麦当劳提供的每一项产品都是高质量的、安全的、有益健康的。整个声明没有提及自己的任何过失、该如何加强管理或向消费者表示歉意，更没有具体的解决事情的办法。

无独有偶，2005 年 5 月份麦当劳某北京分店又发生过把消毒水当饮料提供给消费者的事情。受害者说："没想到他们的态度特别不好，真是让我特失望。连最起码的医药费他们都不愿意出。店长还跟我说什么，现在是特殊时期，他们的压力特别大，希望我能体谅她"。问题得不到解决，消费者自然会寻求媒体投诉。而就在一个月前，麦当劳在中国宣布提价的事情也引起了国内诸多媒体的口诛笔伐。

傲慢与偏见

如果把麦当劳在中国大陆近期的一系列公关危机来临时的做法做一次盘点的话，确实乏善可陈。反思一下麦当劳在这一系列危机中的表现，用这样的结论似乎可以概括：首先，麦当劳在中国公关危机管理中显得僵化与迟钝；其次，麦当劳对中国消费者轻视和淡漠。

　　麦当劳前一段时间的涨价行为为什么会遭受到中国诸多媒体的口诛笔伐？是中国人对麦当劳涨价的不理解，还是麦当劳对中国国情的不了解，缺少中国本土的公关经验？两个原因都有，但更深层次的原因则是后者。一个厂家的涨价行为在国外发达市场经济情况下是一个非常正常的商业行为，但是在中国这样一个国情下则需要慎重行事。如果企业将产品主动降价，消费者都能够接受，而且还乐意接受，但对于像麦当劳这样著名的跨国企业，而且属于快速消费、成本和技术含量都不是很高的快餐行业来说，一个没有提前告之性的猛然涨价，确实让人接受不了，媒体质疑也在情理之中。

　　这里，麦当劳漠视了中国消费者的消费习惯，缺少与媒体提前沟通，涨价之前缺少对事件本身严重性的通盘考虑。消息一出，自然给媒体平添了点"猛料"，中国人茶余饭后也多了点"谈资"。如果麦当劳提前意识到问题的重要性，主动与公众和媒体进行沟通，大家自然会心平气和地接受和理解"涨价"的，关键是把事情说开了。联系两次"消毒水"事件，可以看出麦当劳在中国危机公关的僵化性，一层层的上报与沟通，结果问题还是得不到解决，消费者的最基本要求也得不到合理的答复，看来麦当劳得了比国内某些企业还要严重的"大企业病"。试想，如果最开始当消费者提出要求的时候，能够得到快速的答复和满足，还会发生后面的事情吗？

（根据网络佚名资料改写）

任务引入

1. 麦当劳公关危机处理程序是否妥当？为什么？
2. 危机处理的正确方法与程序是什么？

相关知识

　　公关危机的处理，指危机爆发后，为减少损失与危害，按照一定处理计划和应对策略所采取的直接、妥当、必要的处理措施。只有采取正当而合适的举措，组织才能避免工作的随意性、盲目性，防止事态进一步恶化，使危机在有效的监控下得到缓解，将损失与危害降到最低点。具体处理程序如下：

一、迅速反应，隔离危机

　　危机一旦发生，组织就应当在第一时间内迅速作出反应，成立相关处理危机的专门机构，机构组成人员应包括组织负责人、公关部门负责人、相关组织与部门负责人、新闻发言人、值班人员等，这是有效处理危机的组织保证。

　　危机仿佛危害人们身心健康的病毒，滋长蔓延将十分可怕。组织在危机降临时，就应当迅速将其隔离，以免蔓延、扩大。首先，采用人员隔离。将人员分为处理危机与维持日常工作两部分，既安排好专管危机的管理人员，又稳定好日常工作，以免相互干扰，造成不必要的损害。其次，对危机本身施行隔离。在危机发生时就应当施行隔离，如列车、空难事故，除做好抢救外，应立即开通线路，保证 24 小时全程监控，避免其影响全局工作。

二、收集信息，确定对策

危机发生后，组织应迅速及时地联络相关专家、公关人员、记者、群众等组成调研机构，详尽、全面、细致地收集与危机相关的各种综合信息，如事件发生的时间、地点、原因、人员伤亡、财产损失、事态发展、控制举措和公众、舆论的反应等，得天时与地利，为赢得"人和"创造良好条件，以便有针对性地安排应对举措，以免无的放矢。

三、分析症结，控制事态

在调研事实真相后，组织就应当将收集的各种相关材料汇总，在高层领导、专家们的评估研究后，采取相应对策、措施，全盘考虑，将眼前危机与长期发展联系起来考虑，正确处理危机所涉及的各方面关系，努力不懈，透过危机看到发展的态势，以便迅速控制事态，使其朝着有利于组织的方向发展。

四、组织力量，处理善后

在组织制定危机处理对策后，就应当积极组织力量，实施既定方案，协调好各方面的关系，组织力量，采取有效行动，收集、整理、分析媒体对危机事件的报道，对于客户和消费者则处理好善后赔偿、安慰、关怀等工作，让其满意。

五、总结评估，吸取教训

在事件平息后，组织应当从社会效应、经济效应、心理效应和形象效应等方面评估处理危机相关举措的合理性、有效性，对危机处理情况作全面总结评估，将结果向董事会和股东们报告，向社会公众和报界公布。对于某些重大事故可采取刊登广告的形式向社会公众作检讨，并改进所存在的薄弱环节，将教训写成书面材料，以此来教育本组织及其员工，加深印象，从而积极纠正失误，弥补过失，修正危机管理计划，居安思危，防患于未然。

 课堂讨论

公关危机降临时，应当怎样处理？

项目四　公关危机处理对策与技巧

 **案例导入**

肯德基启动危机公关　化禽流感危机为商机

2005 年，在禽流感影响之下，广东人已经从"无鸡不成宴"变成"有鸡无鸡都成宴"了，加上网上到处流传越南肯德基转卖"肯德鱼"，许多人揣测中国肯德基可能会受到影响，肯德基公司也成为媒体追问的对象。

肯德基的应对态度十分积极，肯德基广东区市场经理崔焕铭召集各大媒体，在广州维多利广场首层的肯德基店内举行危机公关，就其安全的鸡肉供应体系作了长达半个多小时的介绍，并向全社会庄严承诺：肯德基有完善的系统与措施，有信心、有把握为消费者把好安全关。现场消费者与记者们共同听取了肯德基的介绍，一位消费者说："本来就觉得不必太恐慌，现在听完介绍，看完幻灯片，明白其鸡肉产品是系统把关的，并需经过2分30秒到14分30秒、170℃以上高温烹制，更觉得可以放心吃炸鸡了。"

本来看似不利的一件事，通过积极的媒体对话途径向社会传达，往往会消除许多消费者的疑虑，化危机为商机。

危机处理机制好处多多

针对禽流感的新闻发布会由肯德基在上海的中国总部统一部署，在中国各区同一时间统一发布。应该说，在这一时间举行这一发布会时机掌握得很好。

中国肯德基的行为不是临时性的。据业内人士透露，在全国，肯德基每一市场每天都对各项关键信息进行跨部门的掌握、汇总、解读、讨论及处理。这一项工作是金字塔形的，通过每个餐厅、每一基层负责人的每日追踪，每天午前向上海总部最高层汇总，对不同事件分为一级、二级、三级和特别级四类进行应对处理。

这一每日必修的"功课"在肯德基是全球性的。崔焕铭介绍说，"9·11"事件发生后，全球肯德基都启动了反恐处理机制，两伊战争期间肯德基也有相应的应对措施。对于禽流感这种突发性的公共危机，肯德基很早就启动了每日追踪机制。中国肯德基在100家店设立后就开始逐步建立起这套企业文化，现在已经比较成熟和完善。

崔焕铭称，完善的危机处理机制的好处是全面、主动掌握情况，以现在情况预计未来事件的发展，以最快速度应变。其最高境界是危机之下没有危机；其次是变危机为转机、商机；最下策是在某一情况下束手无策，甚至一错再错。

是企业文化还是在作秀

在经济全球化的发展背景下，一些国内大企业已经着手建立危机处理机制，但与一些跨国企业相比，总体而言，手法尚不娴熟。就发生的"非典"及禽流感事件而言，个别餐饮企业采取了很特别的措施保障消费者安全，但一般都是只做不说；更多的企业内部危机意识匮乏、危机公关处理体系缺失、危机处理手段落后；有的企业甚至对此表示不屑，称之为"作秀"。

业内专家乔宪全在"非典"发生后举行的首届"全国传媒沟通与危机公关研讨会"上称，随着全球经济一体化格局的形成，企业面临的公共危机也越来越呈现出全球化的特征。东南亚金融危机造成全球经济萧条，中国的"非典"疫情吓得世界100多个国家限制华人进入。

全球化在为企业创造更多发展机遇的同时，企业每天面对的危机也越来越多，从自然灾害、流行疾病，到经济危机、社会暴乱、军事战争、恐怖袭击，无奇不有，任何一场危机都可能使企业在劫难逃。美国"9·11"事件、东南亚金融危机、中国"非典"疫情导致企业大面积死亡，说明危机就在每个人的身边，海尔的"如履薄冰，战战兢兢"、小天鹅的"末日管理"绝非作秀，而是市场先知先觉者的真心独白。荷兰壳牌公司研究跨国公司的平均寿命是 40～50 年，中国社会科学院研究中国私营企业的平均寿命是 2.5 年，相对于人类平均 70 岁的生命周期，企业的寿命周期显得非常短暂。

（根据网络佚名资料改写）

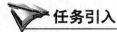 任务引入

1. 肯德基启动危机公关成功吗？为什么？
2. 肯德基危机处理的技巧值得效仿吗？为什么？

相关知识

当危机降临时，因类型不同、对象不同，处理方式也会有差异。没有固定不变的模式，只有随机应变，处乱不惊的对策，一种有的放矢的思路，一种因人因事而异的原则性提示。

当机立断、立即成立专门处理机构，确定主要负责人全权负责，制定处理危机的基本对策、相应举措和良好有序的善后工作则是上上之策。针对不同公众对象构成不同的公众关系，则应采取不同的对策。

一、组织内部对策

（1）要动员全体员工齐心协力、共渡难关。负责人应将处理危机的基本原则、方针、具体程序和对策向内部全体员工通报，确定对外的统一口径，统一思想，以便协同行动。

（2）尽快组建处理危机的专门机构。确定由本组织领导担任机构负责人，由公关部会同相关部门组成富有权威性、高效率的工作机构。

（3）迅速确定危机事件的类型、特征，准确把握事态进展情况，判明情景，以便尽快确认相关公众对象。

（4）与媒体保持密切沟通、联系，及时向外界报告事态的进展情况，将本组织所持态度、处理危机的原则、立场、程序及对策快速通报，以求得公众的理解、认同与支持。

（5）对于因危机而造成的意外伤亡，一方面应立即进行救护工作或作善后处理；另一方面应立即通知其家属，并提供一切条件以满足其家属的探视或要求。

（6）迅速调查引起危机事件的原因，并对处理工作进行客观评估，奖励有功者，处罚主要责任者，并通告有关各方。

（7）倘若是因不合格产品所引起的危机，应不惜一切代价立即收回不合格产品，或立即组成检修小组，对不合格产品认真逐次检验。

（8）如果是因外界误解或人为破坏所造成的企业信誉危机、重大劳资纠纷或股票交易危机和市场危机，应立即查明原因，及时公布事情真相，调动一切力量缓解矛盾、挽回影响。

二、受害者对策

（1）立即认真调查受害者的真实情况，实事求是地承担责任，并诚恳地道歉。

（2）冷静耐心地听取受害者及其家属的意见和要求。

（3）尽量避免在事故现场与受害者及家属发生纠纷与争执，即使受害者有一定责任，也不要在现场追究。

（4）组织应避免发出为自己辩护的言辞。

（5）立即向受害者及其家属公布赔偿方法及标准，并尽快实施。

（6）应由专人负责与受害者及其家属谨慎地接触，给其安慰与同情，并尽可能为其提供所需服务，尽最大努力做好善后工作。

（7）在处理危机过程中，如无特殊情况，不要随意更换负责处理工作的人员。

三、消费者对策

（1）立即查清和判明消费者的类型、特征、数量、范围等，以便有的放矢。

（2）妥善接待消费者投诉，公布事故经过、处理方法和预防举措，并表示歉意。

（3）注意听取和收集受到不同程度影响的消费者对事件处理的意见和愿望。

（4）通过零售代销部门向消费者公布说明事故梗概的书面材料。

（5）对于涉及面广的案例，可通过报刊、广播、电视、网络等媒体公告事故真相、进展情况及应急处理办法。

四、新闻界对策

（1）保持一条开放的信息渠道，及时公布事实真相，确保真实传播。

（2）迅速成立临时记者接待机构，由专人负责发布消息，集中处理与事件有关的新闻采访，提供权威可信的资料。

（3）确定新闻发言人，由其全权负责向新闻界发布事故产生的原因、经过及补救措施。

（4）对于重要事项，宜用书面材料，用语应谨慎、扼要，避免使用技术术语和晦涩难懂的词汇。

（5）对于新闻界应尽量主动、合作，如遇不便发表的消息，应妥善说明理由，不宜用"无可奉告"来搪塞，获得记者的同情与谅解。

（6）注重以公众的立场和观点来进行报道，不断提供他们所关注的信息，诸如善后举措、补偿办法等。

（7）在刊登相关事件消息的报刊上发布道歉广告，及时向公众公布事件起因、经过及事态进展真相，并向相关公众表示道歉及承担相应责任。

（8）当记者发布失实报道时，应注意及时纠正错误信息，并向新闻界提供全部与事实相关的真实详尽材料，安排相关人员参观、接受专访，新闻发言人可接受咨询、访谈，表明真实、客观、公正的立场，尽量避免使公众产生敌意。

五、上级主管部门对策

（1）在事件发生后，应及时向上级主管部门实事求是地汇报，争取其援助、支持与关注。

（2）在事件处理过程中，应定期汇报事态发展状况，求得上级主管部门的指导。

（3）在事件处理后，应详细汇报处理经过、事件起因、解决办法及以后的预防举措等。

六、社区居民对策

（1）查清事故发生的原因，倘若事故给社区居民造成损害，应主动上门道歉，求得谅解。

（2）根据事件的性质，也可派人到每一户家庭分别致歉，请求理解、支持。

（3）在有影响的报刊上分别刊登致歉谢罪广告，旗帜鲜明地表达勇于承担责任、知错必纠的态度。

（4）必要时，应向社区居民赔偿经济损失或提供其他相关补偿。

此外，还应根据具体情况，分别与市政、公安、工商、交通、消防、消协、兄弟单位等保持密切无间的沟通关系，运用妥当合适的传播策略，通报情况，回答咨询，调动各方面力量，反复解释，以帮助企业尽快渡过难关，将受损危害降低到最低限度。

 课堂讨论

危机处理的技巧表现在何处？为什么？

项目五　公关危机的预防与监控

 **案例导入**

从应对亚洲金融危机到应对世界金融危机

1997 年，亚洲金融危机爆发，导致中国出口猛降、经济增速较大幅度下滑。2008 年，一场更为严峻的金融危机从美国迅速波及全球，中国经济发展不可避免地受到严峻挑战。

从应对亚洲金融危机到应对世界金融危机，既有相似之处，也有不同之处。但有一点是共通的，那就是，中国应对危机的坚定决心和信心。

世界金融危机"百年一遇"，无论是在影响范围还是在影响程度上都远甚于亚洲金融危机。对挑战的严峻性绝不能有丝毫的低估和侥幸。

已经波及全球的世界金融危机，影响范围之广、影响程度之深、冲击强度之大，为 20 世纪 30 年代经济大萧条以来所罕见。

尽管危机的影响还在演变之中，但可以肯定地说，"百年一遇"，是对这次危机的准确定位。来华出席"2008 北京国际金融论坛"的瑞士日内瓦高等国际研究院教授亚历山大·斯沃博达认为，这次危机涉及信贷、货币等各种金融市场，在区域上属于全球性的危机。同时，这次危机也属于体系性危机，更复杂，更加具有波动性。

与亚洲金融危机传播范围局限在东南亚国家不同，这次世界金融危机从发达国家爆发，导致美欧金融市场持续动荡和经济增长大幅下滑，然后借助金融和贸易等方式不断向新兴经济体蔓延。

"这更加说明了这是一场全球性的国际金融危机。"湖北省金融学会副会长陈炳才说。

他认为，亚洲金融危机爆发在世界金融中心的边缘地带，当时并未殃及发达国家；而此次危机发生在国际金融中心，全世界都要掏腰包来挽救这场危机，谁都不能幸免。

此外，在影响深度上，这次世界金融危机由美国金融发展模式所致，导致全球信贷危机，最终从虚拟经济蔓延到实体经济。目前，其影响已在全球显现，欧美经济出现下滑，并导致中国、印度等新兴经济体增长面临挑战。

瑞银证券环球新兴市场经济师乔纳森·安德森说，目前世界金融危机引发了经济增长困难的局面。在亚洲金融危机爆发时，美国的经济增速是4%左右，但经济学家预计美国2009年的经济增长将不会超过1%。

随着国际金融危机愈演愈烈，这种影响加速向实体经济蔓延，中国经济面临增长大幅度下滑的危险性。出口、投资、经济增长速度、财政收入等国民经济的主要经济指标回落趋势明显。

国务院发展研究中心金融所副所长巴曙松说，当前中国经济受外部冲击的影响较亚洲金融危机时要大，这其中既包括更大的资本流动规模、更大的外汇储备，也包括更高的对外依存程度。

"这次国际金融危机对我们是新的挑战，也是一次严重的挑战，我们绝不能低估这次冲击的严峻性。"国家发展改革委副主任穆虹说。

更大力度政策应对更为严峻的挑战，释放"保增长"的强烈信号。积极财政政策重启势大力沉，而且被赋予新的内涵。

实行积极的财政政策和适度宽松的货币政策，是最近党中央、国务院作出的应对世界金融危机的果断决策。与10年前应对亚洲金融危机实施的"积极财政政策与稳健货币政策"组合相比，力度更大。巴曙松认为，这不仅有利于防止经济过度下滑，也有利于中国应对经济高增长后的周期性回落以及经济转型压力等挑战。

财政部财科所所长贾康用投资的数据进行了分析：此次重启积极财政政策，今后两年多时间投入4万亿元，投资规模更大。1998年启动的积极财政政策中，五年共计投入3万亿元拉动内需。

财政部副部长王军说，新一轮积极的财政政策注重将预算、税收、贴息、减费、增支、投资、国债、转移支付等财政政策工具组合使用。在政策导向上，除了基础设施的建设之外，更加重视民生和产业结构的调整。直接表现形式是通过发行国债、扩大赤字来增加政府投入，同时积极调动各种社会资金增加投入。

"这次货币政策的转变更加注重经济增长和结构调整、短期效益和长期利益、投资与消费、促进增长和深化改革的平衡，为中国经济稳定发展夯实基础。"社科院副研究员张斌说。

落实适度宽松的货币政策，除了采取措施确保金融体系流动性充足外，还加强窗口指导和政策引导，着力优化信贷结构。央行表示，要继续限制对"两高"行业、产能过剩行业劣质企业的贷款。

每一次大的外部冲击，都会演化为中国经济迈上新台阶的促动力。穆虹说，从加大投资力度，到实施增值税转型，再到支持企业自主创新和结构调整，应对世界金融危机的政策体现了扩大内需、促进结构调整的意图，不仅有利于当前的经济增长，更有利于长远发展方式的转变。

中国应对危机的基础和能力已今非昔比，完全能够战胜挑战，迎来更大的发展。

尽管今天面临着一个复杂多变的严峻金融环境，但中国应对危机的信心坚定。穆虹说，这是基于对国内外经济形势和中国基本国情的判断。这次国际金融危机的源头在国外，对中国金融体系的影响有限，中国经济的基本面仍然是良好的。

他指出，尽管外贸出口和实体经济受到一定冲击，但中国出口产业链比较完善，特别是中国企业的竞争力、适应能力、调整能力和应变能力都比较强，在国际竞争中还保持一定优势。

同时，中国正处在工业化、城镇化快速发展的阶段，中国有13亿人口的广阔市场，投资和消费的潜力都很大，加速发展的内在动力很强，在外需萎缩的情况下，加大内需有很大的回旋余地。

此外，中国通过30年改革开放，建立了比较好的体制、物质和技术基础，综合国力不断增强，国民储蓄率比较高，外汇储备比较充沛，资金供应总体充裕，并拥有非常广大的、素质不断提高的劳动力资源。

贾康认为，中国的宏观调控能力也在不断增强，有了第一次实施积极财政政策的经验，此次实施新一轮积极财政政策经验将更加丰富。与此同时，随着市场经济体制的不断完善，当前也更有利于发挥市场配置资源的作用，财政和货币等宏观经济政策也都有更大的操作空间。

总体来看，当前，我国经济发展的基本态势还是好的，在目前一些国家出现负增长的情况下，前三季度中国经济增长达到 9.9%。同时，物价得到有效控制，为扩大内需政策提供了较大的空间。

10 年前，我国的经济总量不足 10 万亿元，而今天已经达到了 24 万亿元。1998 年，全国财政收入不到 1 万亿元，而 2008 年有望达到 6 万亿元，应对挑战的基础更加雄厚。

世界银行国际金融主管戴拉米指出："无论是从当今还是从历史上看，中国的经济刺激计划都将被看做在正确的时候采取的正确措施。其规模之大，可以提振市场信心。"

在亚洲金融危机中，中国通过自身的努力获得了长足的发展，为亚洲经济的恢复作出重要贡献；今天，面对世界金融危机的挑战，中国也一定能够实现又好又快的发展，成为稳定世界经济的重要力量。

（根据网络佚名资料改写）

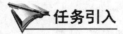 **任务引入**

1. 你认为危机预防与监控需要的关键点是什么？
2. 如何预防与监控危机？

相关知识

国内外危机处理实践证明，预防与监控是解决危机的最好办法。

国外危机管理专家对《幸福》杂志排名前 500 名的大公司的董事长和总经理就危机事件所展开的调查表明，所有组织都存在着遭遇危机的可能性，而对危机早作预防的组织，其损失相对要少些。

如何预防与监控是危机管理中十分必要的组成部分。

预防是危机管理中的关键，而捕捉先机则是关键中的关键。

一、快速收集危机信息

任何危机降临前总有不同程度的异常先兆，公关人员可从不同方面来捕捉第一手信息，诸如从消费者、营销部门与人员、财务后勤部门、生产管理部门和人事工劳部门等方面收集显性的和隐性的危机信息。同时，一般企业或组织应组建舆论监测或信息反馈系统来捕捉危机先兆信息。

二、组建专家队伍

由相关行业权威、政府官员、高级记者、教授、研究员、公关专家等组成，形成预防危机的智囊团。

三、分析鉴别相关危机信息

将收集来的各种显性、隐性信息集中汇合，通过分类、整理、甄别，统计出危机可能出现的概率，以便制定相应对策。

四、制定妥当的预警方案

针对所收集的各种危机信息，有针对性地制定相应监控方案，诸如危机管理计划手册、应对策略等，内容全面、规范统一、实用便捷。

五、对照方案，认真督查

在预警方案制定妥当后，还应提醒相关领导、责任人定期检查，如何应对紧急情况，如何撤离相关区域，如何控制危急局面，如何应对新闻记者的来访等。对特定区域可能存在的隐患应予以特别关注、督查，以便危机降临时能采取应急举措，控制局面。

六、培养全员危机的观念

务实、仔细、全面、可行是每一项危机预警计划的关键因素，也是考验新闻发言人、组织领导人临危不惧、镇定自若的必要前提。只有上下齐心协力，树立"预防就是一切"的危机管理意识，共赴危难，团结协作，始终将顾客利益、公众利益、企业信誉、企业良好形象放在首位，就一定能稳操胜券，勇往直前，消除隐患，建立良好声誉，赢得社会公众的广泛认同与支持。

 **课堂讨论**

你认为解决危机的最好办法是什么？

综合测试

一、单项选择题

1. 英文 Public Relations Crisis，专指灾难或（　　）中的公共关系。
A. 危机　　　　　B. 生机　　　　　C. 机缘　　　　　D. 时机

2. 从存在状态来看，可将危机分为一般性和（　　）两类。
A. 比较性　　　　B. 重大性　　　　C. 危害性　　　　D. 独特性

3. 危机一旦发生，组织就应当在（　　）内迅速作出反应。
A. 第二时间　　　　　　　　　　B. 第三时间
C. 第一时间　　　　　　　　　　D. 第四时间

4. 国内外危机处理实践证明，预防和（　　）是解决危机的最好办法。
A. 监控　　　　　B. 控制　　　　　C. 防止　　　　　D. 隔离

5. 处理危机应遵循（　　）、诚恳、准确、冷静、全面、公正和灵活的原则。
A. 适时　　　　　B. 及时　　　　　C. 恒时　　　　　D. 改时

6. "预防是解决危机的最好办法。"是英国著名的危机管理专家（　　）说的。
A. 迈克尔·森里　　　　　　　　B. 迈克尔·斯偌夫
C. 迈克尔·里杰斯特　　　　　　D. 迈克尔·里杰斯夫

7. 在处理危机的过程中，如无特殊情况，不要（　　）负责处理工作的人员。
A. 代替　　　　　B. 转换　　　　　C. 转移　　　　　D. 随意更换

8. 如果说预防是危机管理中的关键，而捕捉（　　）则是关键中的关键。
A. 时机　　　　　B. 机缘　　　　　C. 先机　　　　　D. 危机

二、多项选择题

1. 危机的含义是（　　）。
A. 潜伏的祸根　　　　　　　　　B. 严重困难
C. 环境困难　　　　　　　　　　D. 危机四伏
E. 生死存亡关头

2. 危机的特征有（　　）。
A. 突发性　　　　B. 未知性　　　　C. 危害性　　　　D. 普遍性
E. 复杂性

3. 依据其外显形态，可把公关危机划分为（　　）。
A. 人为公关危机　　　　　　　　B. 非人为公关危机
C. 显在公关危机　　　　　　　　D. 内隐公关危机
E. 无形公关危机

4. 公关危机处理原则是（　　）。
A. 及时　　　　　B. 诚恳　　　　　C. 准确　　　　　D. 冷静
E. 灵活

5. 危机处理的程序是（　　　　）。

A. 迅速反应，隔离危机　　　　　　　B. 收集信息，确定对策

C. 分析症结，控制事态　　　　　　　D. 组织力量，处理善后

E. 总结评估，吸取教训

6. 处理危机的专家队伍包括（　　　　）。

A. 政府官员　　　　　　　　　　　　B. 行业权威

C. 教授　　　　　　　　　　　　　　D. 高级记者

E. 公关专家

7. 培养全员危机观念，应当（　　　　）。

A. 实事求是　　　　B. 务实　　　　C. 仔细　　　　D. 全面

E. 可行

8. 处理危机针对消费者对策，应当首先（　　　　）。

A. 查清和判明消费者的类型　　　　　B. 了解消费者的特征

C. 判明消费者的数量　　　　　　　　D. 确定消费者的范围

E. 鉴别消费者的差别

三、判断题

1. 未知性危机又称危害危机。　　　　　　　　　　　　　　　　　　（　　）

2. 根据危机产生的主、客观因素来区别，可划分为无形、有形两类。（　　）

3. 公关危机处理的总原则是真实传播，挽回影响，减轻损失，趋利避害，维护声誉。

（　　）

4. 危机一旦发生，就应当立即隔离危机源。　　　　　　　　　　　　（　　）

5. 当机立断，立即成立专门处理机构，确立主要负责人全权处理负责，是处理危机的上上之策。　　　　　　　　　　　　　　　　　　　　　　　　　　　　　　（　　）

6. 对于重要事项，宜用书面材料，少用统计术语或晦涩难懂的词汇。（　　）

7. 预防与监控并非解决危机的最佳办法。　　　　　　　　　　　　　（　　）

8. 每一次危机预警的关键因素是：务实、细微、全面和可行。　　　　（　　）

四、名词解释

1. 公关危机

2. 重大性公关危机

3. 有形公关危机

4. 内隐公关危机

5. 三个原则

6. 公关危机处理的总原则

五、简答题

1. 简述公关危机的特征。

2. 简述公关危机的成因。

3. 简述公关危机的处理原则。

4. 简述组织内部应对危机的对策。

5. 如何预防公关危机?

六、案例分析题

1. 阅读下面案例,回答问题。

新加坡航空公司危机公关处理案例

2000 年 10 月 31 日晚 11:18,新加坡航空 747 - 400 客机在台湾桃园机场起飞失败后坠毁;

11 月 1 日凌晨 1:10,新航台湾分公司召开记者会;

11 月 1 日凌晨,新航 CEO 致歉,并宣布支付每人 2.5 万美元慰问金;

11 月 2 日,新航 CEO 抵台,120 名新航员工支援;

11 月 3 日,台湾"飞安会"初步判定失事原因为飞机跑错跑道;

11 月 4 日,新航宣布每人 40 万美元赔偿金计划后,报道集中于赔偿额度、死伤人数、乘客背景、失事原因、检察官起诉、新航背景;

11 月 9 日后,报道开始淡化;

2001 年 2 月,初步鉴定报告出炉。

新加坡航空公司(后简称"新航")的飞机起飞坠毁后,新航在不到两小时的时间里就召开了记者会。

新航为什么能这么做?当危机发生之后,它的很多事情是之前有准备的。比如说它已经有所有机场官员的联系方式,它也有媒体的联系方式,它要发布的新闻声明的模板已经事先准备好了(这个模板就是一个事实的描述,从哪里起飞到哪里的飞机,是什么机型的,飞机上有多少人,现在坠毁了,这是一个很简单的声明。这个声明事先都可以准备好,事情发生后只要把事实放进去)。所以它在两小时之内就可以召开一个新闻发布会。然后它的 CEO 开始致歉,并宣布每一个人的慰问金是 2.5 万美元。在发生这种重大的、出了这么多人命的危机的时候,公司负责人一定要出来表示负责的态度。

新航 31 日发生坠机,它在下个月 4 日就宣布每人 40 万美元的赔偿金额,这个金额是史无前例的。就是因为新航知道赔偿金额通常是一个持续不断的话题,是一个经常的新闻点,它之所以把赔偿金额提到这么高,就是为了让遇害者一方不会有新的新闻点出来。同时也在告诉公众:我敢确保我以后不会发生这类事情,要是再发生的话,我的赔偿金会越来越高,不会越来越低。到了 11 月 9 日,这个 82 人死亡的重大事故,开始没有什么新闻了。它的危机处理是非常值得我们借鉴的。

(根据网络佚名资料改写)

(1)新加坡航空公司在危机发生后,处理的手段如何?

(2)新加坡航空公司为何宣布史无前例的赔偿金额?

2. 阅读下面案例，回答问题。

中美史克有效应对"康泰克事件"

2000 年 11 月 16 日，美国食品和药品管理局宣布禁药决定；

11 月 16 日，中国国家药品监督管理局宣布暂停使用含 PPA 的药品；

11 月 16 日，中美史克接到通知，成立危机应对组织；

11 月 17 日，各大报纸以显著篇幅报道，中美史克召开员工大会；

11 月 18 日，中美史克发布《给医院的信》和《给客户的信》，数十名经培训的专职接线员负责接听询问电话；

11 月 18 日，国家药品监督管理局局长郑莜萸公开表示：康泰克遭禁不代表其为假药劣药；

11 月 20 日，天津中美史克总经理召开媒体恳谈会；

11 月 23～24 日，媒体开始关注中成药、抗感冒药的发展，999 感冒灵胶囊趁势强攻市场；

11 月 24 日，《北京晚报》：康泰克在京近 5 年未惹大祸。

此后，康泰克事件逐渐尘埃落定。

从含 PPA 的康泰克被停止使用，到生产出新的不含 PPA 的康泰克，中美史克的危机公关行为是在严密的预案指导下进行的。2000 年 10 月 19 日，FDA 建议将 PPA 列为不安全药品，中美史克已发觉事态的严重性。它准备了完整的危机管理方案，所以当政府禁止生产销售这个药品的时候，它很坦然：第一，表示坚决拥护中国政府，建立了一个良好的政府关系；第二，表示坚决回收含 PPA 的康泰克，每一粒药都拿回来。然后积极地研制新的符合标准的药。实践证明，他们在危机事件中打了一场"有准备之仗"。

（1）中美史克在危机降临时为何采取宣布禁药决定？

（2）我们从中应受到何启示和借鉴？

 实训项目

实训一：公共关系危机处理

[情景设计]

某学校因食堂卫生不良，导致大批学生生病，学生联合投诉，学校开始以为不是大问题，没有特别采取果断的安全卫生检查措施。眼看又有一批批的学生因食物不良而导致中毒，学生们联合起来罢课，把食堂的大门堵起来，眼看一场危机爆发。请问你将采取什么举措应对这场危机？

[角色扮演]

把学生分为 6～8 人一小组，角色包括：顾客、餐厅负责人、公关部主任、卫生执法人员，学生会、安全管理委员会人员等。

[处理危机程序]

1. 迅速成立危机管理委员会，建立危机管理的组织机构，安排相关人员，确定各自的

职责，立即展开工作。

2. 对危机的原因施行调查，确定危机的类型、特点，确认相关的公众对象，了解事实，封存食堂的相关食物，交卫生检验机构检验。

3. 制定危机处理的基本原则、方针、程序与对策，向全体工作人员通报统一口径，统一认识，协调行动。

4. 安抚受害者，缓和对抗情绪，实事求是地处理危机、赔偿损失。

5. 联络相关媒体，如校园广播站、校报、校园网等，通过校园内的学生记者提供真实、准确的消息，主动引导舆论；对于校外新闻媒体，要尊重，采取主动、合作的态度，不可隐瞒事实真相。

6. 制定全面沟通计划，迅速进行多方沟通，加速化解危机。

7. 保障食堂正常运行，加强卫生的监管。

8. 制定危机过后重树组织形象的计划。

[实训要求]

根据实际情况，每组撰写一篇危机处理的报告。

[效果评价]

教师教学点评、打分。见表 7-1。

表 7-1   公共关系危机处理评分表

专业		班级		学号		姓名	
考评地点							
考评内容	公共关系危机处理						
考评标准		项目内容			分值	评分	
		对于危机处理相关知识的掌握			15		
		对于危机处理相关方法的把握			20		
		角色扮演得恰当			35		
		危机处理的程序、技巧			30		
		总计			100		

实训二：公关危机管理计划的制定

[情景设计]

2003 年 2 月，南京的个别消费者发现自己购买的中电通信 CECT928 手机屏幕上竟出现一句问候语"Hello Chow"，中文意思是"你好，中国种的狗"，消费者随即向新闻媒体反映。此事经媒体一曝光，立刻掀起轩然大波，许多人都认为这是对民族尊严的伤害，是对中国人的侮辱，众多此手机的用户准备向厂家讨个说法。

[角色扮演]

将学生按照6~8人为一小组，扮演公关部门的成员，制订危机管理的处理计划。

[危机管理计划制定]

1. 确定危机管理计划的内容。

2. 危机管理计划的具体格式。

[实训要求]

每组撰写一篇公关危机管理计划。

[效果评价]

教师教学点评、打分。见表7-2。

表7-2 公关危机管理计划评分表

专业		班级		学号		姓名	
考评地点							
考评内容	公关危机管理计划的制定						
考评标准	项目内容				分值		评分
	对于危机管理相关知识的掌握				15		
	对于危机管理相关方法的把握				20		
	角色扮演得恰当				30		
	危机管理计划的内容、格式				35		
	总计				100		

实训三：公关危机管理预警演练

[情景设计]

2009年3月25日，广东省食品药品监管局在近期专项查处无证染发类化妆品的行动中，有省内外5家企业6个批次的产品涉嫌违法添加致癌物间苯二胺。监管部门已对其中4家广东企业进行了立案调查，并将标示为"北京章光101科技发展有限公司"生产的北京章光101染发膏的相关情况通报给了北京市相关部门。3月26日中午，也就是负面信息正逐渐呈现出爆炸式扩散的趋势之时，章光101科技发展有限公司就在自己的官方网站上发布了有关该事件的紧急声明。称此次在广州查处的"章光101染发膏"，非经本公司生产和授权，系擅自标注本公司名称的行为，公司将进行深入调查并保留进一步追究其法律责任的权利。

实际上，章光101科技发展有限公司应当建立公关危机管理预警系统，请为其设计。

[角色扮演]

学生以6~8人为一小组，分别扮演章光公司的相关人员、危机制造者、媒体记者等。

[公关危机管理预警]

1. 危机预警演练准备。

2. 实施正式演练。

3. 演练后效果评估。

[实训要求]

撰写一篇公关危机预警演练报告。

[效果评价]

教师教学点评、打分。见表 7 – 3。

表 7 – 3　　　　　　　　　　公关危机管理预警演练评分表

专业		班级		学号		姓名	
考评地点							
项目内容	公关危机管理预警演练						
考评标准	项目内容			分值		评分	
	对于危机预警相关知识的掌握			15			
	对于危机预警管理相关方法的把握			20			
	角色扮演得恰当			30			
	危机预警演练报告的内容、格式			35			
	总计			100			

实训四：设计危机处理方案

[情景设计]

2004 年 7 月 9 日，美国环保署宣称，杜邦"特富龙"的关键原料——全氟辛酸铵，可能会致癌或影响生育。这场风波在中国市场引起强烈反应，杜邦不粘锅销量急剧下降，有些商场开始停售杜邦不粘锅，国家相关机构开始介入。

请为杜邦不粘锅设计一套危机处理方案。

[应试程序]

1. 以杜邦不粘锅为本组织，分别扮演经理、公关部主任、营销顾问、员工、媒体记者等角色。

2. 召开一场危机处理协调会。

3. 安排相关应对计划。

4. 提出具体步骤。

[实训要求]

1. 以 6 ~ 8 人为一小组，分工明确。

2. 各司其职，确保时间、工作程序到位。

3．制定具体的书面计划。

[效果评价]

教师教学点评、打分。见表7－4。

表7－4   危机处理方案评分表

专业		班级		学号		姓名	
考评地点							
考评内容	设计危机处理方案						
考评标准	项目内容			分值		评分	
	对于危机协调相关知识的掌握			15			
	对于危机处理相关方法的把握			20			
	角色扮演得恰当			30			
	危机处理方案的内容、格式			35			
总计				100			

 课外阅读

1．迈克尔·里杰斯特．危机公关．上海：复旦大学出版社，1995．
2．郭惠民．危机管理的公关之道．上海：复旦大学出版社，2006．
3．新闻发言人与危机公关培训网
4．中国危机公关网

模块八　网络公关

学习目标与任务

了解网络公关的概念、界域和特点，熟悉网络公关策划的类型，熟练掌握网络公关的策划和组织工作，能运用有关理论分析网络公关策划的案例。

项目一　网络公关概述

案例导入

网络公关的崛起

2009年9月，一个叫"小y"的80后白领在国内著名的社交网站人人网上晒出了自己"彪悍"的生活：每天穿西装跑步7公里上班、自制便当追前台MM、大学时通过图书馆书架缝偷拍漂亮MM的背影、自己动手装修自己的"蜗居"，还时不时呐喊出如"奔跑是我努力的方向，也是我人生不灭的梦想"这样的人生格言。一夜间，小y成了数千万混迹在人人网的年轻人的代言人。在这些80后和90后的追捧下，"彪悍的小y"的彪悍故事在短短几天内的点击总数竟然超过了200万，回复讨论更是突破了1万，这个有点"无厘头"的新锐人物已然蹿红了整个社区，甚至波及其他网站。

当人人网数千万网民在为小y着迷，视其为偶像时，谜底揭开了。小y根本就无真人，只是某公关公司为联想Idearpad Y450做的网络推广策划。恍然大悟的网民回过头来再看小y所发帖子中的图片和视频时，很容易就发现联想的笔记本、LOGO总是不搭调甚至莫名其妙地成为了图片和视频的背景或主要元素，这活生生就是一场策划。而其策划者，正是2009年12月30日通过证监会审核的蓝色光标。

蓝色光标是国内最大的公关公司之一，上市后将成为国内公关第一股。除了"彪悍的小y"，据了解，去年风行网络的"炅"也是蓝色光标针对2009年联想IEST赛事及品牌推广所策划的一次互联网营销。而目前，多数传统公关公司也纷纷涉足网络公关。

"小y"的便当造型是Y450笔记本。

近半热帖是网络公关公司炒作。北京某网络公关公司一工作人员张先生透露，网上发帖策划是网络公关公司最常见的业务。网络公关公司接到推广项目后，会先研究推广方案，研究如何在热门网站论坛或者社区中发帖，以吸引网民的注意力。"在网上传播，最大的忌讳是平庸，一定要想方设法吸引眼球，可以说将网民吸引过来参与到帖子的讨论中，这个策划就基本成功了。"张先生介绍，为了让网民相信帖子讨论的是真实的故事，而非陷阱，帖子中一定要有错别字，还要有一句语句不通。"这是为了让网友相信发帖人不是事先计划好，而是未经修饰的真实想法。"

帖子设计好后就要雇请一批"水军"（互联网上受雇于网络公关公司，为发帖回帖造势的网络人员，有专职和兼职之分）在论坛中盖起"万丈高楼"，将帖子炒作起来。一长期活跃在网络中的"水军"介绍，看似简单的顶帖也是有"技术含量"的。"不能是一边倒的褒或者贬，要使'拍砖派'与'力挺派'能'掐'起来。最好是在论坛上掀起轩然大波，将那些不明真相的网友吸引过来自动跟帖，这样势就造起来了。"

上海某网络公关公司工作人员介绍，网络公关公司的主要支出是人力资本，即想出能在网络上广为接受的帖子创意。"好的网络公关公司要用巧劲，做到四两拨千斤，最好的创意是根本不需要'水军'来帮忙，自有网友被吸引过来参与其中。"

《中国公共关系业 2008 年度调查报告》显示，网络公关业务产值占整个公关行业市场比重高达 6.3%，营业额约 8 亿元。因推出"芙蓉姐姐""天仙妹妹""二月丫头"而号称"中国第一网络推手"的陈墨网络公关机构掌门人陈墨表示，2007 年，他的网络策划公司已签约和待签约客户就有 13 家，意向签约金额超过 1000 万元人民币。陈墨甚至撰写博客称，网络公关公司将是"传统公关的掘墓人"。网络公关行业研究人员高胜宁也预计，未来三年内，网络公关业务会逐渐超越其他公关服务手段，成为最大的赢利点，比重超过 50%。

（根据中国公关网佚名资料改写）

1. 网络公关业务打造出的许多"超人""绝活"，你如何看？
2. "网络公关公司将是'传统公关的掘墓人'。"这句话对吗？请说出理由。

一、网络公关的含义

网络公关的兴起缘于互联网和电子商务的发展、网络传播方式较之传统传播方式的创新，以及公关业发展的需要。由于网络公关刚刚兴起，目前业界还没有一个统一的定义。

下面是几种有代表性的定义：

（1）网络公关（PR on line）又叫线上公关或 e 公关，它利用互联网的高科技表达手段营造公关组织形象，为现代公共关系提供了新的思维方式、策划思路和传播媒介。

（2）"公共关系"的英文为 Public Relations，简称公关，那么网络公关也就是指公关组织在网络空间的公众关系。网络的空间存在着形形色色的"大众群体"，公关组织通过其网络上的各种存在形式，以及通过采取各种方式与网络公众增进了解，进而维持与公众的良好关系与互动，以此来加强公关组织形象的影响力，促进公关组织形象的推广。

（3）网络公关是由于计算机网络的迅猛发展而给传统公关带来的一种创新形式，它以互联网作为信息传播的手段来开展公关活动，为公关组织改善自身形象、提升公关组织知名度、创造更多的隐形价值。

第一和第三个定义指出了网络公关的手段是互联网，公关的目的是营造公关组织形象，但没有涉及网络公关对象。第二个定义对公关的三个基本要素主体、客体和手段都有所描述，尤其是对客体阐述比较详细。

综合以上三种定义，网络公共关系就是公关组织以互联网为手段针对网络公众进行的，主体是公关组织，传播媒体主要是指互联网，客体是网络公众。网络公关的目的是维护和改善公关组织形象，提升公关组织知名度，以获得更多的隐形价值。但是这些定义不够准确、全面。下面从公共关系结构三个基本要素来分析网络公关的内涵和外延。①网络公关的主体。公关组织主体是网络公关主体的组成部分，但不是唯一主体，包括政府等各种社会组织以及个人，统称为网络化的社会组织。而公关组织是网络公关发展的动力，是探索网络公关发展的"先锋"。②网络公关的手段。从网络公关字面意思上来理解，网络公关的媒介是网络；从技术角度来看，网络包括电信网络、有线电视网络和计算机网络，并且这三种网络中的每一种都是公共关系的重要传播手段。因此，网络公关的媒介不仅包括计算机网络，也包括电信网络和有线电视网络。③网络公关的客体。网络公关的客体是网络公众。首先，经常浏览网页的网络用户有可能成为网络公关的对象。公关对象是有针对性的目标受众，网络公关也不例外。网络公关的客体就是经常浏览网页的、与网络组织有实际或潜在利害关系或相互影响的个人或群体的总和。

综上所述，网络公关的定义根据网络媒介的三种不同类型，分为狭义和广义两种。广义上的网络公关是指网络化组织以电信网络、有线电视网络以及计算机网络为传播媒介，来实现营造和维护组织形象等公关目标的行为。狭义上的网络公关是指组织以计算机网络即互联网为传播媒介，来实现公关目标的行为。我们主要使用的是狭义上的网络公关概念。

二、网络公关的界域

网络公关是由于计算机网络的迅猛发展而给传统公关带来的一种创新形式，它以互联网作为信息传播的手段来开展公关活动，为公关组织改善自身形象、提升公关组织知名度、创造更多的隐形价值。较之传统的公关，网络公关具备了更强的整合力，奥美公关中国区董事、总经理柯颖德曾提出"360度整合营销传播"的理念，所谓"360度"指的便是一种全方位的，整合了公关、公关组织形象设计、广告、促销、媒介投放、媒介互动等各方面的公关手段。显然，无论从时效性，还是从覆盖面，或者互动性以及经济性等诸多方面来考虑，网络公关都具备这种全方位整合营销的能力。

从某种意义上来说，网络公关是一种直复公关，这里的"直"指的是网络公关主体与公众之间绕开了传统公关所无法避免的各种节点，如媒体、意见领袖、时间差、地域差等，从而明显缩短了相互之间的作用路径，能够保证公关活动的有效到达率；而"复"则是指公关主体与公众之间即时、高效的互动性，这种互动可以使公关活动这种"软"营销工具的威力更加淋漓尽致地发挥。

就目前的实践来看，网络公关主要是以公关组织站点宣传、网上新闻信息发布、其他组织网络赞助活动（如协办网络 FLASH 大赛、网上征集创意等）、制造网络媒介事件（如对某重大现实事件动向的实时发布、发起网络票选活动等）、建立网络互动虚拟社区等形式展开。公关组织有了自己的站点，便等于拥有了一个具备很强自主性的宣传媒体，依靠这个媒体，公关组织可以实时通过网络发布公关组织新闻、及时与其公众进行互动交流等。这里需要注意的是，公关组织的站点建设不是一个一劳永逸的事情，建立起来之后还要不断地维护、更新，添加能够吸引受众的新鲜内容，而不是如一个荒芜的弃舍，任蜘蛛结满罗网。由于受众对事物的认知需要一个过程，在公关组织网站建立初期，公关组织可以在公关组织的相关宣传媒介上（如公关组织报刊、公关组织活动宣传活页等）推广公关组织网站，这一时期，公关组织的网络公关可以借助专业的门户网站来进行，依靠这些网站的人气来提升公关组织的知名度，并且为公关组织的网站聚敛人气。

当前，网络公关的概念虽然在美国刚刚兴起；但中国公关业不甘人后，此概念在"2000 年中国国际公共关系大会"上成为热门话题，到 2001 年则开办了"中国公关网"，而公关组织自身的公关网络更是如雨后春笋般生长起来。中国公关业和其他行业有了自己的门户网站和宣传平台，可以以最快捷的速度与国内外交流行业的信息。

公关界敏感人士看到，互联网的普及宣告了传播方式的革命，这正是 e 公关的生长点。网络传播与传统传播相比，非常突出的特征在于：个性化、互动性、信息共享化和资源无限性。由此可见，网络信息传播方式是全新的，它已集个人传播（如电子邮件）、组织传播（如电子论坛）和大众传播于一体，e 公关也正是对这些传播方式重新进行的整合公关方式。

随着市场竞争的日益激烈，各公关组织都使出了浑身解数提高自身形象、扩大自己的知名度。在开展公关活动时，越来越多的公关组织意识到网络公关的重要性，它已经成为公关组织整体策略中的热点领域。

现在，大多数学者认为网络公关指公关组织借助联机网络、电脑通信和数字交互式媒体的威力来实现公关目标的行为。网络公关的兴起，是新科技时代公关特征与网络特征交叉促成的公关业发展的必然趋势。分析网络公关，必须了解网络传播的特征及其对传统公关组织公关观念的冲击，并据此分析网络公关的基本理念和策略。

三、网络公关的特点

一般看来，网络公关这个名字似乎富有强大的生命力，但实际上网络公关只是告诉我们如何去达到预期的效果。除了像传统公关那样一再强调创意之外，在策略上，一些新的、可供公关组织依循的路径，正在进行计划并推进解决方案，而关于网络公关的案例，近几年在国内已如雨后春笋般出现了。因此，对于网络公关，现实问题是，我们该利用网络公关的哪些特点？并且这些特点是切实可使用的？而且是能基于一个公关目标策略并能按该策略不断推进？经过大量的公关传播实践和研究发现，互联网的普及宣告了公关传播方式的革命。

网络公关传播与传统公关传播相比，在公关传播规律上，网络公关主要具有以下特点：

（一）交互性

网络公关传播不是媒体向接收者传递信息的单向传播，不仅媒体作用于用户（传递信息），用户也可以作用于媒体，他们可以对网络公关传播的信息进行加工、处理、修改和重新组合等。

（二）多媒体传播

网络公关传播不仅能向用户显示文本，还能同时显示图形、活动图像和声音。用户可以自主决定某条信息最终以何种面貌呈现。同时，网络还能根据用户的需要将同一条信息由一种媒体形式转换为另一种媒体形式。

（三）容量无限性

信息传输的即时性和全球性。由此可见，网络公关传播信息的方式是全新的，网络公关传播已经成为个人传播（如电子邮件）、组织传播（如电子论坛或电子讨论组）和大众传播的统一体。

（四）六度传播

六度传播是指网络公关信息传播也表现为六度分隔理论，该理论由美国著名社会心理学家米尔格伦于20世纪60年代最先提出。

六度传播理论在网络上表现明显，简单地讲，从任何一点发出的信息，经过6次传递之后，可能会到网络上的任何一个人那里。这也是由网络的互动性所决定的。在2005年上半年，网上流传的"史上最牛女秘书"案就是经过电子邮件的传播，在很短的时间里广为人知，从侧面很好地验证了六度传播。而近年来，网络上掀起了很多企业的"揭丑"，负面信息在短时间内造成"风暴"，也能在六度传播上得到解释。

（五）个性化

网络公关传递信息在形式上是个人选择的结果，网络受众可以根据自己的需要和兴趣选择信息，将信息"拉"过来享用。

（六）具有公共话题

所谓公共话题，是指任何在网络上迅速、广泛传播的公关信息，都是围绕公共话题进行的，即使该信息本来是以某个个人或组织为核心，但有效扩散的必要条件是公共话题。从心理学上看，人们也只会关心和自己有关的信息，从组织或个体到公共话题，是扩散的前提条件。

 **课堂讨论**

你对网络公关有哪些认识？

项目二　网络公关的策划

 **案例导入**

奥巴马的胜利也是网络公关的成果

作为一个来自肯尼亚的黑人父亲和堪萨斯州的白人母亲的后代，凭借新观点、新思想、新形象以及网络的力量，在大选中获得了大多数选民乃至网民的拥戴，成功登上世界最耀眼的政治舞台，成为美国第一任黑人总统。奥巴马的成功，从传播的角度看，就是一个成功的公关案例。

公关讲究个人形象定位、目标受众的设定、传播环境、竞争对手的分析以及传播策略、关键信息、事件营销等。奥巴马在整个传播过程中，清晰定位品牌形象，明确目标受众，通过网络整合营销，进行有效的品牌传播，将个人品牌的公关发挥得淋漓尽致。

品牌形象定位与目标受众精准对接

奥巴马就像一个新品牌，一开始就选择了一个变革、打破传统的定位，树立起"年轻、时尚、创新、突破"的个人形象，鲜明区别于竞争对手麦凯恩保守、守旧的传统形象，确保了其以年轻时尚的改革家形象出现在选民的面前，为他带来了一大批文化精英追捧者。

美国政治学者波尔斯比和威尔达夫斯基跟踪分析了20世纪40年代至2004年的美国大选，得出一个结论：大约20%的"中间选民"，是决定某位总统候选人是否当选的主力。奥巴马将目标受众锁定在被政治忽略的数量庞大的非主流人群上，其年轻的品牌定位与目标受众的精准对接，使得奥巴马在草根、年轻人和无产者中获得了无数拥戴，争取了更多草根和年轻人的群体，吸引"中间选民"为他投票。

可以看出，奥巴马和竞争对手麦凯恩的不同定位吸引到不同人群，其最突出的就是各自差异化的品牌定位。做品牌同样如此，差异化的定位将使产品在市场中更具有号召力与竞争力。

新媒体环境下的品牌传播策略

随着新媒体的发展，特别是web2.0技术的广泛运用和普及，使受众从单纯的信息传播接收者向信息接收者、信息生产者、信息传播者的复合身份转变，促使了草根崛起。

奥巴马的年轻化品牌定位，要在青春活力、充满斗志、年轻时尚、创新的草根中进行有效传播，新媒体是最佳的选择。奥巴马充分利用年轻、强势的新媒体，通过这种开放、民主的媒介形式，在新媒体传播策略中，重点运用新媒体技术，通过互联网、视频、博客、彩铃、搜索引擎、手机短信、电子图书等全面推广，不断拉近与年轻人的距离，获得年轻人的支持。其政治形象也很好地利用了平民心态，吻合了平民、草根们的心理。

从中我们也可看出，新媒体时代的品牌营销环境主要表现为：信息传播主体的变化和信息传播受众的草根崛起。因此，面对新的营销传播环境，品牌营销传播的策略必然基于受众本身，充分地融入目标群体中，建构受众与品牌之间的一种互动关系。

整合营销传播手段塑造品牌形象

在大选过程中我们可以清晰地看到，奥巴马运用了从个人网站的品牌建立到视频、博客，到网络广告、搜索引擎进行全面推广，且执行到位，力度精准。从品牌形象到效果传播，从头到尾完成了一个成功的网络整合营销传播案例。

在奥巴马建立的个人网站上，整个基调都是以"开放"为主，且设计创新，互动性强，网民可成立部落、加入 Facebook 社群，还可以下载奥巴马的演讲作为手机铃声，给予支持者充分表达自己的方式，通过信息的共享与互动来达到争取舆论支持的目标。

在传播中，针对品牌定位，奥巴马凭借网络的力量，成功募款 6.4 亿美元的竞选经费，这其中的 87% 是通过网络募集而来，超过了以往任何一届总统候选人募集到的资金。

整个宣传过程，还充分运用了视频传播理念对个人品牌进行宣传，如广告片《拥抱》、"奥巴马女孩"视频、费城的演讲视频等，点击率暴涨，都成为了 Youtube 有史以来收视率最高的政治人物视频。同时，大部分竞选资金投放在了电子邮件、Banner 广告、搜索引擎、网络游戏内置等形式广告中。

通过奥巴马的成功案例，我们看到了广告、促销、公关手段的进化和发展。伴随着新媒体和数字技术的飞速发展，企业在新媒体的应用上，应遵守互联网核心精神"分享与互动"。如今，消费者不再单向接收企业传播的信息，在使用产品的同时，他们也在参与产品品牌的建设，企业应以更深入和互动的方式建立起与消费者之间的关系，获得消费者的忠诚度和信任度。

（根据网络佚名资料改写）

1. 你认为"奥巴马的胜利也是网络公关的成果"的观点对吗？请说出理由。
2. 这一案例说明了网络公关的巨大影响与作用，请尝试与传统公关相比，找出两者的差异。

一、制订网站推广计划

网站推广计划是网站推广策略的组成部分。制订网站推广计划本身也是一种网站推广策略，网站推广计划不仅是推广网络公关策划的行动指南，同时也是检验推广效果是否达到预期目标的衡量标准，所以，合理的网站推广计划就成为网站推广策略中必不可少的内容。网络公关策划包含的内容比较多，如网站的功能、内容、商业模式和运营策略等。一份好的网站推广计划书应该在网站正式建设之前就完成，并且为实际操作提供总体指导。网站推广计划通常也是在网站推广策略阶段就应该完成的，甚至可以在网站建设阶段就开始网站的推广工作。

与完整的网络公关策划相比，网站推广计划比较简单，然而更为具体。一般来说，网站推广计划至少应包含下列主要内容：

（1）确定网站推广的阶段目标。如在发布后 1 年内实现每天独立访问用户数量、与竞争者相比的相对排名、在主要搜索引擎的表现、网站被链接的数量、注册用户数量等。

（2）在网站发布运营的不同阶段所采取的网站推广方法。如果可能，最好详细列出各个阶段的具体网站推广方法，如登录搜索引擎的名称、网络广告的主要形式和媒体选择、需要投入的费用等。

（3）网站推广策略的控制和效果评价。如阶段推广目标的控制、推广效果评价指标等。对网站推广计划的控制和评价是为了及时发现网站推广策略过程中的问题，保证网站推广策略的良好发展。

二、正确对待网络舆论管理

在网络公关传播的实施上，世界品牌实验室（www. dianliang. com）在两个月的时间里，从新闻源和舆论引导两个方面进行了策划和传播。具体而言，网络新闻发布新闻信息按公众乐于接受的方式，以邮件等最快的方式向 3000 多家媒体发布，包括各门户的新闻和专业频道，很快在网站上形成热点新闻，并不间断地形成一个 7×24 小时虚拟的网络新闻发言人制度；而在网络舆论引导上，主要针对 28 家主流网站的近 5000 个论坛和网络虚拟社区，从多个方面策划不同的话题，以受众易于接受的方式，以帖子的形式，网络公关传播既定的信息内容，并很快被转载，形成密集的扩散效果。

网络新扒粪运动、博客的普及使传统媒体的规则和版图发生很大变化，新规则正在建立。在中国，传统的依靠媒体关系建立起的 PR 模式正受到强烈冲击。相比较传统的公关方式而言，网络公关由于本身的特点，越来越受公关客体的欢迎。由于不依赖于某几家媒体的版面，却依然使信息广泛传播，因此，网络公关的核心在于对网络舆论的管理。

在网络舆论管理上，世界品牌实验室认为稳定可靠的信息源、有效的信息扩散，以及巧妙的网络公关传播策略是三个重要的方面。目前网络公关传播提供了网络新闻发言人解决方案和论坛、网络虚拟社区传播方案两种方式配合使用，使网络公关传播策略依照不同的对象指定进行。

对于个人或组织而言，可引导的公众意见必须建立在稳定可靠的信息源上，无论是有利信息还是负面消息，类似于传统的新闻发言人的角色都是不可或缺的，否则谣言和混乱将会发生。网络公关传播网络新闻发言人解决方案即针对 3000 多家媒体即时、迅速地传递信息。而如果是一个希望被广泛关注的信息，扩散的最好选择莫过于论坛社区，28 家主流网站的 5000 家论坛已经成为中国网民发表意见的大广场，正在影响着网络乃至中国社会；网络公关传播论坛和网络虚拟社区传播解决方案即帮助个人或组织，将目标信息进行策略性的扩散。因此，当一个公共话题在论坛出现后，网民会相互传播、转帖、发表评论，从而推动网络公关传播并成为热点，这就决定了一个话题是否最终会流行。在这一阶段，如果能够有计划地进行网络舆论管理，就可以控制话题的发展方向，并在适当的时机引爆话题。

三、掌握网络公关的炒作技巧

"在网络上，没有人知道你是一条狗。"这句话放在初级网络时代来说，尚具有一定的道理，而历经网络的快速进化，如果还把网络当成大众娱乐时代的主力推进器的话，这无疑是对网络的贬低。在传统的媒体发掘近乎枯竭之时，传统的公关模式太过老套而濒于徒劳无功，网络公关将以颠覆性的面孔出现，而伴随着各类层出不穷的网络热点事件，网络公关将以时代进步为标志出现在公关活动中。

网络成为最大、分化最多、覆盖受众最广的媒体，一个网站往往能够会聚最具显性习惯的特定人群，这些人群的数量随着网络的迅速普及正在以几何级的数量增长，对于公关活动来说，这将是一个前所未有的、庞大的公关活动对象。在这个媒体当中，能够会聚人眼球的热点事件将成为网络公关活动最大的目标，如何借助这类事件或者运用公关手段来策划制造这样的热点事件，将是未来网络公关策划的方向。

众所周知，网络不同于传统的媒体，对于普通消费者的话语权没有强权的限制，所以网络的事件素材能够做到更为生活化和真实。在网络上，经常充斥着消费者最为真实的抱怨，处理不好，往往会对企业的品牌损伤巨大。当网络上太多的人共同指向一个企业或者品牌之时，如果不加应对，随时可能爆发前所未有的危机。这些网络公关策划的策略可以说是若干年之后的绝技了，对于尚在发展中的网络媒体和发展中国家的中国公关组织来说，当前最重要的还是保持灵光和先进性头脑，解决好当前的网络公关策划问题，虚心向网络时代学习修炼自己。

网络是危机的显性阵地，处理危机应从网络入手。网络的开放性，为普通公众话语权的运用提供了大环境，所以网络经常会成为危机的发源地。很多传统媒体不能够曝光的事件，往往最先通过网络渠道向四面传播，而且极其具有杀伤力，会在极短的时间内形成恶劣的影响。

公关组织花大力气投注在传统媒体上，越来越面临着公关模式的老套，公关活动客体开始对传统媒体上的公关文稿抱有防范心理，很多公关的形式逐渐等同于广告，被受众所识别，而媒体也因此赔上了功利化的骂名。面临此种情形，有远见的公关组织纷纷将眼光投入到了网络媒体之上，以网络为公关活动平台，主动进行公关活动的宣传。

时下最为流行的网络选秀，实则也是一种公关。许多企业希望自己的行为能够更多地被社会理解，同时在社会上形成热点，吸引更多的关注，故而借用网络，以此为平台展开宣传，会聚全社会的力量，面向公众，达成公众和企业之间的某项合作，以求得双方利益的互惠，并且在开放的、平等的和公平的条件下进行，这本身正是一种公关。

对于公关组织而言，大公关的意义正在于聚众而谋，公关组织在网络上抛出一个公共话题，吸引各个方面的参与和关注，开放式、交互式的环境，能够满足各方言语的喜恶，展示各方的不同观点；对于公关组织来说，正好展示了自己的开放胸怀和与公众共生存、同发展的态度。这样的公关组织势必会引发公众的好感，也能使公关组织在公关活动过程中的症状得以多方会诊。这同时，也可以看出公关组织对网络媒体的重视，一个能够会聚高人气的网站也正好满足了公关组织传播公关活动的需求。网络的影响力越发深入，作为公关组织而言，巧妙选择网络媒体进行公关活动传播非常必要。在网络时代，这样的合作势必会带来双赢。

得民心者得天下，这是教训古代天子勤政爱民的一句古训，应用于现代公关组织来说，也不为过。一个帖子，一些积极主动的回应，面对普通公众的质疑，以开放从容的态度应对，被人记住的不仅是公关形象的品牌效应，还有公关组织开放的胸怀。即便被称为炒作，但炒作的背后丝毫不存在恶意，而且使公关组织的信誉得到更好的宣扬。

网络穿越时空，已经成为现代社会不可缺少的媒体和社会生活各方面的纽带。如果一个公关组织，在网络上，态度诚挚地抛出务实求发展的论调，在公平的平台上谋求社会公众的发展大计，这种公关活动将被公众所理解，而且还会有更多的人愿意为公关组织的长久发展倾注更多力量，投入更多关注。

具体来说，网络公关的炒作主要通过以下四种形式进行：

（1）新闻组。新闻组中聚集着有共同话题的公众，他们就共同感兴趣的话题进行讨论、评论和分析。新闻组可以建立和巩固公关组织与新老顾客的关系，开展公关活动所需的市场调查研究，通过信息监测，可以进行危机预防与控制。目前新闻组已成为国际公关界交流中最重要的一个渠道。

（2）发送新闻。通过在公关组织本身网站、有影响力的门户网站或与传统媒体相结合发送新闻来实施网络公关的炒作。通过传统媒体发布新闻时，更应注意与新闻记者建立友好关系，原则是开诚布公，成为其可依赖的有效信息来源，因为记者利用网络更容易查清组织公布的信息是否真实。

（3）电子邮件。个性化的电子邮件会增加人情味，实现一对一传播。此外，公关组织可以通过网络开展一些公关活动、公益性活动，如帮助网络虚拟社区成员解决问题，以提高公关组织形象、建立公关组织的网上信誉；为网络虚拟社区成员安排活动，吸引网民；举办网上新闻发布会或网上年会等。

（4）论坛。论坛是网络上一种广泛应用的信息交流工具，不论是公开浏览方式还是管理严格的远程登录方式，对公共关系而言，都具有特殊的传播沟通功能。首先是信息发布功能。组织和受众都可以通过 BBS 发布信息。其次是非实时讨论功能。公关组织可以将要发表的信息写成文章后，以比较条理和完整的方式发表在 BBS 相应的讨论区。最后是实时讨论功能。公关组织可与公众在"聊天区"进行实时交流，来拉近公关组织与公众之间的距离。一则新闻在论坛的新闻库里保留很长时间，选择在与公关组织相关的论坛上贴新闻，可能会带来长达几年的效益。

四、正确处理网络危机公关

网络媒体已经成为强势媒体，尤其是在中国，网络媒体不仅极大地改变了中国人的阅读模式，其在中国的强势地位更是超过了美国。因此，在危机公关处理过程中，不应忽视网络媒体的重要作用。

（一）网络传媒的特点

网络媒体传播的特性具有以下几点：

（1）"好事不出门，坏事传千里。"网络媒体在舆论导向方面限制比较少，完全市场化。它的新闻排列完全按照点击率排列，所以充分反映了人性的趋向，而人性最深刻的一点就是"偷窥欲"，所以网络媒体的头版头条往往是一些"坏消息"。

（2）放大效应。一个小地方的传统媒体的报道，经过新浪、搜狐转载后会立即成为全国性的新闻。

（3）二次传播效应。一篇报道上网以后，往往会引发传统媒体的跟进。这是因为上网频率最高的人是记者，他们要找新闻线索。一个记者看见一篇文章以后，他会接着写，第二篇会带来第三篇、第四篇，最后变成一个专题。

（4）复制成本极低，传播速度极快。传统报纸如果要转载另外一家报纸的文章，一般要先剪下来，然后复印一下，或者是重新录入一遍。网络媒体只要拷贝一下，甚至系统可以自动发过去。

（5）删除后可再发，位置调低了也可以再调高。传统媒体对新闻严谨性的要求比较高，而互联网这方面的要求相对低得多，甚至某种程度上可以造谣。它可以发一些小道消息，这篇报道写得再差也可以发，甚至可以没事找事。所以这些年大部分负面新闻尤其是小道消息，都是从网上发出的，而不是传统媒体。

（6）负面报道发表频率远高于传统媒体。传统媒体如果报道一家企业负面新闻的时候，它最多说两次，首先因为要有素材，其次是要把它的新闻点挖掘出来。但是网络媒体只要有任何传统媒体发了这个负面报道，它都可以转载，它的发表频率特别高。

（7）可补救性。删除新闻或调整位置。网络媒体的新闻是可以删除的，即使不能删除，也可以改变位置。从首页撤到一个频道的首页，撤到栏目的首页，最后撤到最低层，每撤一次，它的浏览量就会削减到 $1/20 \sim 1/10$。

（二）网络危机公关管理的注意事项

针对网络传播的特点，基于网络的危机公关管理应注意以下一些要点：

（1）预防为主，在第一时间阻止上网。

（2）万一发生，以最快的速度封堵。

（3）转移话题。

（4）堵不住的话就冷处理，不要推波助澜，切忌因主动提供新的炒作话题，引发和推进波浪式传播。

（5）不要刻意追求将新闻彻底删除。

（6）平时多做工作永远比临时抱佛脚管用。

（7）与媒体善意沟通，而非强势公关。应分析媒体发表负面文章的动机，一般情况下大致有如下几种情况：①出于新闻理念而揭黑幕，如《财经》杂志。②出名、炒作。这需要搞清是个人行为还是机构行为。③拉广告。④报复。

（8）以平和心态看待网络危机公关。实际上，发生公关危机和由此引发负面报道是正常的事情，不必为此针对媒体采取非常强势的压制做法。

（9）尽量不要找政府主管部门强行施压。这种做法虽然短期内见效最快，但就长期来说负面效应更大。

（10）除非万不得已并有十足把握，否则绝不诉诸法律。这是因为打官司只会吸引更多人的注意，而且，名誉权官司组织很难赢媒体，即使打赢官司，媒体的道歉也是微不足道的，赔偿更不足以弥补组织的损失。此外，这种做法容易结怨，长远来说置组织于更不利的地位，甚至会激起整个新闻界的同仇敌忾。

五、正确对待网络公关的优势及注意问题

(一) 网络公关的优势

1. 网络公关主体的主动性增强

网络公关突破了传统公关的时空限制、传统媒体的限制，使公关组织拥有更大的主动权和传播优势。网络媒体具有即时性、互动性、无地域时间限制、信息化、全球化多媒体、低成本以及全方位传播等多重特性，摈弃了传统公关必须借助传统传媒以及必须通过其"把关人"对信息过滤，使公关组织能够即时发布信息而不必借助传统媒体，可以直接与公众交流进而对公众产生影响，从而绕开新闻媒体严格的审查以免贻误时机。同时，网络公关可以充当公关组织的新闻发言人，成为媒体获知公关组织最新信息的新闻源。网络公关即时、灵敏的反应速度为公关组织的信息传播提供了有力的工具，也为公关组织提供更多人性化的增值服务创造了可能。

2. 成本低、效果佳

传统公共关系策略在实施过程中，财力、物力是制约其发展的重要因素，而网络公关的开展却相当方便，一封友好的电子邮件、一个引人注目的论坛都可以成为公关开展的方式。在效果方面，传统公共关系的效果一般都是潜在的、远期的且很难量化。而网络公关有着立竿见影的效果，且容易进行统计。如一个简单的计数器就可以统计本网页的浏览量。

3. 网络公关客体的能动性提高

(1) 网络媒体的互动性。网络媒体的互动性使公关组织和公众都拥有了更大的主动性，这一点对公关的客体来说意义更大。在互动过程中，客体不只是单一的信息接收器，也成为了信息传播源，公众可以对网络信息自由选择、编辑、加工等。

(2) "一对一"模式可能实现。美国公共关系学者格鲁尼格在《公共关系管理》一书中指出，公共关系实践有四种模式：新闻代理模式、公共信息模式、双向非对称型模式和双向对称型模式。双向对称型模式被认为是最理想的模式。传统媒体在传播过程中，受众是被动地接收信息，没有发言权，是"一对多"传播。网络媒体使上网的每个人都可以通过论坛、电子邮件等互动形式将自己的观点、看法等传达给很多人，从而实现"多对多"传播。"多对多"传播从本质上保证了传播的双向性和对称性，提高了公众的参与度，从而使公关组织在公共关系实践中有可能实现双向对称型模式。

此外，传统公共关系的受众是信息传播者按照人口统计的某些标准归类为具有相同特征的群体，公关组织的公关活动基本上是针对目标公众群体设计的，但具体说来，公众仍是模糊的、难以把握的。网络媒体一方面使公关组织与公众建立起"一对一"互动的新型关系，在"一对一"的接触中，了解公众在使用产品或接受服务时遇到的问题和对产品或服务的意见和建议，实现公关组织对公众的个性化服务，以此来进行有效的市场运作，甚至拓展新的市场需求；另一方面也使得消费者得到了来自公关组织的更大需求满足，两者相互促进，形成公关组织与公众良好的动态循环。

(二) 网络公关应注意的问题

1. 网络"虚拟性"带来的弊端

网络的"虚拟性"，存在由鼠标和键盘带来的隔膜，及由于网络传递带来的心理距离，

使网络公关易缺乏人情味。在网络社会，人们处在一个相对封闭的环境当中：一方面，新型全球化网络虚拟社区通过传播传输技术正在或者已经形成。另一方面，整个社会却成为一个"熟悉的陌生人"的虚拟社区；技术可以超越空间，却不能够代替情感，技术可以促进沟通，却不能确保彼此建立信任；网络技术改变了人际和社会关系的质、量、度，却削减了社会作为一个共同体的内在和谐关系。

在网络上公关组织的真实性、可靠性等信誉由于网络发展过程中存在的一些弊端更难建立。但是随着网络逐渐成为人们工作、生活不可或缺的辅助工具，必然会采取各种方式来增强其可靠性，如目前正在推行的"网络实名制""网络新闻规范制度"等，都是对这一"囚徒困境"的突破。另外，公关组织在现实社会中切实的良好口碑也有利于其在互联网上建立信誉，使公关组织在网络上长期与公众平等、真诚地沟通，也会使公关组织逐渐建立公信力。

2. 安全方面存在的问题

（1）网络技术方面的问题。来自网络技术方面的问题主要是指有针对性的网络犯罪，如电子交易支付中的漏洞。安全软件专家认为，在电子商务的网络零售站点里，全部的购物应用软件中，约有1/3的程序设计易被掉换价格标签的欺骗性手段攻击。

（2）不利信息传播速度更快，易形成"公关危机"。不利信息主要来自两个方面：一是网络上的恶意攻击行为，如竞争对手对公关组织形象的恶意丑化、黑客的入侵并对公关组织网站的恶意涂改等行为；二是公关组织负面事件形成的不利信息。与公关组织正面信息相比，负面的内容往往容易扩大。在互联网上，借助网络传播面广、速度快等特性，"坏事传千里"的负面效应更加凸显，使世界上任何角落的一个小小信息都可能对组织造成灭顶之灾。以日本"东芝事件"为例，一位顾客购买东芝录像机时，因销售人员对他言辞欠妥，结果被顾客录下来并贴到网上，引得500万人次去听，最后东芝社长不得不亲自出面道歉，但这件事仍对组织产生极为不利的影响。

六、网络公关的作用与决胜关键

较之于网络广告，网络公关活动含蓄的、富有文化魅力的宣传方式不仅更易深入人心，以广告无法实现的方式提高产品、服务的可信度；而且网络公关活动的费用通常比网络广告更为低廉，在成本上占有更大的优势。同时，网络公关自身更是拥有许多独特作用，这主要表现在以下几个方面：

（1）通过建立公关组织网络虚拟社区，网络公关有助于建立和公众"一对一"的良好合作关系，二者以电子信件、电子留言板或公关组织QQ群的方式相互沟通，借此，公关组织可以很容易得到消费者对产品及服务的评价、获悉消费者的个性化需求，为公关组织的发展方向提供宝贵的思路，消费者也可以从与公关组织的沟通中获得更细致的解答和更周到的服务。需要指出的是，公关组织对建立起来的网络虚拟社区，要投入相关的人力资源来进行维护和优化，要对网络虚拟社区成员反映的问题及时加以回复解答，使网络虚拟社区真正成为公关组织与公众即时、平等、真诚互动交流的平台，而不是一个简单意义上的留言板、牢骚板。网络虽然是虚拟的，可是通过网络上的真诚沟通在彼此之间建立起来的感情却是真实的，这种感情又会直接反映到公关组织与公众之间的现实关系上来，良好的情感沟通，无疑会提升公关组织的公信力、美誉度和竞争力，最终实现公关组织经济效益和社会效益的全面增长。

（2）网络公关还可以培养公众对公关组织的信任度。按照美国学者阿里德安·佩恩等在其著作《关系营销——形成和保持竞争优势》中的观点，发展新客户的成本要高于维持老客户，而客户保持率将直接关系到公关组织的赢利情况，数量仅占客户总量20%的"金卡"客户（具有长期合作关系的老客户），却可以为公关组织带来80%的利润。借助网络公关直复性的特点，我们可以更加容易地实施ABC分析法（ABC－Analysis，又叫重点管理法），区分出对于公关组织来说重要的少数（高信任度的"金卡"客户）和不重要的多数（低信任度的普通客户），继而更加有针对性地进行省力高效的客户关系管理（CRM）。对于客户之于公关组织的信任度，美国学者塞利弗（Sherif）和肯切尔（Cantril）在研究社会判断理论时提出了涉入理论，指出品牌忠诚只有在高涉入的情况下才会形成，因为受到"信任"的品牌，是消费者经过广泛的信息收集、处理、评估之后选出的最合意的品牌，其背后有牢固的信念支持。要提高这种涉入度，公关组织就要充分发挥网络虚拟社区的作用，通过网络公关活动，吸引公众不断光顾自己的社区，成为其中稳定的一员，与公众不断进行深入沟通，并使公众在该社区内享受一定额外的增值服务，从而对该社区产生一种归属感和认同感，实现其信任度等级的不断提升。

无论是对于网络公关，还是传统的公关，要提高公关组织的知名度、美誉度与和谐度，必须坚持诚信的根本原则，"言必信，行必果"，必须像对待朋友一样善待公关组织所面对的公众，加强同公众、网络虚拟社区以及媒体之间的沟通合作，以可亲可感的诚信态度取代冰冷生硬的技术、以双向互动的沟通热情取代一相情愿的苍白表演。否则，单纯依靠空洞的形式而无先进的理念，单纯凭借花哨的表象而无真诚的内涵，所有的优势都将在网络的虚拟中化为泡影，在真实的现实中演化为败局。

在这里，套用一句广告语："Anything is possible（一切皆有可能）"，诚然，网络公关只是为公关组织的进一步腾飞提供了一种可能，如何将这种可能转化为现实将是公关组织在具体的公关活动中面临的首要问题。网络公关不像广告，可以不断融入各种创意、推出各种版本，好的广告可以立竿见影，而好的公关却不一定能即刻显效，但是其持久的辐射力绝非一般广告所能企及的。

另外需要指出的是，网络公关并不是完全在虚拟化的网络空间中运行的，它是在传统公关的基础上衍生和拓展出来的一种数字化环境下的公关关系。

最后，我们相信当网络公关成为一种习惯，当所有的刻意都成为一种发自内心的不经意，当公众与公关组织的信任关系由对程序、对制度的信任回归到对人与人关系的信任上的时候，我们所能够看到的将不仅仅是公关组织从中获益，更重要的是我们实现的将会是彼此的双赢。

课堂讨论

如何看待网络公关的作用及影响？

综合测试

一、单项选择题

1. 下列不是网络公关特点的是（   ）。

A. 交互性　　　　　B. 多媒体传播　　　　　C. 容量无限性　　　　　D. 平面传播

2. 下列不是网络公关进行炒作的形式的是（   ）。

A. 新闻组　　　　　B. 发送新闻　　　　　C. 做广告　　　　　D. 电子邮件

3. 今天的 Internet 开始于 1969 年，其前身便是美国国防部所建的（   ）。

A. ARPAnet　　　　B. NSFnet　　　　　C. LAN　　　　　D. WAN

4. 在公关传播媒介中，被称为"无边界的媒介"的是（   ）。

A. 广播　　　　　B. 电视　　　　　C. 互联网　　　　　D. 报纸

5. 下列媒介中，与现代公关所倡导的"双向交流与沟通"主旨最为吻合的是（   ）。

A. 互联网　　　　　B. 报纸　　　　　C. 电视　　　　　D. 广播

6. 通过报纸、电台、电视等媒介形成的热点舆论，称为（   ）。

A. 大众舆论　　　　B. 人际舆论　　　　C. 社会舆论　　　　D. 正面舆论

7. 以下哪项不是网站推广计划的主要内容（   ）。

A. 确定网站推广的阶段目标

B. 在网站发布运营的不同阶段所采取的网站推广方法

C. 网站推广策略的控制和效果评价

D. 网站推广策略的研究和制定

8. 以下哪项不是网络公关的主要特点（   ）。

A. 交互性与容量无限性　　　　　　B. 多媒体传播与六度传播

C. 个性化与具有公共话题　　　　　　D. 正面性与社会性

二、多项选择题

1. 制订网站推广计划应包含（   ）。

A. 确定网站推广的阶段目标　　　　　B. 网站推广策略的控制和效果评价

C. 培养公众对公关组织的信任度　　　D. 建立公关组织网络虚拟社区

E. 在网站发布运营的不同阶段所采取的网站推广方法

2. 网络媒体传播的特性包括（   ）。

A. 放大效应　　　　　　　　　　　B. 可补救性

C. 二次传播效应　　　　　　　　　D. 复制成本极低，传播速度极快

E. 负面报道发表频率远高于传统媒体

F. 删除后可再发，位置调低了也可以再调高

3. 舆论主要有（   ）形态。

A. 社会事件　　　　　　　　　　　B. 社会问题

C. 社会热点　　　　　　　　　　　D. 社会冲突

E. 社会运动

4. 网络公关的独特优势，主要表现在（　　　）。

A. 建立公关组织网络虚拟社区，建立和公众"一对一"的良好合作关系

B. 网络公关可以培养公众对公关组织的信任度

C. 网络公关可以突破传统公关的时空限制

D. 网络公关可以提升公关组织的形象和美誉度

5. 网络公关的安全方面存在的问题有（　　　）。

A. 网络技术方面的问题

B. 软件问题

C. 硬件问题

D. 不利信息传播速度更快，易形成"公关危机"

6. 网络公关的优势有（　　　）。

A. 网络公关主体的主动性增强　　　　B. 成本低、效果佳

C. 网络公关客体的能动性提高　　　　D. 传播速度快

7. 网络公关客体的能动性提高表现在（　　　）。

A. 网络媒体的互动性　　　　B. "一对一"模式可能实现

C. 网络媒体的传播性　　　　D. "一对二"模式可能实现

8. 网络的危机公关管理应注意的要点有（　　　）。

A. 预防为主，在第一时间阻止上网　　B. 万一发生，以最快的速度封堵

C. 与媒体善意沟通，而非强势公关　　D. 不要刻意追求将新闻彻底删除

E. 平时多做工作永远比临时抱佛脚管用

三、判断题

1. 网络公关（PR on line）又叫线上公关或 e 公关，它利用互联网的高科技表达手段营造公关组织形象，为现代公共关系提供了新的思维方式、策划思路和传播媒介。（　　　）

2. 网络传播的方式主要有"广播式"和"面对面"两大类。（　　　）

3. 网络公关通过新闻组、发送新闻、电子邮件、做广告等形式进行炒作。（　　　）

4. 网站推广计划是网站推广策略的重要组成部分。（　　　）

5. 与完整的网络公关策划相比，网站推广计划比较重要，然而更为具体。（　　　）

6. 网站推广计划不仅是推广网络公关策划的工作指南，同时也是检验网络公关策划推广效果是否达到预期目标的衡量标准。（　　　）

7. 网络公关是由于计算机网络的迅猛发展而给传统公关带来的一种创新形式，它以互联网作为传播交流的手段来开展公关活动。（　　　）

8. 网络公关是一种直复公关。（　　　）

四、名词解释

1. 网络公关

2. 六度传播

3. 公关话题
4. 新闻组
5. 论坛
6. 二次传播

五、简答题

1. 网络公关主要有哪些特点？
2. 网络公关的优势是什么？
3. 如何正确对待网络公关？
4. 网络公关常用的炒作形式有哪些？
5. 网络的危机公关管理应注意些什么？

六、案例分析题

1. 阅读下面案例，回答问题。

贾君鹏，你妈妈喊你回家吃饭

2009 年 7 月 16 日 10：59，一个名不见经传被成千上万网友称为"贾君鹏"的网友，突然在短短几小时走红网络。许多网友在百度知道、新浪爱问纷纷悬赏询问"贾君鹏"为何人，更有不少网友加入恶搞队列，组成异常庞大的"贾君鹏家庭"。有网友把"贾君鹏"事件戏称为"一句吃饭引发的血案"。而"贾君鹏"在这么短的时间内走红于中文网络堪称一个奇迹。百度"魔兽世界吧"里一句"贾君鹏，你妈妈喊你回家吃饭"近乎调侃式的话，在短短的 5 个小时便引来了超过 20 万名网友的点击浏览，近万名网友参与跟帖。许多网友把自己的网名改为"贾君鹏的妈妈""贾君鹏的姥爷""贾君鹏的二姨妈""贾君鹏的姑妈"……形成异常庞大的"贾君鹏家庭"。截至 2009 年 10 月 24 日 14：25，此帖达到 13178 页，回复 395335 条，401901 楼，突破 40 万。

（1）对于此种现象，你如何看？请说出理由。

（2）"哥做的不是××，是寂寞"这句话也成为"贾君鹏事件"之后衍生的网络热门词汇，你觉得有意义与价值吗？

2. 阅读下面案例，回答问题。

奇骏南极之旅

2008 年 12 月 10 日，国家海洋局极地考察办公室与东风日产乘用车公司联合召开新闻发布会，宣布东风日产与国家海洋局结成合作伙伴关系。同时，11 月初上市的东风日产智能全模式城市 SUV 奇骏，将成为"中国南北极科考独家专用乘用车"及第 25 次南极科考建站活动的后勤保障用车。2009 年 1 月 5 日，奇骏将随同南极科考队员起程奔赴南极。东风日产的奇骏南极之旅活动在网络公关宣传方面以博客营销为主要宣传方式。建立官博 3 个，东风日产随队人员个人博客 3 个。本项目核心博客为新浪官博和腾讯官博。在博主推广、BBS/社区推广、网站编辑推荐、QQ 群/MSN 群推广、EDM 推送、博客圈推广、博客底层链接推广等推广手段的综合应用下，新浪官博和腾讯官博的点击量在短短50天内达到了220万，回复量达到了1.8万，转载量达到8万。

（1）有人说："这是一个应该值得学习的经典案例，也为汽车网络公关提供了有效的借鉴。"你赞成吗？请说出理由。

（2）我们的公关人员从中能够得到的启迪与思考有哪些？请说出依据。

实训项目

实训一：网络公关策划

[情景设计]

某网络公司接受某企业的委托，为其在网络上进行产品开发、推广，要求写一份×××产品网络宣传、推广策划书。

[角色扮演]

以5~6人为一小组，分别扮演不同角色：网络公司经理、工作人员、企业代表、广告设计人员、网络维护人员。

[实训要求]

1. 学生分别扮演不同角色，要形象、逼真。

2. 模拟情境要真实、具体。

3. 策划书写作要规范、实用。

[效果评价]

教师教学点评、打分。见表8-1。

表8-1　　　　　　　　　　网络公关策划评分表

专业		班级		学号		姓名	
考评场所							
考评内容	网络公关策划						
考评标准	项目内容			分值		评分	
	网络活动的目的与内容			10			
	活动的策划与安排			10			
	活动中各部门的协作			10			
	活动的时机选择			20			
	工作流程			10			
	接待技巧的运用			10			
	产品策划书的写作			30			
总计				100			

实训二：网站设计与推广

[情景设计]

小杨到某网络公司工作，正遇到某旅游公司要求为其制作一个网站，要求符合专业，设计新颖、独特。

[工作程序]

1. 以 3～5 人为一小组，分别扮演网络公司经理、员工、旅游公司经理、导游、顾客。
2. 了解国内同类旅游公司网站的基本情况。
3. 掌握该公司的主要经营范围、对象。
4. 把握旅游类网站的基本走势。

[实训要求]

1. 每组要提交一份网站制作计划。
2. 提供较为详细的草图。
3. 体现该旅游公司的特色。

[效果评价]

教师教学点评、打分。见表 8-2。

表 8-2　　　　　　　　　　　实践能力评分表

专业		班级		学号		姓名	
考评场所							
考评内容	网站设计与推广						
考评标准	项目内容			分值		评分	
	网站内容			10			
	网站的策划与安排			15			
	活动中各部门的协作			15			
	网站宣传的时机选择			15			
	网站的工作流程			15			
	网站设计技巧的运用			10			
	网站策划书的写作			20			
总计				100			

课外阅读

1. 郭惠民. 危机管理的公关之道. 上海：复旦大学出版社，2006.
2. 中国公关网
3. 中国国际公关协会网
4. 上海公关网

模块九　公关战略

学习目标与任务

　　了解公关（组织）文化的含义、构成、功能，懂得品牌形象的重要性，掌握 CIS 战略的导入技巧。

项目一　公关（组织）文化

案例导入

美特斯邦威崛起的秘密

　　在外来休闲服装充斥中国市场的情况下，美特斯邦威冲破层层阻力一举成为中国内地最大的休闲品牌之一，目前在全国已设有 1800 多家专卖店，2006 年销售额达 40 亿元，创下了每两秒销售一件衣服的惊人速度。这不能不算是中国服装品牌的神话。正如它的广告词"不走寻常路"一样，美邦率先走出了一条"虚拟经营"的道路——把产品交给了劳动力价格，成本更低，更利于运输与营销的服装企业制造，把产品销售交给了加盟美邦的各地经销商，自己则将全部精力用于设计产品和开拓市场。

　　美邦在坚持"虚拟经营"的业务模式基础上，全面启动品质质量管理工程。

　　在品牌形象提升上，公司相继高薪聘请郭富城、周杰伦作为形象代言人，并冠名赞助选秀节目《加油好男儿》，以此提升知名度。同时耗资数千万元筹建了美邦服饰博物馆，展出了从各地民间服饰收藏者手中征集的服饰和藏品。

　　在产品设计开发上，它建立培育了一批具有国际水准的设计师队伍与法国、意大利、中国香港等地的知名设计师开展长期合作，每年设计服装新款式 3000 多种。

　　在生产采购上，充分利用社会资源和国内闲置的生产力，在广州、上海、江苏等地，300 多家生产厂家为公司定牌生产，形成年产系列休闲服近 5000 万件的强大生产基地。

　　在市场方面，它采用了连锁经营、特许专卖的营销模式。美邦的连锁店分为直营店和加盟店两种，其中加盟店是主要管理对象。公司通过一整套的考察、评审和培训制度对想加盟

美邦的团体进行考核。一旦成为加盟店，公司便与其结成"利益共同体"，对其实施每日、每周、每月的督导。

在人员管理上，美邦曾经先后出现了六次大的人事震荡。2002年年底，包括财务总监、商务总监在内的19位高管离开；2004年年底，销售、企划及IT部门的五位高管再度辞职。一位离职人员称："我们不是因为企业出了什么问题不看好企业发展前景，而是跟周成建没法沟通。他态度生硬，乱骂人。"

在一次次的人事震荡后，美邦董事长周成建不断地反省自己，提出"疑人要用，用人要疑"的用人哲学，并在此基础上建立了较完整的培训制度，并对员工进行绩效考评。此外，美邦公司还加强了对连锁店的激励制度的建设，考核加盟店的形象、店堂陈列、宣传等，给予"优秀店铺"丰厚的奖励和优先支持。

近几年来随着信息技术的飞速发展，企业的信息化进程进一步加快。美邦投入1亿元自建了计算机网络管理系统。该系统由制造商资源管理系统、集团内部资源管理系统和代理商资源管理系统共同组成，实现了对上游生产商和下游专卖店的全流程掌控。

中国加入WTO后，国际纺织品贸易突变，导致部分国内纺织服装企业出现开工不足甚至停产现象，国内市场开始被重新认识。基于此，董事长周成建打算在未来的几年内将20%的生产能力和零售终端掌握在自己的控制之下，并计划上市。

（根据网络佚名资料改写）

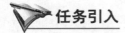任务引入

1. 你认为美特斯邦威崛起的秘密是什么？为什么？
2. 美特斯邦威加强了对连锁店的激励制度的建设，取得一定成效，为什么？

相关知识

一、公关（组织）文化含义

广义：公关（组织）文化是指公关企业在建设和发展中形成的物质文明和精神文明的总和。包括组织管理中的硬件和软件，外显文化和内隐文化两部分。

狭义：公关（组织）文化是指公关组织在长期的生存和发展中所形成的为组织所特有的，且为组织多数成员共同遵循的最高目标价值标准、基本信念和行为规范等的总和及其在组织中的反映。

具体地说，公关（组织）文化是指组织全体成员共同接受的价值观念、行为准则、团队意识、思维方式、工作作风、心理预期和团体归属感等群体意识的总称。

二、公关（组织）文化构成

公关（组织）文化分为四个层次，即物质层、行为层、制度层和精神层。

（一）物质层

物质层是组织文化的表层部分，它是组织创造的物质文化，是一种以物质形态为主要研

究对象的表层组织文化，是形成组织文化精神层和制度层的条件。优秀的组织文化是通过重视产品的开发、服务的质量、产品的信誉和组织生产环境、生活环境、文化设施等物质现象来体现的。

（二）行为层

行为层即组织行为文化，它是组织员工在生产经营、学习娱乐中产生的活动文化。包括组织经营活动、公共关系活动、人际关系活动、文娱体育活动中产生的文化现象。组织行为文化是组织经营作风、精神风貌、人际关系的动态体现，也是组织精神、核心价值观的折射。

（三）制度层

制度层是组织文化的中间层次，把组织物质文化和精神文化有机地结合成一个整体。主要是指对组织和成员的行为产生规范性、约束性影响的部分，是具有组织特色的各种规章制度、道德规范和员工行为准则的总和。它集中体现了组织文化的物质层和精神层对成员和组织行为的要求。制度层规定了组织成员在共同的生产经营活动中应当遵守的行为准则，主要包括组织的领导体制、组织机构和管理制度三个方面。

（四）精神层

精神层即组织的精神文化，它是组织在长期实践中所形成的员工群体心理定式和价值取向，是组织的道德观、价值观即组织哲学的综合体现和高度概括，反映全体员工的共同追求和共同认识。组织精神文化是组织价值观的核心，是组织优良传统的结晶，是维系组织生存发展的精神支柱。主要是指组织的领导和成员共同信守的基本信念、价值标准、职业道德和精神风貌。精神层是组织文化的核心和灵魂。

三、公关（组织）文化功能

（一）组织文化的导向功能

组织文化的导向功能，是指组织文化能对组织整体和组织每个成员的价值取向及行为取向起引导作用，使之符合组织所确定的目标。组织文化只是一种软性的理智约束，通过组织的共同价值观不断地向个人价值观渗透和内化，使组织自动生成一套自我调控机制，以一种适应性文化引导着组织的行为和活动。

（二）组织文化的约束功能

组织文化的约束功能，是指组织文化对每个组织员工的思想、心理和行为具有约束和规范的作用。组织文化的约束不是制度式的硬约束，而是一种软约束，这种软约束等于组织中弥漫的组织文化氛围、群体行为准则和道德规范。

（三）组织文化的凝聚功能

组织文化的凝聚功能，是指当一种价值观被该组织员工共同认可之后，它就会成为一种黏合剂，从各个方面把其成员团结起来，从而产生一种巨大的向心力和凝聚力。而这正是组织获得成功的主要原因，"人心齐，泰山移"，凝聚在一起的员工有共同的目标和愿景，推动组织不断前进和发展。

（四）组织文化的激励功能

组织文化的激励功能，是指组织文化具有使组织成员从内心产生一种高昂情绪和发奋进取精神的效应，它能够最大限度地激发员工的积极性和首创精神。组织文化强调以人为中心的管理方法。它对人的激励不是一种外在推动而是一种内在引导，它不是被动消极地满足人们对实现自身价值的心理需求，而是通过组织文化的塑造，使每个组织员工从内心深处生发为组织拼搏的献身精神。

（五）组织文化的辐射功能

组织文化的辐射功能，是指组织文化一旦形成较为固定的模式，它不仅会在组织内发挥作用，对本组织员工产生影响，而且也会通过各种渠道对社会产生影响。组织文化向社会辐射的渠道是很多的，但主要可分为利用各种宣传手段和个人交往两大类。一方面，组织文化的传播对树立组织在公众中的形象有帮助；另一方面，组织文化对社会文化的发展有很大的影响。

（六）组织文化的调适功能

组织文化的调适功能，是指组织文化可以帮助新进成员尽快适应组织，使自己的价值观和组织相匹配。在组织变革的时候，组织文化也可以帮助组织成员尽快适应变革后的局面，减少因为变革带来的压力和不适应。

 **课堂讨论**

公关（组织）如何加强文化建设？

项目二　CIS　战　略

 **案例导入**

麦当劳的 CIS

麦当劳是当今世界上最成功的快餐连锁店，目前在 72 个国家开设了 1.4 万多家，每天接待 2800 万人次的顾客，并且以平均每 15 小时新开一家餐厅的速度发展着。而顾客走进任何地方、任何一家麦当劳餐厅都会发现，这里的建筑外观、内部陈设、食品规格和服务员的言谈举止、衣着服饰等诸多方面都惊人地相似，都能给顾客以同样标准的享受。

1. 麦当劳的经营理念

麦当劳的创始人雷·克罗克在创业初期，就为自己设立了快餐店的三个经营信念，后来又加上"V"信条，构成麦当劳快餐店完整的 Q、S、C、V 经营理念。

Q（Quality）是指质量、品质。北京的麦当劳产品原料有 95% 以上在当地采购。面包不圆和切口不平都不用。奶浆接货温度要在 4℃ 以下，高 1℃ 就退货。一片牛肉饼要经过 40 多项质量控制检查。

S（Service）是指服务。包括店铺建筑的舒适感、营业时间的方便性、销售人员的服务态度等。微笑是麦当劳的特色，所有的员工都面露微笑、活泼开朗地和顾客交谈、做事，让顾客感到满意。

C（Cleanness）是指卫生、清洁。麦当劳员工规范中，有一项条文是"与其靠着墙休息，不如起身打扫"，全世界1.4万多家连锁店所有员工都必须遵守这一条文。员工上岗操作前须严格用杀菌洗手液洗手消毒，规定两手揉搓至少20秒钟再冲洗。

V（Value）是指价值，意为"提供原有价值的高品质物品给顾客"。麦当劳的食品营养经过科学配比，营养丰富、价格合理。让顾客在清洁的环境中享受快捷营养美食，这就叫"物有所值"。

2. 麦当劳的行为识别

麦当劳有一套准则来保证员工的行为规范，即"小到洗手有程序，大到管理有手册"。

3. 麦当劳的控制系统

麦当劳公司的一个控制手段，是在所有经营分店中塑造公司独特的组织文化，这就是大家熟知的"质量超群，服务优良，清洁卫生，货真价实"口号所体现的文化价值观。

4. 麦当劳的管理办法

麦当劳公司可以说是世界上最成功的特许组织了。在全世界它有1万家分店，大约每隔15小时就有一家分店开张。

分店的建立。每开一家分店，麦当劳总部都自行派员选择地址，组织安排店铺的建筑、设备的安装和内外装潢。

特许费。受许人一旦与公司签订合同，必须先付首期特许费2.25万美元，其中一半现金支付，另一半以后上交。此后，每年交一笔特许权使用费（年金）和房产租金。前者为年销售额的3%，后者为年销售额的8.5%。

合同契约。特许合同的期限为20年。公司对受许人有以下责任：在公司的汉堡大学培训员工，管理咨询，负责广告宣传，公共关系和财务咨询，提供人员培训的各种资料、教具和设备，向特许分店供货时提供优惠。

货物分销。麦当劳公司不是直接向特许店提供餐具、食品原料，而是先与专业供应商签订合同，再由它们向各个分店直接送货。

5. 麦当劳的营销策略

商品策略。因为受许人必须先到汉堡大学培训一段时间后方可营业，这就保证了麦当劳快餐店出售的食品都严格执行规定的质量标准和操作程序。例如，炸土豆条所用的土豆要经过适当的储存时间调整淀粉和糖的含量，放在可调温的油锅中炸制，炸好后立即卖给顾客，若在7分钟内未售出，则将其报废。

服务策略。麦当劳快餐店努力创造温馨气氛。店堂内尽量避免喧闹和闲逛，适合全家宁静地就餐。服务员热情周到，效率高。

卫生策略。麦当劳制定了严格的卫生标准，如工作人员不准留长发，妇女必须戴发罩，顾客一走就马上清洁桌面，落在地面的纸片要随时捡起来，使店堂内始终保持清洁的环境。

价格策略。尽管麦当劳质量有保障，但也不随意抬高价格，信守物有所值。

（根据网络佚名资料改写）

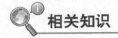

任务引入

1. 你认为麦当劳的成功取决于 CIS 的设计吗？为什么？
2. 从麦当劳的成功中，你能得到哪些启迪？

相关知识

一、CIS 的含义

CI 创始之初，是从设计入手。CI 形象的基本表现手法之一就是视觉设计。那么，是否 CI 就是单纯的图像设计呢？

CI 是英语 Corporate Identity 的缩写，字面意思是"团体的同一性或个性"。Corporate 的名词形式是 Corporation，意思是社团、公司、企业等；Identity 的动词形式是 Identify，意思是识别、鉴定等。所以 CI 也可译为"企业特征"或"企业身份"，即是经常说的"企业形象"。CI 在发展过程中不断得以完善，从而形成了 CIS（Corporate Identity System），即"企业识别系统"。所以有时候也将 CI 称为 CIS。

关于 CIS 的定义有不同说法：

日本 CIS 专家中西元男认为，有意图地、有计划地、有战略地展现企业所期望的形象；就本身而言，通过公司内外，营造最好的经营环境。这种观念或手法就叫做 CIS。

SONY 公司的高级主管黑木靖夫则认为，CIS 就是企业的"差别化战略"。

美国部分学者认为，CIS 是以标准字和商标作为沟通企业理念与企业文化的工具。

台湾的 CIS 大师林磐耸认为，CIS 就是将企业经营理念和精神文化，运用统一的整体传达系统（特别是视觉传达设计），传达给企业周边的关系或团体（包括企业内部与社会大众），并使其对企业产生一致的认同感与价值观。

国内的于显洋等解释为，运用视觉设计与行为展现，将企业的理念与特质系统化、规范化、视觉化，以塑造具体的企业形象，并发挥它在体制上的管理作用。

我们经过综合分析和研究，认为 CIS 的定义可以表述为：组织通过整体的识别系统，将其理念、行为、视觉形象及一切可感受到的精神文化要素统一化、标准化与规范化，促使社会公众对组织产生一致的认同感和价值观的科学管理体系。

对 CI 概念的认识如何，对于进行 CI 设计有着重要的意义。CI 最早在美国偏重于视觉识别，他们注意在标准字和商标方面进行设计，通过视觉识别来向公众传达企业的形象。后来，CI 传到了日本。日本在实践中丰富和发展了 CI 的内容，增加了理念识别和行为识别两大内容。这样，CI 就由三大要素即理念识别（MI）、行为识别（BI）和视觉识别（VI）构成。现在社会上有的学者还将传统的"CI 三要素说"发展为"CI 五要素说"，也就是在原先三个基础上，增加了企业听觉识别（AI），意指企业设计的一些厂歌、广告歌、企业注册时的特殊声音和企业特殊发言人的声音等；同时还增加了企业环境识别（EI），意指企业环境的一体化，不论是内部环境还是外部环境，都要求统一。可以说后者的划分更为细致和具体，但我们一般把后面两项内容放入前面三要素中。所以，我们还是力主"CI 三要素说"。

二、CIS 战略设计的内容

（一）理念识别系统（MIS）

1. 理念识别系统的含义

理念识别是企业识别系统的核心。它不仅是企业经营的宗旨与方针，还包括一种鲜明的文化价值观。对外它是企业识别的尺度，对内它是企业内在的凝聚力。系统的 CIS 工程，从理念识别开始，不管在理论结构还是操作程序上，它都是一个起点。

企业理念识别是 CIS 开发实施的关键，能否开发成功一个完善的企业识别系统，主要依赖理念识别的建立与执著。只有把这一思想体系扩展到动态的企业活动与静态的视觉传达设计之中，才能很完美地创造独特的企业形象。

2. 理念识别系统的内容

一个企业的理念识别系统包括企业使命、经营哲学、企业的价值观和精神以及行为准则四项。

（1）企业使命。企业使命是构成企业理念识别中的最基本的出发点，也是企业行动的原动力。只有树立明确的使命感，才能满足企业成员自我实现的需要，持续地激发他们的创造热情，才能赢得公众更普遍、更持久的支持、理解和信赖，否则企业即使在运营，也将是没有生气并将走向破产的边缘。

（2）经营哲学。经营哲学（Management Philosophy）是指依据什么样的思想来经营企业的经营基本政策和价值观，是企业内部的人际交往和企业对外的经营活动中所奉行的价值标准和指导原则。经营哲学是企业人格化的基础、企业文化的灵魂和神经中枢，是企业进行总体设计、总体信息选择的综合方法，是企业一切行为的逻辑起点。它在生产经营中逐渐形成，并具有经营性、实用性的特征。美国 IBM 公司坚信"原则是一个组织的唯一圣典"。

（3）企业的价值观和精神。这也是企业文化设计的重要内容，任何企业都要树立本企业的特色价值观和特定的企业精神以统一内部员工的思想，鼓舞内部员工的士气，增强内部凝聚力。

（4）行为准则。这是指企业内部员工涉及企业经营活动的一系列行为的标准、规则，它体现了企业对员工的具体要求。具体地讲，它包括服务公约、劳动纪律、工作守则、行为规范、操作规程、考勤制度等。

3. 企业理念的运用形式

企业理念的运用形式可谓多种多样，像标语、口号、广告、歌曲、座右铭以及条例、手册等。如白云山制药厂的——白云山人精神：爱厂、兴利、求实、进取；IBM 公司的"IBM就是服务"；麦当劳的经营信条是：高品质的产品（Quality）、快捷微笑的服务（Service）、清洁优雅的环境（Cleanness）、物有所值（Value）；日本电器定位：索尼（高、精、尖）、东芝（洋、大、全）、日立（科技新）、松下（家电）、三洋（物美价廉）；还有洋烟定位：万宝路（豪放）、三个 5（绅士风度）、健牌（白领消费）、沙龙（清新）。广告口号，如飞利浦：让我们做得更好（Let's make thing better）；可口可乐：无处不在（买得到），物有所值（买得起），我心中首选（乐得买）；中国电信：沟通从心开始等。

总之，企业理念的使用范畴和表现形式不仅仅局限于这些。重要的是企业在导入 CIS 的过程中要善于创造出符合企业实际、有个性特点的企业理念识别语汇，使企业理念更好更快地在内外公众中传播。

（二）行为识别系统（BIS）

1. 行为识别系统的含义

行为识别是企业 CIS 中的"做法"，是指将企业理念诉诸企业的管理培训、行为规范、公共关系、营销活动、公益事业等具体活动中。在 CIS 中，行为识别是最宽泛的领域，也是最难控制和把握的一个领域。

2. 行为识别系统的特点

企业行为（活动）识别应具有的特点是：

一是企业行为（活动）识别的统一性。首先表现在企业一切行为（活动）要与企业的理念（MI）保持高度一致性，不能与企业的经营理念相违背。其次企业的一切行为（活动）应当做到上下一致，即全体职工以及企业各部门所开展的一切活动都要围绕一个中心，即为塑造企业良好形象服务，任何行为（活动）与这一目的相违背，都会有损或者破坏企业形象的统一性。

二是企业行为（活动）识别的独特性。企业要在对手如林的商战中取胜，就应当在企业理念的指导下，使企业的行为（活动）识别体现出与其他企业不同的个性，而这种独特的个性，正是社会公众识别企业的基础，否则就容易陷入无差别的境界，企业就淹没在商品的海洋之中。所以，企业应当注意创立企业活动的独特性、差异性，因为广大消费者正是通过这种独具个性的活动来认识企业的。

具体来看，行为识别因素可以分为对内、对外两个方面：

（1）对内方面。干部教育、员工教育；服务态度；电话礼貌、应接技巧；服务水准，作业精神；生产福利；工作环境；内部运营；生产设备；废弃物处理，公害对策；研究发展等。

（2）对外方面。市场调查；产品开发；公共关系；促销活动；流通对策；代理商、金融业、股市对策；公益性、文化性活动等。

从传播角度来看，CIS 行为识别可以根据传播性质与渠道分为企业对内与对外的行为识别。对内行为识别是对外行为识别的基础；对外行为识别则是对内行为识别的延伸和扩展。

（三）视觉识别系统（VIS）

1. 视觉识别系统的含义

视觉识别将企业理念与价值观通过静态的具体化的视觉传播形式，有组织、有计划地传达给社会，树立企业统一性的识别形象。视觉识别系统由基本设计要素与应用设计要素两部分构成，是企业形象最直接、最直观的表现。

2. 企业视觉识别系统的基本设计要素

（1）企业标志。如企业所生产经营的商品商标。包括文字和图形类型的标志以及企业的一些象征物和图案。

（2）企业品牌标准字。这代表本公司产品的品牌。一般有中文和英文两种设计。

（3）企业专用印刷书体。公司主要使用的文字（中文、英文）、数字等专用字体或选定设计的专用字体、规定作为主要品牌、商品群、公司名称及对内容的宣传、广告所用的文字。

（4）企业标准色。用来象征公司的指定色彩。通常采用 1～3 种色彩为主。也有为了区分企业集团子母公司的不同或公司各企业部门，各品牌、产品的分类而采用多种颜色的色彩体系。

它往往频繁出现在广告、包装等各种宣传物上。

（5）企业标语。是对外宣传公司的特长、业务、思想等要点的短句，经常和公司名称标准字、企业品牌标准字等组合运用。

视觉设计要素的确定是建立在对公司的历史、现状和未来的调查以及广泛征求公司内外意见的基础上，在明确了自己的特点和奋斗的目标后，通过象征物的形象体现出来的。无论企业标志、标准字和企业标准色都要体现出企业的精神。如日本美津浓公司由于原来的"日出"标志和"冠军杯"标志在运动用具的销售上不统一，虽然经多次改良，但由于形象趋于安静，而缺少现代感和活泼动态感。对此他们提出新的标志既要维护传统和高品质的形象，也要有明朗的现代感，要求企业和商品的视觉设计统一化和系统化；把国内和国外的地区区别化；把标志类整理、统一，从而设计出了具有符合时代潮流并能应付从 20 世纪 80 年代到 21 世纪的变化；既合乎传统标志的格调，又适用于世界著名运动厂商风格的新字体标志。标志采用了英文"MIZUNO"书写公司名称，并以字头 M 进行了变化，斜型的粗线条给人带来了速度、运动感和现代感。公司标准色彩用两种蓝色（钻蓝色和天蓝色），表现运动的速度感和新鲜感，同时也表达企业的严正格调及稳定性。这一新的形象设计受到专家们的好评，设计者的认真态度和严谨作风也得到企业内部员工的广泛承认。

3. 企业视觉识别系统的应用设计要素

（1）企业证件类——用于识别公司员工，如徽章、工作证、名片、旗帜等。

（2）办公用品类——公司专用信封、信笺、各种表格、文件袋、笔记本等。

（3）符号类——公司招牌、建筑物外观、霓虹灯、大门、门口标示等。

（4）交通工具类——业务用车、运货车等企业的各种车辆，均印上公司的标志和公司的名称或商品名称，作为活动广告。

（5）大众传播广告类——各种报纸、杂志、宣传卡、招贴、年历、广播、电视、POP广告等。

（6）商品及包装类——各种纸盒、纸袋、购物包、皮箱、容器包装、包装纸等。

（7）制服、服装类——男女制服、工作服、臂章、钢盔、工作帽、领带、手帕等。

（8）其他用品类——橱柜、家具、餐具、烟灰缸、壁饰等。

视觉识别设计是企业理念表达的重要载体，是企业个性的重要表现，因此它就成为 CIS 设计中的核心和重点。CIS 设计的开发作业中，以标志、标准字和标准色的创造最为艰巨，是整个 CIS 的核心，也最能表现设计能力。标志、标准字和标准色三要素是企业地位、规模、力量、尊严、理念等内涵的外在集中表现，是视觉形象设计（VI）中的核心并构成了企业的第一特征及基本气质，同时也是广泛传播并取得大众认同的统一符号，CIS 中的视觉形象识别皆据此繁衍而成，因此这三者便成为 CIS 设计中的核心与重点。

三、CIS 导入的时机及程序

（一）CIS 导入的时机

CIS 作为现代企业的经营策略，虽然有它的共同性，但由于每个企业的实际情况不同，其导入 CIS 的动机与目的不同，解决问题的切入点不同，因而在选择导入 CIS 的时机上，也会自有区别。一般说来，以下诸种情形，都可成为企业导入 CIS 的有利时机。

1. 新产品准备上市时

当一个新产品开发成功后，需要上市推广之前，企业可适时引入 CIS，对产品进行"形象包装"，使产品富有个性，企业形象富有深意。这样一方面会促进销售，另一方面也会树立企业独特的产品及其他形象。

2. 公司准备系统化、科学化、统一化并进一步发展时

面对激烈的市场竞争所带来的机遇和挑战，中小企业创业初期的商号、标志、商标等出现过时、陈旧、零散、混乱等现象极为严重，需要统一规范，系统化对外集中传播。这时导入 CIS，可以统一公司形象，建立集团形象，增强对子公司、关系企业的号召力，形成整体优势，是导入 CIS 最佳时机之一。

3. 公司要树立自己的品牌时

大多数企业创业初期只重视利润的增加，忽视了产品品牌的树立，而一个良好的品牌会给企业带来巨大的现实和潜在效应。所以为创立品牌而导入 CIS，运用 CIS 进行品牌传播、推广，已成为企业导入 CIS 的目标和时机之一。

4. 公司举行创业纪念日时

不少企业都会利用创业 5 周年、10 周年等周年庆这一契机，导入 CIS 以达到重塑公司形象、提升员工士气的目标，从而为企业经营再激发活力。当然，利用周年庆导入 CIS，需要至少考虑 3 ~ 5 个月的"提前量"，即为导入 CIS 新形象设计留下时间。有的企业由于对导入 CIS 的前期准备工作缺少了解，临近周年庆前一两个月才导入 CIS，这样草率从事，其效果就大打折扣了。

5. 公司推行多元化经营方针时

随着企业规模的发展，其产品发展策略也随之有所改变。在确保自己主导产品发展的同时，许多企业开始涉足其他行业和领域，那么原先产品的标志、名称等必然要发生改变。这时引入 CIS，既符合企业实际情况，又能契合未来发展的识别系统，统一新开发产品与企业本体的关系。

6. 公司进军国际大市场时

原有的企业只盯住国内市场，因此商标多用本国语言。随着企业发展产品进入国际市场和国际经济一体化趋势，原有的企业和产品标志系统不适应国际市场需要，因此修正和建立新的企业标志、标准等识别系统，成为企业导入 CIS 建立品牌新形象的应对策略之一。

7. 公司出现危机时

公司面临经营不善的危机或陈旧落伍、业绩衰退时，除了内部的人事改革、制度革新之外，借助 CIS 革新公司形象统一视觉识别系统，将有助于经营危机的解决，导入 CIS 成为最佳方案。

8. 公司上市时

目前愈来愈多的公司在战略重组中挂牌上市。借着公司成为上市公司的契机，对企业进行全新的"形象包装"，注入现代经营理念，以新的形象、前卫的理念出现在社会公众面前，无疑是吸引资金、推动企业快速发展的必要手段。因此，公司上市前成为导入 CIS 的最佳契机之一。

（二）CIS 导入的程序

CIS 是一个企业具有一定规模的一项正式活动，是指从调查分析到执行实施、反馈评估全过程的先后次序和具体步骤。CIS 战略的科学导入，有助于提高 CIS 导入的效率和质量。

CIS 从立案导入到实施管理是一项复杂而又具体的系统工程。企业要想获得良好的 CIS 成效，首先要制订良好的 CIS 导入计划。CIS 的导入虽然会因各企业特点和问题而有所不同，但总要遵循大致相同的导入程序和原则才能完成企业形象的塑造。

CIS 系统工程主要作业划分为四个阶段：

1. 提案阶段

要明确导入 CIS 的动机与目的；组建负责 CIS 的机构；安排 CIS 作业的日程；预算导入 CIS 的费用和完成 CIS 提案书。

2. 调研阶段

确定调研总体计划；分析与评估企业运营状况；企业总体形象调查与视觉项目审查；调查资料的分析与研判，完成调研报告书。

3. 开发设计阶段

完成总概念书的企划；创立企业理念、开发设计视觉识别系统和办理有关法律行政管理手续。

4. 实施管理阶段

实施内部传播与员工教育；推行理念与设计系统；组织 CIS 对外发布；落实企业各部门的 CIS 管理和 CIS 导入效果测试与评估。

四个阶段的规划囊括了 CIS 作业的主要内容和程序。这四个阶段是一个相互衔接的过程，每个阶段都有其特定的任务和工作重点，企业导入时要注意把握。

 课堂讨论

CIS 在公关中应如何运用才能更有效？

项目三　品 牌 形 象

 **案例导入**

乔丹品牌谱写商业神话

一个篮球场上的神消失了，一个商业场上的精英诞生了。他说，自己正享受出世的日子。

现在的乔丹，拥有若干种商业身份：自己拥有独立品牌，山猫队的小老板，一支 MO-TORGP 车队的投资人，甚至是费城一家赌场的出资人。

打造乔丹品牌

2003 年彻底从 NBA 球场引退以后，乔丹将大部分心血投入到了自己的品牌中。他参与乔丹球鞋的设计，与耐克的顶尖设计师廷克·哈特菲尔德，共同把乔丹鞋的神话谱写下去。

他也有了更多的时间代言自己的产品，任何一个热爱"飞人"的中国球迷，都会记得 2004 年夏天，乔丹驾临中国，引发了一波多么轰动的热潮。乔丹躲在长安街上的国际俱乐部里，附近布满了渴求看望他一眼的各种球迷，很多人远道而来，满怀虔诚试图参见神明。乔丹本就携着推广品牌的目的来到中国，这番景象，让他志得意满。

据估算，现在乔丹品牌一年为耐克公司创造的收入高达 5 亿美元，而他从中提取的利润，自然洋洋可观。他的公司总部，就在芝加哥，每周通常去他位于芝加哥上方的办公室里坐上两天。

2005 年，在哈特菲尔德的鼓励下，乔丹推出了最新自传《内心鞭策》，在前言中，他阐述了乔丹品牌的基本理念："乔丹品牌的发展之路，一直都是质朴的，无论什么时候我都坚持父母和史密斯教练传授给我的基本的价值观：成功的结构，无论在商业领域还是在篮球场都是一样的，成功的企业和伟大的球队有许多相同点。"

秉承这种理念，乔丹鞋在球鞋市场上销售势如破竹，即使乔丹不再打球，他的球鞋依然是卖得最好的一款。乔丹 20 代上，镌刻着对以往 20 年的回顾，而现在，第 23 代已经推出。

入主山猫队

乔丹品牌并不是乔丹仅有的一亩三分地，本赛季，乔丹以 2000 万美元入主山猫队，成为山猫队的小股东之一。山猫队的大老板罗伯特·约翰逊——美国黑人娱乐电视网的总裁和乔丹的关系非常亲密，2003 年就曾经邀请乔丹与他共建山猫，但当时被乔丹婉言谢绝，现在终于邀得"飞人"出山。"他将是球队的职员，但不是全日制的，"约翰逊这样描述乔丹的职务，"他是球队的老板，我给了他检查所有员工的权力。"

但乔丹的职位很虚，只是"篮球事务管理成员"，听上去和一名普通的经理人差不多，甚至还不如，但他的实权很大，比如去年山猫队挑选的新秀亚当·莫里森，就是乔丹的选择。

和约翰逊的关系，还让乔丹成了费城一家赌场的股东之一，这家赌场的股权本来在约翰逊手中，但他转让了一部分给乔丹，这也让颇为好赌的乔丹，有了属于自己的扑克台。

除了这些身份，乔丹还是一支 MOTORGP 车队的老板。他从小喜欢骑摩托车，也喜欢开快车，于是投资并命名了"迈克尔·乔丹铃木车队"，还曾经远赴西班牙瓦伦西亚观看 MO-TORGP 世锦赛的最后一站比赛。这笔投资，对他而言，纯属消遣。

（根据网络佚名资料改写）

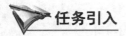 任务引入

1. 乔丹品牌的成功说明了什么？为什么？

2．从中我们得到哪些启迪？为什么？

 相关知识

一、品牌形象的含义

品牌形象是消费者对传播过程中所接收到的所有关于品牌的信息进行个人选择与加工之后留存于头脑中的有关该品牌的印象和联想的总和。

罗诺兹和刚特曼从品牌策略的角度提出，"品牌形象是在竞争中的一种产品或服务差异化的含义的联想的集合"。他们还列举了品牌形象操作的策略性途径：产品认知、情感或印象、信任度、态度、形象个性等。

斯兹提出，品牌应像人一样具有个性形象，这个个性形象不是单独由品牌产品的实质性内容确定的，还应该包括其他一些内容……至此，对品牌形象的认识进入到品牌的个性层次。

帕克等人提出，"品牌形象产生于营销者对品牌管理的理念中，品牌形象是一种品牌管理的方法"。他们认为任何产品或服务在理论上都可以用功能的、符号的或经验的要素来表达形象。

亚克在1991年又把品牌形象与品牌资产与负债联系起来，他认为通过符号，名称可以附加或减除。

利维认为，品牌形象是存在于人们心里的关于品牌的各要素的图像及概念的集合体，主要是品牌知识及人们对品牌的主要态度。

二、品牌形象的要素

良好的品牌形象是企业在市场竞争中的有力武器，深深地吸引着消费者。品牌形象内容主要由两方面构成：第一方面是有形的内容；第二方面是无形的内容。

（一）品牌形象的有形要素

品牌形象的有形要素包括产品形象、环境形象、业绩形象、社会形象、员工形象等。

1．产品形象

产品形象是品牌形象的代表，是品牌形象的物质基础，是品牌最主要的有形形象。品牌形象主要是通过产品形象表现出来的。产品形象包括产品质量、性能、造型、价格、品种、规格、款式、花色、档次、包装设计以及服务水平、产品创新能力等。产品形象的好坏直接影响着品牌形象的好坏。一个好的产品可以使广大消费者纷纷选购，一个差的产品只能使消费者望而生厌。品牌只有通过向社会提供质量上乘、性能优良、造型美观的产品和优质的服务来塑造良好的产品形象，才能得到社会的认可，在竞争中立于不败之地。

2．环境形象

环境形象主要是指品牌的生产环境、销售环境、办公环境和品牌的各种附属设施。品牌厂区环境的整洁和绿化程度，生产和经营场所的规模和装修，生产经营设备的技术水准等，无不反映品牌的经济实力、管理水平和精神风貌，是品牌向社会公众展示自己的重要窗口。特别是销售环境的设计、造型、布局、色彩及各种装饰等，更能展示品牌文化和品牌形象的

个性，对于强化品牌的知名度和信赖度、提高营销效率有更直接的影响。

3．业绩形象

业绩形象是指品牌的经营规模和赢利水平，主要由产品销售额（业务额）、资金利润率及资产收益率等组成。它反映了品牌经营能力的强弱和赢利水平的高低，是品牌生产经营状况的直接表现，也是品牌追求良好形象的根本所在。一般而言，良好的品牌形象特别是良好的产品形象，总会为品牌带来良好的业绩形象，而良好的业绩形象总会增强投资者和消费者对品牌及其产品的信心。

4．社会形象

社会形象是指品牌通过非营利的以及带有公共关系性质的社会行为塑造良好的品牌形象，以博取社会的认同和好感。包括：奉公守法，诚实经营，维护消费者合法权益；保护环境，促进生态平衡；关心所在社区的繁荣与发展，作出自己的贡献；关注社会公益事业，促进社会精神文明建设；等等。

5．员工形象

品牌员工是品牌生产经营管理活动的主体，是品牌形象的直接塑造者。员工形象是指品牌员工的整体形象，它包括管理者形象和员工形象。管理者形象是指品牌管理者集体尤其是品牌家的知识、能力、魄力、品质、风格及经营业绩给本品牌员工、品牌同行和社会公众留下的印象。品牌家是品牌的代表，其形象的好坏直接影响到品牌的形象，为此，当今众多品牌均非常重视品牌家形象的塑造。员工形象是指品牌全体员工的服务态度、职业道德、行为规范、精神风貌、文化水准、作业技能、内在素养和装束仪表等给外界的整体形象。品牌是员工的集合体，因此，员工的言行必将影响到品牌的形象。管理者形象好，可以增强品牌的向心力和社会公众对品牌的信任度；员工形象好，可以增强品牌的凝聚力和竞争力，为品牌的长期稳定发展打下牢固的基础。因此，很多品牌在塑造良好形象过程中都十分重视员工形象。

（二）品牌形象的无形要素

品牌形象的无形要素主要指品牌的独特魅力，是营销者赋予品牌的，并为消费者感知、接受的个性特征。随着社会经济的发展，商品日趋丰富，人们的消费水平、消费需求也不断提高，人们对商品的要求不仅包括了商品本身的功能等有形表现，也把要求转向商品带来的无形感受、精神寄托。在这里品牌形象的无形要素主要反映了人们的情感，显示了人们的身份、地位、心理等个性化要求。

三、品牌形象的评判

品牌形象可以用量化的方法来考察。常用来度量品牌形象的指标有两个：一是品牌知名度；二是品牌美誉度。但我们认为这还不够，品牌形象还应包括品牌反应度、品牌注意度、品牌认知度、品牌美丽度、品牌传播度、品牌忠诚度及品牌追随度。

（一）品牌知名度

品牌知名度是指品牌被公众知晓的程度，是评价品牌形象的量化指标。考察知名度可以从三个不同角度进行，即公众知名度、行业知名度、目标受众知名度。

公众知名度是指品牌在整个社会公众中的知晓率。

行业知名度是指品牌在相关行业的知晓率或影响力。

　　目标受众知名度是指品牌在目标顾客中的影响力。

（二）品牌美誉度

　　品牌美誉度是指品牌获得公众信任、支持和赞许的程度。对美誉度的考察也可从公众美誉度、行业美誉度、目标受众美誉度三个方面研究。品牌美誉度反映出品牌对社会影响的好坏。

（三）品牌反应度

　　品牌反应度指品牌引起公众感知的反应程度，主要表现在人们对一品牌的瞬间反应。

（四）品牌注意度

　　品牌注意度指品牌引起公众注意的能力，主要指品牌在与公众接触时的引人注目程度。

（五）品牌认知度

　　品牌认知度指品牌被公众认识、再现的程度，某种意义上是指品牌特征、功能等被消费者了解的程度。

（六）品牌美丽度

　　品牌美丽度指品牌从视觉上对人的冲击能否给人以美的享受。

（七）品牌传播度

　　品牌传播度是指品牌传播的穿透力，主要讨论品牌的传播影响。

（八）品牌忠诚度

　　品牌忠诚度主要指公众对品牌产品使用的选择程度。

（九）品牌追随度

　　品牌追随度主要指品牌使用者能否随品牌变迁而追随品牌，是比品牌忠诚度更进一步的要求。

　　品牌形象的评判常采用市场调研的方法实现，在实际工作中不可能九度俱全，应选择几个指标进行综合评价。

 课堂讨论

如何看待品牌形象的有形要素与无形要素？

 综合测试

一、单项选择题

1. 企业形象的好坏，来源于企业"（　　　）"的强弱。

A. 形象力　　　　B. 扩张力　　　　C. 提升力　　　　D. 推动力

2. CIS 是一项（　　）工程。

A. 标志性　　　　B. 视觉性　　　　C. 系统　　　　D. 战略系统

3. 欧美 CIS 的全盛时代是（　　　）。

A. 20 世纪 30 年代　　　　　　　　　　B. 20 世纪 40 年代

C. 20 世纪 60 年代　　　　　　　　　　D. 20 世纪 70 年代

4. （　　　）年，CIS 传入我国改革开放的广东。

A. 1978　　　　　B. 1979　　　　　C. 1982　　　　　D. 1988

5. MI，即理念识别，是企业识别系统的（　　　）。

A. 核心　　　　　B. 中心　　　　　C. 边缘　　　　　D. 表层

6. BI，即（　　　）识别。

A. 视觉　　　　　B. 行为　　　　　C. 听觉　　　　　D. 理想

7. VI，即视觉识别，其系统由基本设计要素和（　　　）要素组成。

A. 行为设计　　　　B. 应用设计　　　　C. 理想设计　　　　D. 策划设计

8. CIS 战略，又称（　　　）战略。

A. 上帝满意　　　　B. 顾客满意　　　　C. 用户满意　　　　D. 消费满意

二、多项选择题

1. 企业形象具有（　　　）特征。

A. 整体性　　　　　　　　　　　　　B. 相对稳定性

C. 可变性　　　　　　　　　　　　　D. 多样性

E. 动态性

2. CI 可译为"企业特征"或（　　　）。

A. 企业标志　　　B. 企业身份　　　C. 企业形象　　　D. 企业面子

E. 企业窗口

3. CI 传到日本，日本人在实践中丰富发展了 CI 内容，增加了（　　　）。

A. 视觉识别　　　B. 理念识别　　　C. 行为识别　　　D. 因果识别

E. 印象识别

4. 企业的理念识别系统，包括（　　　）。

A. 企业使命　　　B. 经营哲学　　　C. 价值观　　　D. 行为准则

E. 内在凝聚力

5. 行为识别包括（　　　）两方面。

A. 对内　　　　　B. 对远　　　　　C. 对近　　　　　D. 对外

E. 远近

6. CIS 设计中，以（　　　）的创造最为艰巨。

A. 标准色　　　　B. 标准字　　　　C. 统一符号　　　　D. 标志

E. 标牌

7. CIS 导入的有利时机是（　　　）。

A. 新产品准备上市时　　　　　　　　B. 公司要树立自己的品牌时

C. 公司举行创业纪念日时　　　　　　D. 公司出现危机时

E. 公司即将退出市场时

8. 导入 CIS 必须遵循的原则是（　　　　）。

A. 战略性原则　　　　　　　　　B. 民族化原则

C. 个性化原则　　　　　　　　　D. 同一性原则

E. 创新性原则

三、判断题

1. CIS 的意思是"团体的同一性或个性"。（　　）

2. CIS 由三大要素构成，即理念识别、行为识别和视觉识别。（　　）

3. 中国台湾地区的 CIS 战略发展不是以台塑企业为先驱的。（　　）

4. 1988 年，CIS 传入中国香港。（　　）

5. 视觉识别是 CIS 的核心。（　　）

6. CIS 的雏形是 20 世纪 90 年代北欧的纳维亚航空公司所提出的"服务与管理"理念。（　　）

7. EPIS，即领导人形象设计系统。（　　）

8. 组织推行理念与设计系统属于 CIS 导入程序的开发设计阶段。（　　）

四、名词解释

1. 企业形象

2. CIS

3. 名牌战略

4. 品牌形象

5. 业绩形象

五、简答题

1. 简述理念识别系统的内涵。

2. 简述行为识别系统的特点。

3. 简述视觉识别系统的基本要素。

4. 简述 CIS 导入的时机选择。

5. 简述品牌形象的内涵及价值。

六、案例分析题

1. 阅读下面案例，回答问题。

六小龄童品牌之路

　　1982 年，年仅 23 岁的章金莱被中央电视台《西游记》剧组总导演杨洁选中，经过台领导的现场考核，他正式出演 25 集电视剧《西游记》中的孙悟空，艺名六小龄童从此正式启用。经过前后 8 年的拍摄，1988 年，《西游记》正式与观众见面。六小龄童由于在电视剧中经典的形象和出色地演绎了孙悟空，从这时开始，观众在孙悟空和六小龄童之间画上了等号。如果从品牌的角度来说，六小龄童的身上已经凝聚了孙悟空的品牌资产。

孙悟空的形象是正义的化身，不畏强暴，不畏艰险，敢于拼搏，他的形象已经得到了世人的认可，因此当六小龄童在电视剧《西游记》中完美地诠释了孙悟空时，他的身上也就具备了孙悟空的精神，特别是正义，这应该是孙悟空品牌的核心价值。

在接下来的品牌传播中，六小龄童通过系列的书籍、电视剧、电影、代言活动、各地的出访活动不断地提升孙悟空、六小龄童的知名度，打造美誉度，塑造了忠诚度和联想度。

在品牌的传播中，六小龄童随中央电视台《西游记》剧组先后出访了世界很多国家，每到一个地方，都掀起了《西游记》热，中国的西游文化也传播到了世界上的每个角落。

（根据网络佚名资料改写）

（1）有人说：六小龄童的品牌之路代表了中国品牌成长初期的发展方向。为什么？

（2）倘若没有《西游记》，六小龄童会实现其品牌成功之路吗？为什么？

2. 阅读下面案例，回答问题。

日本CIS范例：富士胶卷

富士软片公司创立于1934年1月20日，是日本第一家摄影用软片公司。进入1970年，富士公司已不是单纯的感光材料商，而是通过记录传递映像信息，贡献社会的"映像信息业务"综合公司。其公司活动范围不但在日本国内，而且延伸到国外市场。产品输出世界120多个国家和地区。为了向21世纪发展，努力促使集团内各公司团结，以实现"世界性的富士软片""技术的富士软片"的目标，富士决定导入CIS。

一方面，当时富士的标志是红色椭圆形中带有富士软片文字，或日文、或英文均以反白字书写，然而这是到处可见的一般性标志，毫无个性可言。外国人也没有对此标志产生认同感，还发生把磁带误认为软片的怪异现象。另一方面，公司徽章、旗帜、办公用品均有富士山图样并配合英文"Fuji"为标志。集团内各公司的徽章、商标自行设计，缺少统一性。这种没有制度性的标志使用方式容易使富士软片与其他商品混淆，甚至产生毫无关联的感觉，也难怪国外会发生上述错觉。因此富士开始重视研究这些问题，选择美国朗涛公司为顾问，委托其开发标志和基本设计系统。

1997年1～7月，在国内外同时进行调查，调查内容包括公司名称、标志、包装设计等项目以及企业形象与产品形象的关联性，结果和决策是：

（1）富士产品表现性格为"富有男性感、强力感、对未来发展更有信心、通用于国际市场、具有高超的技术能力"。因此决定的企业理念是"在总合映像信息产业的自觉下继续求发展，目标是成为世界性及技术领先的富士软片公司，并向21世纪的未来继续发展"。

（2）为表达企业理念、性格，必须制定CIS视觉性标志，并且标志的设计应有如下概念：

①合乎国际性大企业的性格。

②合乎总合映像信息产业的形象感。

③合乎企业成长的强力和开发感。

1977年9月至1979年4月经过多次会议作出决定：

（1）1979年4月决定CIS和以绿色为基本色调的设计基本方针。成立CIS推进小组。

（2）1979 年 12 月完成国内、国外的 CIS 手册。特许与商标登录关系；总务与文书关系；宣传与广告关系；包装关系；富士集团关系。

（3）1980 年 1 月 21 日向公司内外发布 CIS 标志。

（4）1980 年 2 月 21 日发售新 CIS 及新包装设计后，各类产品的包装、宣传、广告、事务用品类等逐渐更新。

公开 CIS 计划后就将新 CIS 标志登于报纸，并利用电视广告做宣传。极为不巧的是软片原料——银突然高涨 10 倍，使预算受到影响，因此只得暂停电视和报纸广告。银的价格于 1980 年 7 月恢复稳定，从此展开 CIS 标志的普及工作。在日本全国销售的各大报纸以全页广告登载以 CIS 标志为中心的企业形象，共有三次：第一次是 1980 年 8 月，标题为"通过更好的信息传达而给予大众更好的生活"。第二次是 9 月，标题为"丰富的信息传达会产生世界性的笑容"。第三次是 10 月，标题为"正确的信息传达可维护开朗的社会"。上述三次广告均将新的标志置于报纸中央，并以红色印刷，引人注目。

1980 年 10 月趁新营业年度的开始，公司发表并开始进行企业目标"Vision（视觉）—50"计划，该计划的内容是：昭和五十九年（1984 年）为本公司创立 50 周年，在此计划中订出昭和五十九年度公司及每一位员工必须实现的目标，推进全公司的活动并向一切困难挑战，以实现名副其实的"世界性的富士软片""技术领先的富士公司"，使企业成长并强化其体质。新 CIS 计划消除了富士软片公司混淆企业形象的现象，"Vision—50"计划开始实行之后，公司内的意识革新、活性化——也就是优化原有的观念和传统性行为，这种企业体制的改善和强化工作也在同时进行中。

（根据网络佚名资料改写）

（1）如何看待富士胶卷的 CIS 策划之路？为什么？

（2）我们能从中得到哪些启迪？为什么？

　实训项目

实训一：文化战略的实施

[情景设计]

某公司的经营一直不够景气，经理决定采用文化战略，拟邀请知名艺术家、影视明星开展企业文化研讨。小钱刚刚到公司公关部，经理把任务交给他，让他提供一份×××公司施行文化战略规划。

[角色扮演]

以 4~6 人为一小组，分别扮演公司经理、画家、教授、影星、公关部主任、员工、消费者等角色。

[实训要求]

1. 模拟特定情景。

2. 注意各角色的身份、职业习惯。

3. 注意人际关系的协调。

4. 每组完成一篇文化战略规划书。

[效果评价]

教师教学点评、打分。见表9-1。

表9-1　　　　　　　　　　　　　　文化战略实施评分表

专业		班级		学号		姓名	
考评地点							
考评内容	文化战略的实施						
考评标准	项目内容			分值		评分	
	角色扮演逼真			10			
	组织协调能力			10			
	组建小组的合理性			10			
	规划的制定			10			
	文化战略的可行性			15			
	文化战略的新颖性			15			
	文化战略的科学性			15			
	书面战略规划的规范性			15			
总计				100			

实训二：CIS战略导入

[情景设计]

某酒店准备导入CIS，拟通过MI、BI、VI的设计，传递酒店的经营理念、战略目标，突出酒店的精神文化，让客户对其文化产生认同，这项任务就交给了王民。

[工作程序]

1. 以3~5人为一小组，进行角色扮演：经理、王民、工程师、技术员、酒店员工、客户代表、上级领导等。

2. 制作×××酒店CIS计划书。

3. 编制×××酒店CIS手册。

[实训要求]

1. 每组提交一份计划书和手册。

2. 每组选派一名代表对设计理念、步骤进行说明。

3. 每人提交一份CIS草图。

[效果评价]

教师教学点评、打分。见表9-2。

表9-2 公关活动实践能力评分表

专业		班级		学号		姓名	
考评地点							
考评内容	CIS战略导入						
考评标准	项目内容				分值		评分
	角色扮演逼真				10		
	组织协调能力				10		
	组建小组的合理性				10		
	规划的制定				10		
	CIS计划的可行性				15		
	CIS计划的新颖性				15		
	CIS计划的科学性				15		
	CIS计划的规范性				15		
总计					100		

课外阅读

1. 曾波. 品牌谋略. 广州：广东旅游出版社，1998.
2. 顾环宇. 中国品牌营销全记录. 广州：广东经济出版社，2003.
3.《中国名牌》杂志
4. 中国品牌网

参 考 书 目

1. 谢红霞，胡斌红. 中国新公关——组织形象塑造. 北京：经济管理出版社，2004.
2. 常桦. 成功公关 de 22 条黄金法则. 北京：华文出版社，2004.
3. 邓丽明. 公共关系学. 北京：科学出版社，2004.
4. 彭奏平，谢伟光. 公共关系实务. 北京：清华大学出版社，2004.
5. 国英. 公共关系与现代礼仪案例. 北京：机械工业出版社，2004.
6. 吴丽兵. 公共关系原理与实务. 合肥：合肥工业大学出版社，2004.
7. 张荷英. 现代公共关系学（修订第三版）. 北京：首都经济贸易大学出版社，2005.
8. 廖为建. 公共关系学. 北京：高等教育出版社，2005.
9. 萨姆·布莱克. 公共关系新论. 陈志云，郭惠民译校. 上海：复旦大学出版社，2000.
10. 成功企业研究编委会. 成功企业策划之道. 呼和浩特：内蒙古文化出版社，2001.
11. 斯科特·卡特利普，阿伦·森特. 公共关系教程. 明安香译. 北京：华夏出版社，2001.
12. 段淳林. 公共关系学. 广州：华南理工大学出版社，2002.
13. 冯兰. 公共关系训练. 武汉：武汉大学出版社，2003.
14. 菲利普·莱斯礼. 公关圣经——公关理论与实务全书. 石芳瑜，蔡承志，温蒂雅，陈晓开译. 汕头：汕头大学出版社，2004.
15. 方习文，杨俊. 秘书原理. 合肥：合肥工业大学出版社，2005.
16. 钱立静，杨俊. 秘书实务. 合肥：合肥工业大学出版社，2005.
17. 李安纲，杨俊. 心解论经. 北京：中国社会出版社，2005.
18. 李安纲，杨俊. 三教九经（漫画版）. 北京：中国社会出版社，2005.
19. 弗兰·R. 迈特拉，雷·J. 阿尔提格. 公关造势与技巧. 欧阳旭东译. 北京：中国人民大学出版社，2005.